CHINA
知中

# 宇宙之道，就在围棋

罗威尔 主编

中信出版集团 · 北京

图书在版编目（CIP）数据

知中·宇宙之道，就在围棋 / 罗威尔主编. -- 北京：中信出版社，2018.1

ISBN 978-7-5086-7982-2

Ⅰ. ①知… Ⅱ. ①罗… Ⅲ. ①围棋－通俗读物 Ⅳ. ① G891.3-49

中国版本图书馆 CIP 数据核字（2017）第 236708 号

知中·宇宙之道，就在围棋

主　　编：罗威尔
出版发行：中信出版社
（北京市朝阳区惠新东街甲 4 号富盛大厦 2 座　邮编 100029）
承 印 者：北京利丰雅高长城印刷有限公司

开　　本：787mm×1092mm 1/16　　印　　张：12.75
字　　数：300 千字　　插　　页：14
版　　次：2018 年 1 月第 1 版　　印　　次：2018 年 1 月第 1 次印刷
广告经营许可证：京朝工商广字第 8087 号
书　　号：ISBN 978-7-5086-7982-2
定　　价：65.00 元

知中

知中

# 知中 11

宇宙之道，就在围棋

**出版人 & 总经理**
苏静
**Publisher&General Manager**
Johnny Su

**主编**
罗威尔
**Chief Editor**
Lowell

**艺术指导**
汉堡
**Art Director**
Ariyamadisco

**内容监制**
陆沉
**Content Producer**
Yuki

**编辑**
陆沉 / 元美 / 刘小荻 / 李腾姣 / 杨涛 / 罗灿 / 王亮
**Editors**
Yuki/ Yuan Mei/ Liu Xiaodi/ Li Tengjiao/ Yang Tao/ Luo Can/ Wang Liang

**特约撰稿人**
绪颖 / 季怡雯 / 周加利 / 刘斌
**Special Correspondent**
Sui Wing/ Ji Yiwen/ Zhou Jiali/ Liu Bin

**插画师**
牙也慈 / 勃勃 /DOUNAI/ 继琼 / 大雷 / 杜婧媛 / 柴小熊 / 刘佩佩
**Illustrators**
Yayeci/ Bobo/ DOUNAI/ Ji Qiong/ Da Lei/ Du Jingyuan/ Chai Xiaoxiong/ Liu Peipei

**协力人**
吴莹
**Information Provider**
Wu Ying

**策划编辑**
王菲菲
**Acquisitions Editor**
Wang Feifei

**责任编辑**
宋江伟 / 温烜
**Responsible Editor**
Song Jiangwei / Wen Xuan

**营销编辑**
李晓彤
**PR Manager**
Li Xiaotong

**平面设计**
汉堡
**Graphic Design**
Ariyamadisco

**联络我们**
zhichina@foxmail.com

**商业合作洽谈**
(010)67043898

**发行支持**
中信出版集团股份有限公司，北京市朝阳区惠新东街甲 4 号，富盛大厦 2 座，100029

## 受访人 / interviewees

**牛力力**
中国围棋协会五段，1961 年生于哈尔滨，现居日本。1982 年获得围棋全国个人赛女子第 4 名。20 世纪 80 年代赴日本留学，并成为陪伴吴清源时间最长的助手。除围棋外，牛力力还擅长写作、书法。

**吴佳澄**
吴清源长女，现居日本。吴清源与夫人吴和子育有子女三人，分别为长子吴信树、长女吴佳澄、次子吴昌树。

**周俊勋**
职业九段围棋手，台湾“中国围棋会”一品，台湾 1979 年成立职业围棋制度后的第 1 位职业九段棋手，也是台湾地区第 1 位围棋世界冠军。6 岁开始接触围棋，14 岁成为职业棋士，曾拜宋雪林为师。因右脸的红色胎记而有“红面棋王”之称。

**周刚**
专业围棋工作者，杂志《围棋天地》社长、总策划指导。于 1985 年开始发行的《围棋天地》是国内最权威的围棋类刊物，不仅有教学作用，且对围棋文化的推广产生了重要影响。该刊每月两期，是目前国内发行量最大的围棋杂志。

**刘知青**
北京邮电大学九鼎计算机围棋研究所所长。1989 年毕业于清华大学计算机系，1994 年 12 月毕业于美国纽约大学计算机科学系，获得博士学位。曾参与美国 DRAPA、NIH 的研究项目，主持开发计算机围棋软件“本手围棋”，多次获得国内计算机围棋锦标赛冠军。

## 协力机构 /cooperative organizations

**中国围棋协会**
具有独立法人资格的全国性群众体育社会团体，中华全国体育总会的团体会员。由围棋管理人员、职业棋手、业余棋手及全国围棋单位自愿组成，总部设在北京。最高权力机构是全国委员会，执行机构为常务委员会，下设技术、裁判、宣传、会员等 4 个专项委员会。

**《围棋天地》杂志**
《围棋天地》是国内最权威的围棋类刊物，于 1985 年开始发行，由中国体育报业总社和中国围棋协会主办，现为半月刊。作为中国发行量最大的围棋杂志，《围棋天地》不仅具有教学作用，且对围棋文化的推广产生了重要影响。

**云南围棋厂**
云南围棋厂原是昆明第十二中学于 1974 年创办的校办工厂，1980 年正式更名为云南围棋厂，主要生产经营“云”字牌围棋棋具和棋类配套产品等。根据企业规范程序及相关文件要求，云子配方为绝对保密资料，除云南围棋厂的云子传承人外无人知晓。

微博账号
@ 知中 ZHICHINA

微信账号
ZHICHINA2017

围棋

Words of Editor

编辑的话

过去读纪实体小说《名人》，对作者川端康成所感慨的“棋道的风雅”印象极深。这个故事取材于日本最后一代世袭本因坊秀哉名人人生的最后一盘棋，对手是当时的新锐棋手木谷实。

那些在新旧交手间出现的看似合理的精细规则，不断蚕食着围棋不可以语言言明的“艺”与“道”。围棋虽是竞技游戏，但又绝不仅仅只是胜负这么简单。有说法认为，围棋最初是用来占卜阴阳的。占卜又怎会需要定夺胜负呢？相反地，占卜只是古人窥探天机的工具，所以下棋大概也是某种反映世间规律的过程。

一黑一白，先后落子，这几乎是一个游戏所能制定的最简单的规则了，可围棋的空间复杂度却高达 10 的 172 次方的数量级。棋盘上的变化以人力难以穷尽，围棋中的东方哲思，也不是朝夕便可以领悟的。但围棋确实又是一个可以帮助人们更好地生活的很好用的工具。在讲究效率的围棋中，有攻与守，有舍与得，有输与赢，有局部与全局，下棋的人通过落子来表达自己的所思所悟。从棋局里，不仅能看到人，也能看到世间万物。

天才棋手的出现，往往能掀起一轮“围棋热”。现在，打败了天才棋手们的人工智能带来了崭新的围棋时代。在关注人工智能之余，如果大家能去了解围棋、接触围棋，并把这样一个“工具”真正用在生活中，那就太好了。

the Truth of____
the Universe in
GO!

Masters of

行改革，即历史上的『永贞革新』。不久顺宗病重，新帝即位，王叔文亦被杀害。

## 滑能

（?—880），咸通、乾符年间棋待诏。棋艺高超，少有敌手。唐代杜牧《樊川诗集》中记载的滑能与年仅14岁的少年高手张小子对局的故事，是我国古代有名的围棋传说之一。

## 顾师言

生卒年不详，会昌、大中年间翰林院棋待诏，晚唐第一高手。南宋名谱《忘忧清乐集》记载了顾与阎景实在御前争夺『盖金花碗』的故事。最终顾胜出，并留下了唐代国手唯一一份完整棋谱——《盖金花碗图》。另据唐代苏鹗《杜阳杂编》载，848年，顾师言奉宣宗之命，与来朝的日本王子对局，到第33着时顾师言以『镇神头』使对方中盘认输，即历史上著名的『三十三着镇神头』。

## 刘仲甫

生卒年不详，北宋棋手，籍贯有济阳（今属山东）、江西、江南诸说。其称霸棋坛20余年，人称北宋第一国手。宋代蔡绦在《铁围山丛谈》中称刘仲甫的棋艺比唐代王积薪高出『两道』。刘仲甫曾于绍圣元年（1094）与围棋名手杨中和、王珏、孙侁等在彭城市楼共棋一局，成就了我国现存最早的联棋棋谱《成都府四仙子图》。刘仲甫不仅棋艺精湛，而且著述颇丰，对后世影响很大，现谱名可考的有《忘忧集》《棋诀》《棋势》《造微》《精理》等。

## 祝不疑

生卒年不详，北宋棋手，衢州（今浙江衢州）人，活跃于昭圣至政和年间。祝不疑曾与国手刘仲甫对弈，被后者赞为『名下无虚士』。此后，祝不疑屡次拜访刘仲甫，不复对局。宋代何薳《春渚纪闻》云：『近世士大夫棋，无出三衢祝不疑之右者。』明代王世贞《弇州四部稿》中甚至称祝不疑的棋艺高于刘仲甫。

## 李逸民

生卒年不详，南宋棋手，活跃于南宋初期，关于他的事迹可考无多。由其辑录并重编的《忘忧清乐集》，是我国现存最古老的棋谱集。

## 相礼

生卒年不详，明代棋手，华亭（今上海松江）人。曾受皇帝礼遇。洪武中期，被召至南京对局，厚赐遣还。永乐初年，又应召至北京与楼得达对弈，因轻敌而失败。

## 楼得达

生卒年不详，明代棋手，宁波人。清代《宁波府志》中记载了楼得达与相礼对弈，得赐冠带一事。永乐初年，楼得达与相礼奉召至北京对局。成祖暗中命令宦官取纸笔画上冠带，悄悄放在棋盘之下。二人对弈，胜者才可取出棋盘下的东西。楼得达连胜几局，得赐象征荣誉的冠带。3

## 赵九成

生卒年不详，明代棋手，宁波人。是自明初相礼、楼得达之后的又一位国手。科举不成，因棋艺高超而得到孝宗赏识，从而开始了他的仕宦生涯。

## 范洪

生卒年不详，明代棋手，宁波人。正德年间活跃在京师棋坛的著名棋手。

## 鲍一中

生卒年不详，明代棋手，永嘉（今属浙江温州）人。活跃于正德、嘉靖年间，是继范洪之后的重要棋手，也是『永嘉派』的重要棋手。明代王世贞在《弇州四部稿》中将其与『新安派』程汝亮，『京师派』颜伦、李釜三人并称为明代第一品。

## 颜伦

生卒年不详，明代棋手，北京人，一说为永嘉（今浙江温州）人，活跃于正德至隆庆年间，是『京师派』重要棋手。

## 程汝亮

生卒年不详，明代棋手。活跃于嘉靖、隆庆年间，『新安派』重要棋手。曾与『京师派』李釜对弈，早期多败局，后逐渐旗鼓相当。

## 李釜

生卒年不详，明代棋手。活跃于嘉靖至万历年间，『京师派』重要棋手。

## 岑乾

生卒年不详，明代棋手，余姚（今属浙江）人。活跃于嘉靖至万历年间，曾与颜伦对弈。当新安、京师、永嘉三派鼎立之时，岑乾尚难以与之抗衡。但当颜伦棋力因老见衰后，岑乾来到京师，成为国手。

活跃于清末嘉庆、道光、咸丰、同治年间的18位著名棋手，包括任渭南、董六泉、僧秋航、潘星鉴、沈介之、李湛源、周星垣、林越山、施省三、李昆瑜、赖秀山、程德堂、黄晓江、楚桐隐、申立功、金秋林、陈子仙、周小松共18人。6

## 张乐山

生卒年不详，安徽合肥人，曾在山东任县令，酷爱下棋。在北方颇负盛名。

## 汪耘丰

生卒年不详，北京人。民国初年国手之一，周小松的再传弟子。

## 顾水如

（?—1970），嘉兴枫泾（今上海枫泾）人。1915年被选送日本留学深造，研习日本围棋，是我国围棋界第一位出国学习的棋手。1942年，日本棋院授予其四段称号。曾指导过少年时期的吴清源、陈祖德等棋手。

## 王子晏

（1892—1951），浙江嘉兴人。从民国期间的几次中日围棋交流来看，我国棋手败绩居多，唯独王子晏能取得较好的成绩。根据其自订的棋谱，1920年至1930年这10年中，其与日本棋手共弈47局，其中胜34局，负12局，平1局。

## 刘棣怀

（1897—1979），安徽桐城人。民国三十五年（1946）至中华人民共和国成立，我国棋界一直以他为四段标准来衡量其他棋手的水平。与北京过惕生并称『南刘北过』。

## 过惕生

（1907—1989），安徽歙县人，后定居北京，明末著名棋手过百龄的后裔，著名九段棋手聂卫平的启蒙老师。1964年获授五段。与刘棣怀并称为『南刘北过』，代表了当时中国围棋的最高水平。

## 吴清源

（1914—2014），福建闽侯（今福建福州）人，一代围棋大师。7岁开始学棋，11岁时一些老国手已不是他的对手，被誉为神童。1936年，吴清源加入日本国籍。因在『擂争十番棋』决斗中战胜了日本所有一流棋手而被称为『昭和棋圣』。

## 陈祖德

（1944—2012），上海人，7岁学棋。少年时期师从前辈顾水如、刘棣怀。1963年、1965年两次战胜日本九段高手，是中国第一位战胜日本九段棋手的棋手。1981年获授九段。

## 吴淞笙

（1945—2007），福建莆田人。1978年在中日围棋赛的『三番棋』中战胜日本牛之滨撮雄九段。1982年成为九段棋士。

## 聂卫平

（1952—），河北深州市人，10岁学棋。因在1976年的访日比赛中战胜藤泽秀行与石田芳夫等高手，而被日本新闻媒体称为『聂旋风』。1982年成为九段棋士。1988年被中国围棋协会授予围棋『棋圣』称号。

## 马晓春

（1964—），9岁学棋，1983年成为九段。1995年获得第一个世界冠军，是中国第一位夺得职业围棋世界大赛冠军的棋手。其后，他又多次获得各种世界围棋大赛的冠军。

## 常昊

（1976—），上海人。6岁学棋，1986年入段，1988年晋升二段，成为九段共用时13年。

## 古力

（1983—），重庆人。6岁学棋，1995年入段，5年后晋升四段，2002年由四段直升七段，后又在2006年直升九段。

## 柯洁

（1997—），浙江丽水人。2014年成为九段。按照Go-Ratings排名，自2014年8月开始，柯洁一直保持世界第一的位置。

## 【中国现代围棋九段名录】

陈祖德、吴淞笙、丰云、芮乃伟、江铸久、聂卫平、马晓春、刘小光、曹大元、俞斌、张文东、陈临新、钱宇平、邵震中、廖桂永、汪见虹、吴肇毅、郑弘、宋雪林、邵炜刚、梁伟棠、常昊、周鹤洋、罗洗河、古力、王檄、陈耀烨、丁伟、孔杰、朴文垚、邱峻、江维杰、谢赫、周睿羊、时越、范廷钰、芈昱廷、唐韦星、柁嘉熹、柯洁、李钦诚、党毅飞、AlphaGo、檀啸。（共44位）7

7 数据来自中国围棋协会官方网站，将AlphaGo亦计算在内，共计44位。

# 中国历代围棋国手

## Masters of Weiqi in Chinese History

文：罗灿 编：陆沉 绘：刘佩佩
text: Luo Can edit: Yuki illustrate: Liu Peipei

### 弈秋

生卒年不详，战国棋手，史上有记载的第一位围棋国手。名秋，姓不详，因善弈，后人称之为『弈秋』。《孟子》云：『弈秋，通国之善弈者也。』明代李濂《医史》：『（扁鹊医）又如弈秋遇敌，着着可法，观者不能测其神机。』将神医扁鹊与弈秋类比来形容扁鹊医术的高超，而这也间接说明了弈秋棋艺之高。

### 严子卿

生卒年不详，三国时期东吴棋手，被后人尊称为『棋圣』。《吴录》称严子卿棋与皇象书、赵达数为『吴中八绝』。晋代葛洪《抱朴子》：『善围棋之无比者，则谓之棋圣，故严子卿、马绥明于今有棋圣之名焉。』

### 马绥明

生卒年不详，三国时期东吴棋手。事迹已不可考，与严子卿并称为『棋圣』。

### 王抗

生卒年不详，南朝宋棋手。与褚思庄、夏赤松等人一同代表了南朝围棋最高水平。唐代李延寿《南齐书》：『当时能棋人琅邪王抗第一品[1]，吴郡褚思庄、会稽夏赤松第二品。』

### 褚思庄

生卒年不详，南朝宋棋手，吴州（今江苏苏州）人。唐萧子显《南齐书》记载：齐高帝命令褚思庄与王抗对弈，二人棋艺高低难辨，从早晨到傍晚，才下完一局。[2]《南齐书》中还记载了褚思庄的另一事迹：宋文帝曾派思庄去会稽与时任会稽太守的羊玄保对弈，回京后思庄即在文帝面前复盘了棋局。这也是目前所知的最早的记谱复盘纪录。

### 夏赤松

生卒年不详，南朝宋棋手，会稽（今浙江绍兴）人。

### 褚胤

（?—454），也写作『褚允』『褚引』等。南朝宋棋手，钱塘（今浙江杭州）人。褚胤7岁时围棋入高品，长大后，冠绝当时。《南史·张融传》：『天下有五绝，而皆出钱唐。』褚胤的围棋即其中之一。孝建元年（454），其父褚荣因卷入政治斗争被斩首，褚胤也因此受株连。

### 萧衍

（464—549），即梁武帝，南朝梁政权的建立者。南兰陵（今江苏常州）人。围棋是萧衍的毕生爱好，因此他在位的48年是南朝围棋最为兴盛的时期。《南史》云：『（梁高祖武皇帝）六艺备闲，棋登逸品。』说明萧衍的棋艺已经超出九品等级，水平了得。

### 范宁儿

孝文帝太和年间人，北朝魏棋手。曾随北魏名臣李彪一起出使南齐，战胜了江南第一品王抗。《北史》记载了此事：『齐令江南上品王抗与宁儿，制胜而还。』说明北朝亦有围棋高手存在。

### 王积薪

生卒年不详，唐代围棋国手，活跃于开元、天宝年间。民间有诸多他的传奇事迹流传。唐代冯贽的《云仙杂记》记载了王积薪因梦见青龙吐《棋经》而棋艺顿精。唐代段成式《酉阳杂俎》载：高僧一行曾在燕公宅看王积薪下棋，一行本来不会下棋，通过在一旁观战，很快棋艺大进，居然能与王积薪匹敌。唐代薛用弱的《集异记》中记载的王积薪在蜀山遇姑妇二人对弈的故事，亦是有名的围棋传说之一。开元初年（713），王积薪与国手冯汪二人在太原尉陈九言府邸金谷园连弈九局，王多胜，遂被推为第一名手。后来他将这次对弈的棋谱集辑成册并加以评注，取名为《金谷园九局谱》（一说徐铉著）。王积薪有《围棋十诀》传世：『不得贪胜，入界宜缓，攻彼顾我，弃子争先，舍小就大，逢危须弃，慎勿轻速，动须相应，彼强自保，势孤取和。』唐以后的多种棋谱中均有刊载。

### 王叔文

（753—806），唐代棋手。越州山阴（今浙江绍兴）人。唐德宗时，因棋艺精湛被选为棋待诏。王叔文既是棋手，又是政治家。他在宫中长期侍奉太子下棋，深得太子信任。805年，唐德宗李适驾崩，太子李诵即位，任王叔

## 【晚清『十八国手』】

### 林符卿

生卒年不详，明代棋手。明代中期最后一位围棋名手，活跃于万历、天启年间。

### 过百龄

（1587—1660），明末清初最负盛名的国手，无锡人。曾与前辈国手林符卿对弈百余局。过百龄所著《四子谱》主讲让四子棋下法，流传甚广。

### 徐星友

（1644—?），清顺治、康熙年间棋手。钱塘（今浙江杭州）人。学弈晚，师从黄龙士。最开始被黄龙士让四子，而后让三子。当星友已达受二子水平时，龙士仍授三子与其对弈十局。双方对局激烈，犹如以性命相搏，时人称此十局为『血泪篇』。后来徐星友因为挫败自称棋艺无敌的高丽使者而声名远扬。70余岁时，曾指导少年时期的范西屏、施襄夏对局。

### 周东侯

生卒年不详，清顺治、康熙年间棋手。六安人。与黄龙士并称为『黄龙周虎』。

### 黄龙士

（1651—?），清康熙年间棋手，江苏泰县（今江苏泰州）人，16岁已达国手水平。杜浚在《变雅堂文集》有《送黄童子序》，其中记录了少年黄龙士的事迹。18岁时，黄龙士击败了老年国手盛大有，21岁又击败名手谢玉友。当时的国手与之对垒，皆败。敢与之周旋者仅周东侯一人，时人称二者为『黄龙周虎』。棋局中以授徐星友三子十局的『血泪篇』最负盛名。

### 程兰如

（约1690—1765），清康熙至乾隆年间棋手，安徽歙县人。黄龙士、徐星友之后，程兰如、梁魏今称雄。兰如20岁时已名闻天下，作为新秀曾与年过六旬的前辈国手徐星友对弈，一跃成为全国第一。

### 梁魏今

（约1680—1760），清康熙至乾隆年间棋手，山阳（今江苏淮安）人。自幼学弈，比程兰如成名更早，雍正年间与程兰如齐名。梁魏今与徐星友对弈时互有胜负，亦曾指导青年时期的范西屏、施襄夏对局。梁魏今与『扬州八怪』之一的郑板桥颇有往来，后者有诗《赠梁魏今》。

### 范西屏

（1709—1769）[4]，清康熙至乾隆年间棋手，浙江海宁人。范西屏曾与施襄夏于俞长侯门下同窗学艺，12岁便与师齐名，16岁称国手。乾隆四年（1739），他与施襄夏在浙江平湖（即当湖）张永年宅对弈10局（一说13局），胜负相当，被誉为旧式对子局的高峰，即后人所说『当湖十局』。38岁，范西屏被誉为一代『棋圣』。

### 施襄夏

（1710—1771），清康熙至乾隆年间棋手，浙江海宁人。幼年从父学琴，继而学弈。与范西屏既是老乡，亦是同窗。幼时天资不如范西屏，20余岁后才步入国手行列。乾隆四年（1739），与师兄范西屏的『当湖十局』，是襄夏赢得『棋圣』地位的转折点。

### 周小松

（约1820—1891）[5]，清道光至光绪年间棋手，江苏扬州人。周小松21岁成国手，晚年棋艺无敌，游踪甚广，所弈皆让子棋。晚清知名的棋手多数直接或间接接受其指导。其棋艺与陈子仙齐名。

### 陈子仙

（1821—1870），清道光至同治年间棋手，浙江海宁人。童年时期，陈子仙的棋艺已经非同凡响，是晚清最有才气的国手。陈子仙与周小松初次对垒是在扬州，有争夺棋坛霸主的意味，这也是近代围棋史上的一次重要比赛。此次对弈之后，陈子仙名声大噪，此后又与周小松对弈数百局。陈子仙成名之后，与周小松合称『并世双雄』。

1 围棋分九品，来源于曹魏施行的"九品官人法"，"一品"为最高水平，"二品"次之，依此类推。
2 原文为："太祖使思庄与王抗交赌，自食时至日暮，一局始竟。上倦，遣还省，至五更方决。抗睡于局后寝，思庄达晓不寐。"
3 清代《宁波府志》："上命二人对弈，顾中贵官密取纸画冠带置局下，得达弈累胜，遂启而视之，命吏部给冠带。"
4 也有说法称范西屏出生于1708年，而施襄夏出生于1709年。
5 周小松的生年已不可考，《碑传集补》称小松生于嘉庆二十五年（1820）。
6 关于晚清"十八国手"是否包括陈子仙和周小松尚存在争议。

# 围棋的基本行棋规则

文 + 编：陆沉
text & edit: Yuki

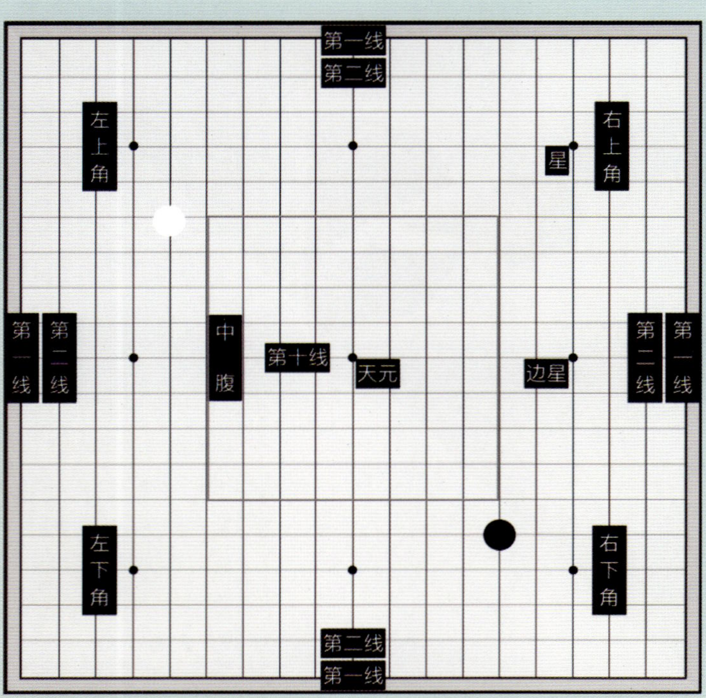

第一线 第二线 左上角 右上角 星 中腹 第十线 天元 边星 左下角 右下角

## 基本规则

围棋是弈者在 19×19 的棋盘上"争地"的游戏，基本规则有三条。首先，需双方各执一色棋子，交替落子，对局中一般是下手执黑，上手执白，如果是棋力相当则轮流执黑；其次，要注意落子不可反悔；再次是吃子，由此又衍生出了"气"与"劫"这两个更细的规则。其余的布局定式、死活手筋等，指的都是前人有效率的战术，学习这些，就像打仗学习兵法一样。

围棋强调效率，分为布局、中盘、收官三个阶段。这三个阶段没有十分明确的界限，何时进入中盘，何时开始收官，要取决于具体的棋局。棋手们需充分发挥各个棋子的价值，让它们具备整体性。下棋过程中，棋手们既要使棋子们"存活"，又要不断扩大自己的"领地"。布局时，棋手们在棋盘上进行大致的"割地"。这一阶段是胜负的基础，也是创作完美棋形的关键。下围棋是比较谁围地多，所以在围棋布局中，一般认为角的价值大，占角的话，效率较高。布局时，如能将棋局做出大模样，会有方寸棋枰气吞山河之感。

中盘即中局，是更复杂的阶段，要求棋手具备计算力。中盘战术包括打入、死活、进攻、手筋等。

收官又称官子，是决定胜负的最后阶段。虽说地盘、死活基本确立，大局已定，但边界仍含糊不清，故此时也不乏扭转乾坤的机会，韩国的李昌镐就是收官高手。

## 基础术语

**气**

想在棋盘上存活的棋子，必须要有"气"。气是指与棋子直线相邻的空交叉点。同色棋子被看作是一个整体，能共享气。棋子如果失去所有的气，便是死棋，不能在棋盘上存在。图中的字母及符号即为棋子的气。

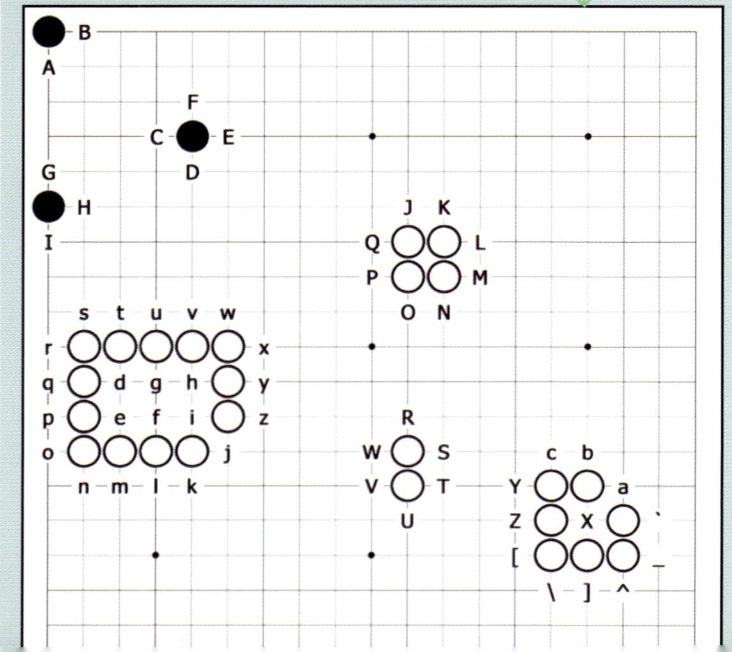

**劫（打劫）**

如图局面，白下在 A 位即可提掉黑 B 一子，而黑接下来再下 B 位，又可将白 A 一子提回，这便是"劫"，是围棋中一种特殊的情况。如果双方都不肯退让，反复在 A、B 处互相提子，则棋局便将陷入原地踏步的"死循环"，无法继续。因此，围棋规则规定，一方提劫之后，另外一方不能立刻回提，必须先到别处下一子，逼对方应一手。如图中黑 B 刚刚提完白一子，白不能立刻走 A，可于 C 位打吃黑一子，迫使黑 D 接住后方可走 A，当然黑如果觉得打劫处价值更大，也可能不走 D 而走 A。围棋是变化的艺术，让棋局原地踏步是禁忌，因此中国规则有"禁止全局同形再现"的原则，打劫的规定就是原则应用的一例。

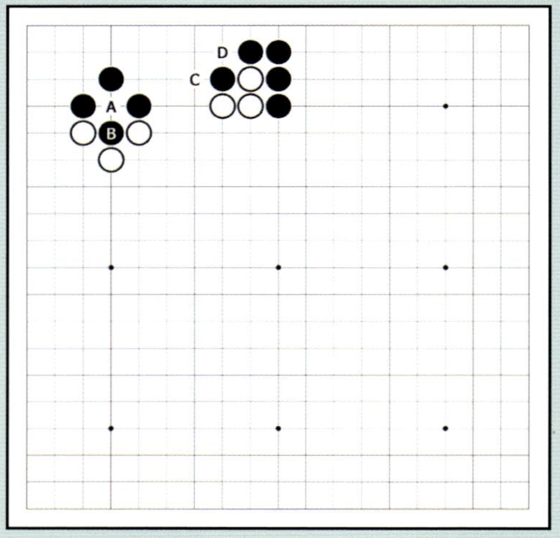

**禁止全局同形**

落子后不能使对方重复面临曾出现过的局面，避免对局陷入无限循环。

**贴目**

过去的围棋没有贴目规则。围棋中因为黑方先行，占有布局优势，所以在最后计算胜负的时候需扣减子数，以示公平。贴目制度在中日韩三国的叫法不同。在中国，贴目即"数子规则"，又名"贴子"；在日韩，为"数目规则"，即"贴目"。

## 对局形式

**分先（互先）**

双方棋力相当时，采用分先形式，即双方轮流执黑先行。

**让先（定先、受先）**

一方比另一方水平高，但差距不大时，采用让先形式，此时棋力更高的一方执白，另一方每局执黑，且黑方不贴目。在古代，对弈双方相差两个段位的时候会采用让先的形式。

**让子**

双方实力差距较大的时候，会采用让子的对弈形式，让子棋一般为指导棋。此时水平更高的一方执白，执黑一方按照惯例或者双方约定先在棋盘上特定位置放置若干己方棋子。依实力差距，一般可让 2 到 36 子，每让 1 子，大约为 10 目的差距。

## 终局胜负

以下三种情况可确认为终局。一，双方一致认为着子完毕、无棋可下时，或是双方连续使用虚着；二，一方认输；三，比赛中因犯规或超时而被判负。终局后，当进行胜负计算。

第四步，将前两个步骤各自所得的空点数和子数相加。

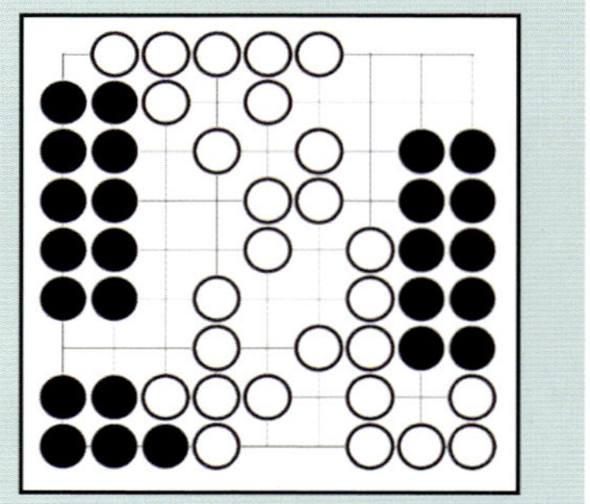

中日围棋胜负计算方式有些微差异。日本棋院 1989 年修订的围棋规则中提到，"目"指的是"某一方活棋所围住的空点"，"地"指的是"完全的并且独立生存的活棋的目"。日本围棋是"以空为地"，认为围棋的目的是争夺地的多少，"围空多的一方获胜"。而中国的规则，则秉承"子空皆地"的原则，认为棋子与所围的空地是相互依存的关系，是"比谁在棋盘上活的棋子和活棋围住的点多"。

How to Play the

# 围棋的基本行棋规则

How to Play the Game of Weiqi?

## 古代围棋

古代围棋与现代围棋制度有别，中国古代围棋制度采用“座子制”，并曾影响日本。近代围棋的领导者是日本，自其废除旧制，重新修订规则后，中国也于 1949 年推出了新的围棋规则。

古代围棋不贴目，先达 181 子的一方便是获胜，所以在座子制中，棋手先在棋盘对角星位置上放置两黑两白的棋子（此为座子），以最大限度地限制先行的优势。《敦煌棋经》（原称《棋经》）中有语：“是以须先据四道，守角依傍。彼棋虽小，而有活形。”可见当时的棋人对棋盘各部价值的认识，而这种被人们称为“金角银边草肚皮”的下法，便是座子制的前身。

现代围棋虽多是执黑先行，但在古代时白棋为先的情况也很多。在汉代，围棋还有“白黑”的别称，如班固所云“棋有白黑，阴阳分也”；唐代以降，才习惯称为“黑白”。

围棋在古代，还有“口弈”的形式。口弈又被称为“谈棋”，是盲棋，弈者不用现实中的棋盘，仅凭记忆在脑子里的棋盘上对弈。古代有王积薪的谈棋传说，带有仙弈色彩；今人中，鲍云是世界上有记载的第一个完整下完盲棋的人，并创造了盲棋多面打 1 对 5 的吉尼斯世界纪录。

围棋胜负取决于围地的多少，占地多者为胜。现代因为有贴目制度，故而采用不同的对局形式，胜负计算时，贴目规则也不同。

在分先棋情况下，黑子应贴 3 又 3/4 子。所以，黑子所围交叉点和棋盘上存活的棋子总数大于 184 又 1/4 子则获胜；白棋超过 176 又 3/4 子即为胜。

让先情况下不贴子，双方各以 180 又 1/2 子为基数，终局时，多者获胜。

让子棋终局时，黑子需偿还白棋所让子数的一半，结果如果多于 180 又 1/2 则获胜。如，白方让 4 子，终局时，有 184 子的黑方需还 2 子，即 182 子，182 减去 180 又 1/2 为 1 又 1/2，黑方获胜。

确认终局后，需要通过数棋（只数一方）判断胜负。数棋的过程又称为“做棋”。主要的步骤与方法如下：

第一步，将双方无法做活的死子（白三角黑三角符号）清出棋盘。

第二步，通过棋子的移动和增减，在一方（以黑为例）的地域里做出整十倍数的空点，余下地方以同色棋子填满。确认一共有多少个空点。

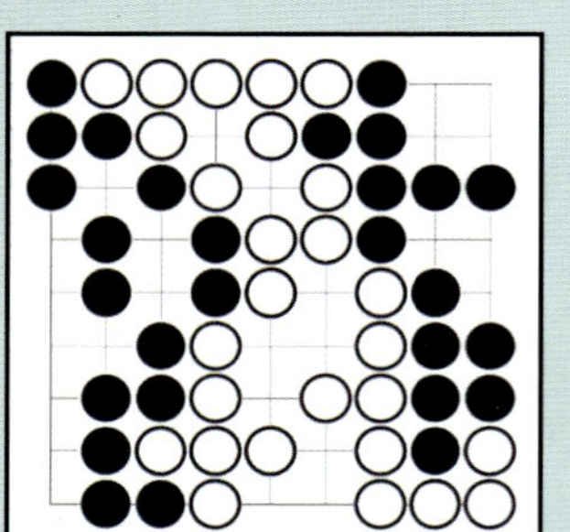

第三步，将余下黑子摆成整十形状，便于数出子数。

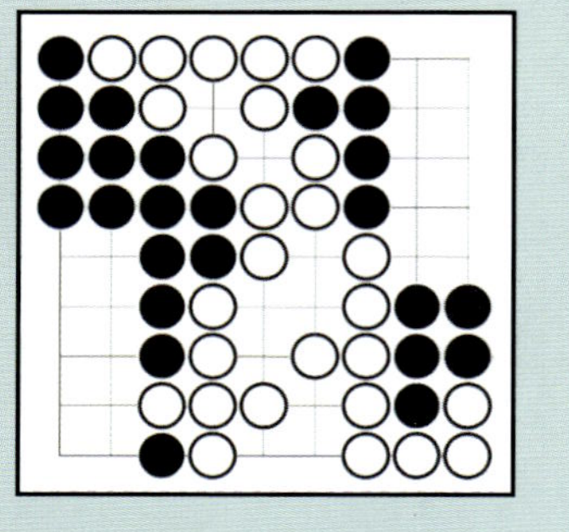

### 提子

没有气的子，需要被清出棋盘。一般有两种情况：落子后，对方棋子气数全无，落子方提走对方无气之子；落子后，双方棋子都呈无气状态，落子方提走对方无气之子。白子落下后，黑子不再有气，需提走。

### 禁着点（禁入点）

落子后，自己的棋呈无气状态，但又不能吃对方的子，这样的交叉点就是禁着点。

How to Play the Game of Weiqi?

Game of Weiqi?

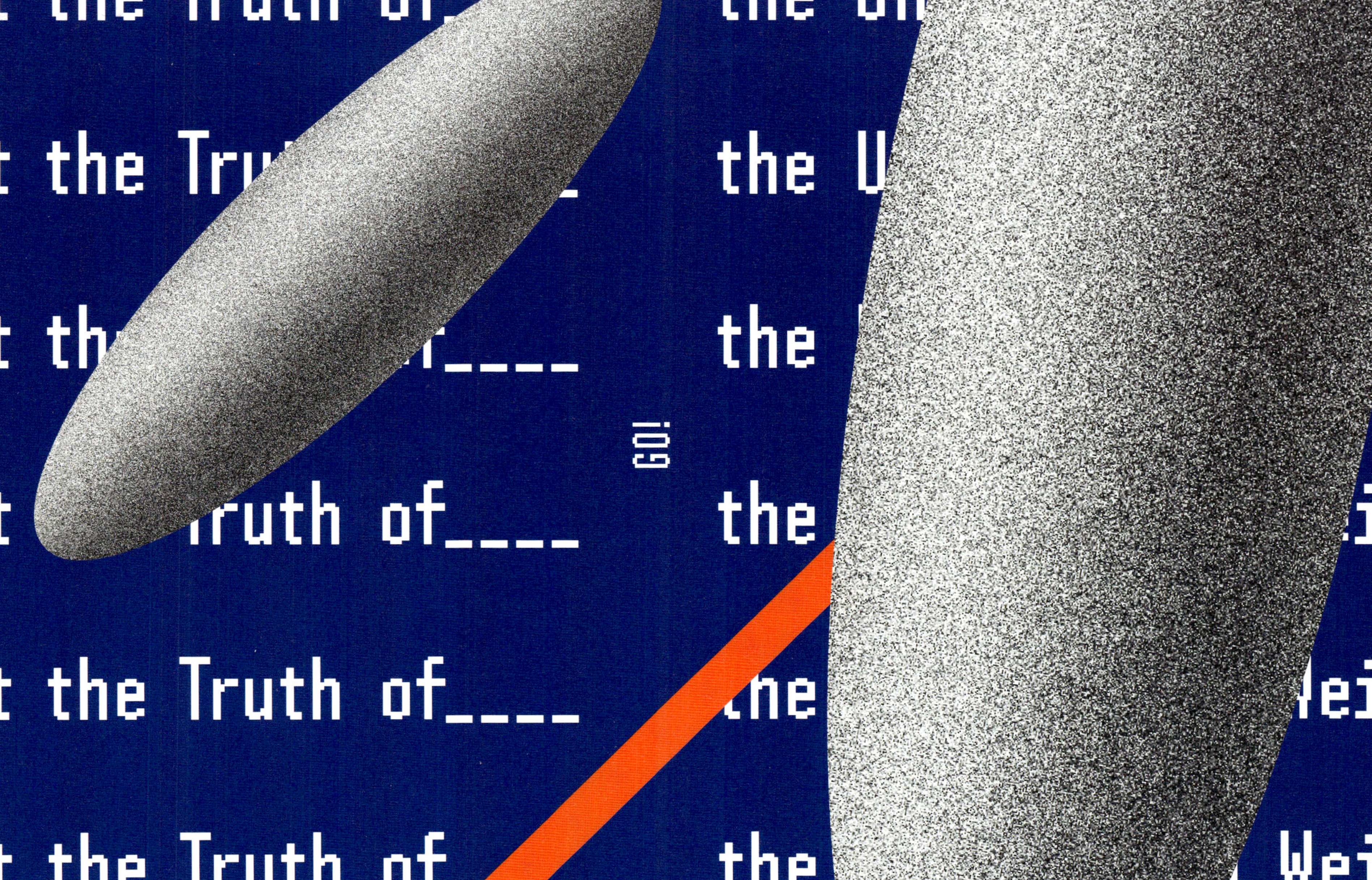
the Truth of____
GO!

# 知中《宇宙之道，就在围棋》

## 特集·言论

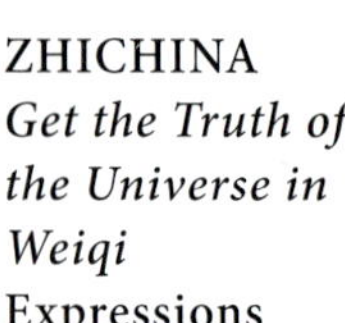

**梁铁航**

**TCL 集团工业研究院副院长、广州欢网科技有限责任公司 CEO**

**你是从什么时候开始接触围棋的?**

我是从高一开始接触围棋的，当时正好在举办中日围棋擂台赛，聂卫平成了国人英雄。

**围棋最吸引你的特点是什么?**

围棋最吸引我的是它简洁的形式和深奥的内涵。黑白可以表示时间，方圆可以代表空间，一黑一白交替而行，蕴藏日月宇宙之奥妙，是最接近“道”的游戏。

**你最欣赏的古今著名棋手是谁?**

最欣赏的棋手肯定是吴清源，他在我心目中就是神。我曾有幸受邀在日本拜访过老人家一次。他对围棋的理解，超越了当时的那个时代，很多走法目前看和人工智能 AlphaGo(“阿尔法狗”)相似，比如尖冲星位小飞的位置。

**你如何看待围棋人机大战?**

李世石与 AlphaGo 对局到第 4 盘时，我在首尔观看了这场人机大战，这应该是人类棋手跟 AlphaGo 对局唯一赢的一盘棋。现在人工智能的突破在于深度学习算法，其核心有点儿像用佛法的果位看世界，而不是我们凡夫的因位。因为人总要靠逻辑推理结果，但人工智能却是从结果进行反推。

**围棋对你的工作或生活产生了哪些影响?**

围棋古称“木野狐”，可见其迷人之处。我也曾因为过度痴迷围棋而下决心戒棋数年，但还是将它视为终身的爱好。

---

**王硕**

**普林斯顿大学物理学博士、职业棋手、围棋讲解员**

**你是从什么时候开始接触围棋的?**

小学二年级。一年级时我拿了市儿童象棋比赛的第 1 名，后被临时凑数拉到围棋组，经过短暂的突击补习，逐渐入门，然后才开始正式学围棋。

**围棋最吸引你的特点是什么?**

围棋复杂又简单，表面上只是落子，但背后却是思想的碰撞。由于围棋的变化极其复杂，穷尽计算实非人力能及，那么如何选择，如何判断，就需要“思想”和“哲学”，这并不是虚无缥缈的，而是每个棋手都要在对局中做的。

**你最欣赏的古今著名棋手是谁?**

李昌镐。专注、认真、精益求精，尽管每个一流棋士几乎都会具备这样的特质，但能把这几点做到极致，做到像李昌镐这种程度的，在近 50 年里，也只有他一人。极专极精，所以极深极稳。

**你如何看待围棋人机大战?**

人机大战的本质不是人类与机器的对抗，而是人类与人类的思维较量和交流——一方是围棋高手，一方是数学家、神经学家、计算机科学和技术专家。双方通过人机大战展示了殊途同归的妙趣，结果是双赢。

**围棋对你的工作或生活产生了哪些影响?**

围棋可以怡情养性、脑力保健，亦可以交流交友。闲暇时，下下棋是件趣事儿。它可以帮助我发掘自身思维的潜力，“噢，原来我这么厉害，还能想到这一招妙手啊”，这种妙趣可意会，难言传。

**朱彦硕**

**篮球评论员、《Hoop Taiwan》杂志副总编**

**你是从什么时候开始接触围棋的？**

我大概是在 10 岁开始学围棋，此前都是下象棋，是我的父亲教会我下围棋的。那时候周围的同学几乎都不会玩围棋，我只能靠自己看书学，或者跟父亲对弈。直到上了大学后，才有一两个学长可以对弈。现在的棋力大约在业余四五段。

**围棋最吸引你的特点是什么？**

可以看到自己的进步。下象棋很难察觉，但下围棋可以清楚地感受到自己的进步。这是最有趣的地方，只要进步一点儿，就会感到很高兴。

**你最欣赏的古今著名棋手是谁？**

吴清源、武宫正树与李昌镐。吴清源令我敬佩的地方在于他的创意与超前时代的构思，以及身处那样的环境而有这样的成就，这简直让人难以想象；武宫正树始终坚持自我，既特立独行又能维持好成绩，非常难得；李昌镐则是滴水不漏，且具有超强的心理素质。这三人最令我敬佩。

**你如何看待围棋人机大战？**

我觉得这是件非常好的事。人机大战让人类棋手开始谦虚，尝试以前不敢想的观念与下法，而不会自我骄傲，觉得已经穷尽了围棋的变化。这当然是好事。

**围棋对你的工作或生活产生了哪些影响？**

围棋对我来说是老师。我在身心状况不佳的时候，会通过下围棋来调节。同时，我从围棋中可以领悟很多人生的道理，甚至可以从围棋中了解自己的身心状态。棋下得好了，身心状态就会有改善。简单来说，围棋是我一生的良师益友。

---

**由立平**

**演员，曾在电影《建国大业》中饰林彪、电视剧《少帅》中饰蒋介石**

**你是从什么时候开始接触围棋的？**

我是在 1980 年左右受朋友影响开始喜欢围棋的。

**围棋最吸引你的特点是什么？**

围棋最吸引我的是它的棋理，因为“落子为定”，所以在棋盘上不能耍小聪明。

**你最欣赏的古今著名棋手是谁？**

我最喜欢的棋手是吴清源，他犹如一位布道者，穷尽一生来探索围棋奥妙，他的一些观念（比如小目两间高挂）目前虽没有普及，但将来大家会认识到它们的价值。我还喜欢聂卫平，他在中日擂台赛的超常发挥表现出了一位棋手的信念和毅力，有时候这比能力重要。

**你如何看待围棋人机大战？**

不是人下不过机器，而是人的状态比不过机器。

**围棋对你的工作或生活产生了哪些影响？**

有时候会下意识地用围棋观念思考问题，比如演戏时，有时需要注意细节，有时需要注意全局把握，所谓要感觉一下人物前景。前些日子我在自己监制的一部电影做后期剪辑的时候，还开玩笑用围棋举例子：“要掌握片子的总体结构和节奏，有时候要离棋盘远点儿。”

**科尔沁夫**

**音乐人、作词人、乐评人、围棋业余五段**

**你是从什么时候开始接触围棋的?**

1985 年，我 12 岁的时候。那时我上初二，托中日围棋擂台赛之风，认识了围棋。

**围棋最吸引你的特点是什么?**

博大精深。既可飘然出世，又可惨烈胜负。

**你最欣赏的古今著名棋手是谁?**

吴清源，既是围棋之神，又是修道之人。

**你如何看待围棋人机大战?**

人间围棋之神吴清源 100 岁去世，第二年 AlphaGo 就横空出世，而且棋很像吴清源。

**围棋对你的工作或生活产生了哪些影响?**

人生如棋，下棋会让你较早明白：勇敢战斗、激烈进取是一种人生和一种棋风，大局优先、灵活弃取也是一种人生和一种棋风。

---

**曹摅**

**晋代官员、文学家**

局则邓林之木，鲁班所造，雉方砥平，素质玄道，犀角象牙，是错是砺，内含光润，形亦应制。

——《围棋赋》

**沈括**

**北宋政治家、科学家**

四人分曹共围棋者，有术可令必胜。以我曹不能者，立于彼曹能者之上，令但求急，先攻其必应，则彼曹能者为其所制，不暇恤局。则常以我曹能者当彼不能者，此虞卿斗马术也。

——《梦溪笔谈》

**马钰**

**元代道教全真道道士**

争名竞利，恰似围棋。至于谈笑存机，口辛相谩，有若蜜里藏砒。见他有些活路，向前侵、更没慈悲。夸好手，起贪心不顾，自底先危。

——《满庭芳·看围棋》

**李东阳**

**明代政治家、书法家、诗人**

世之善喻者，必以弈，以弈观世，鲜有不合者也。

——《弈说》

**谢肇淛**

**明代博物学家、诗人**

古今之戏，流传最久远者，莫如围棋。

——《五杂组》

**洪应明**

**明代思想家、学者**

世事如棋局，不着得才是高手；人生似瓦盆，打破了方见真空。

——《菜根谭 · 闲适篇》

**袁宏道**

**明代文学家、“公安派”代表人物**

人生何可一艺无成也。作诗不成，即当专精下棋，如世所称小方、小李是也。又不成，即当一意蹴鞠挡弹，如世所称查十八、郭道士等是也。凡艺至极精处，皆可成名，强如世间浮泛诗文百倍。

——《袁中郎随笔 · 寄散木》

**施襄夏**

**围棋国手、“清代三大棋圣”之一**

弈之为道，数叶天垣，理参河洛，阴阳之体用，奇正之经权，无不寓焉。是以变化无穷，古今各异，非心与天游、神与物会者，未易臻其至也。

——《弈理指归 · 序》

**赵朴初**

**佛教领袖、书法家、社会活动家**

乾坤黑白，尽扫寻常格。奇正相生神莫测，一着风云变色。　今朝隔海同欢，别张一帜登坛。两国千秋佳话，元戎七段荣衔。

——《清平乐》

**村上春树**

**日本当代作家**

输棋并非赢棋的对立面，而作为赢棋的一部分永存。

**吴清源**

**围棋大师**

棋盘不是胜负，是阴阳。在阴阳之前是神。神在宇宙之内，宇宙在神之内。在远古无文字的时代，尧造棋问天。下棋本身不是为了胜负，是要调和阴阳。万物无生无死，只有文化。求胜的心理是多余的，是杂念。只要尽力就行了。不只下棋，做其他事情也一样。一切活动都是为了调和。比如说农民，辛辛苦苦是为了能有个好收成。万一台风来了，也没有办法。

——《吴清源回忆录》

**胡廷楣**

**记者、作家**

吴清源所说的围棋是和谐，已经超越了围棋的世界，升华为当时战争黑暗时代中的救世真言了。黑暗中的一句光明真言，就像围棋落入困境时妙手回春的一步绝着。

——《境界——关于围棋文化的思考》

**武宫正树**

**日本围棋棋手**

围棋并不是想赢就能赢的，胜利的要素是在其他方面。

**李世石**

**韩国围棋棋手**

我的眼里没有所谓的条条框框，我是凭借自由的想象和精确的计算来控制棋局的。

**川端康成**

**日本作家、首位日本诺贝尔文学奖得主**

据说，在中国，人们把围棋看成是仙心的游艺，充满了天地之元气，三百六十有一路包含着天地自然和人生哲理。然而，开拓这种智慧之奥秘的，正是日本。日本的精神，超过了模仿和引进。从围棋看，这种情况是很明显的。

——《天授之子》

彩绘灰陶围棋俑 ©汉代

# History of Chinese Weiqi

# 围棋起源与历史发展

文：绪颖 编：陆沉
text: Sui Wing edit: Yuki

围棋是中国传统娱乐竞技项目，也是史上最悠久的一种棋戏。
在人类的历史文明长河中，围棋扮演着多重角色。
它既是启发智力的工具，也是对外文化交流的桥梁，
既是文人士大夫志趣的寄托，也是专业棋手谋生的事业。

围棋可分为古代围棋和近现代围棋、业余围棋和专业围棋等不同类型。古代围棋从夏商起源起，到清晚期步向没落为止，一直以中国为发展中心；及至近现代，日本和韩国围棋崛起，发展中心才有所转移。

业余围棋和专业围棋存在动机和旨趣上的差别。业余爱好者讲求艺术性、娱乐性，较少考虑输赢次数，他们下棋主要是寄托心志，逍遥闲趣；对专业棋手来说，下围棋是自身的事业，胜负关系着生活来源，因此以输赢为务，这也让专业围棋的竞技性特别强。

谈及古代围棋的历史，可从下面这几个方面来思考：其一，在各个朝代，围棋受欢迎的程度及原因；其二，棋盘形制和规则的历史演变；其三，每个时期的代表棋手和棋艺著作。现当代的中国围棋史上，值得载入史册的专业棋手层出不穷，他们在世界围棋竞技场上取得了赫赫战功，从而保证了如今的中国围棋水准处于世界前列。

## 起源

关于围棋的起源，现有多种说法，譬如“尧舜造围棋”“战国人造围棋”“乌曹造围棋”“容成公造围棋”等。其中“尧舜造围棋”是最古老且最流行的说法。先秦典籍《世本·作篇》载:“尧造围棋,丹朱善之。”东晋张华在《博物志》中有:“尧造围棋,以教子丹朱。或云:舜以子商均愚,故作围棋以教之。”丹朱，是尧的儿子，尧发明围棋来教育他，陶冶他的情操；也有人说是舜造围棋，为的是教育愚钝的儿子商均。

“战国人造围棋”的说法源于晚唐文学家皮日休所作《原弈》。作者根据围棋和兵法中相似的“害诈争伪”的特点，推测围棋起源于战国：“弈之始作，必起自战国，有害诈争伪之道，当纵横者流之作矣。”但此说法理由牵强，可信度不高，怕只是作者的附会猜测罢了。

“乌曹造围棋”是明代陈仁锡在《潜确居类书》中提出的说法，乌曹相传是尧的臣子。后来，董斯张的《广博物志》，张英、王士祯、王惔等撰的《渊鉴类函》也采录了此说法。

明代专业棋手林应龙则认为，围棋是容成公发明之物。容成公为何许人也？据西汉末年刘向的《列仙传 · 容成公》记载：“容成公者，自称黄帝师，见于周穆王。能善补导之事，取精于玄牝。”

虽然围棋从诞生后到春秋之前没有确切的文字记载，但围棋文化研究者、中国围棋协会原副主席刘善承老师推断:“它的正式诞生应当在殷商之前,至少不会迟于西周。”在夏商周漫长的十数世纪中，闲适的奴隶主们出于娱乐和启蒙后代的目的，将围棋进一步发展成了有规则、具教育性的棋类。

## 春秋战国至秦一统的发展

公元前 770 年,春秋时代来临。群雄纷争,礼崩乐坏,此时的中国正从奴隶制社会向封建社会过渡。公元前 548 年，历史上第一次出现涉及围棋的记载。《左传 · 襄公二十五年》载：“今宁子视君不如弈棋，其何以免乎？弈者举棋不定,不胜其耦。而况置君而弗定乎？必不免矣。”这句话中，以围棋为喻，概括了一个制胜之道：下棋时，每落一子，必须要在思虑后当机立断，犹豫不决者无法战胜对方。用“举棋不定”来比喻政治上的优柔寡断，说明围棋在当时已经是司空见惯的事物。

春秋时期，孔子也在《论语 · 阳货》中评价围棋:“子

1972 年出土于吐鲁番阿斯塔那 187 号唐墓的《仕女弈棋图》，图中贵妇应为唐代六品官吏之妻。

**绿釉陶六博俑 ◎东汉 ◎河南省漯河市德泽陶瓷博物馆藏**

“六博”是中国古代民间一种掷采行棋的博戏类游戏，与象棋玩法相近。陶俑上的长方形棋盘两侧分别有六根长箸和方形博局，博局两边各有六枚方形棋子，中间有两枚圆“鱼”。现在所说的“博弈”，“博”是“六博”，“弈”是“围棋”。

**十八学士图 ◎南宋 ◎刘松年绘 ◎台北故宫博物院藏**

三星围棋图 ◎元代 ◎朱氏绘 ◎日本根津美术馆藏

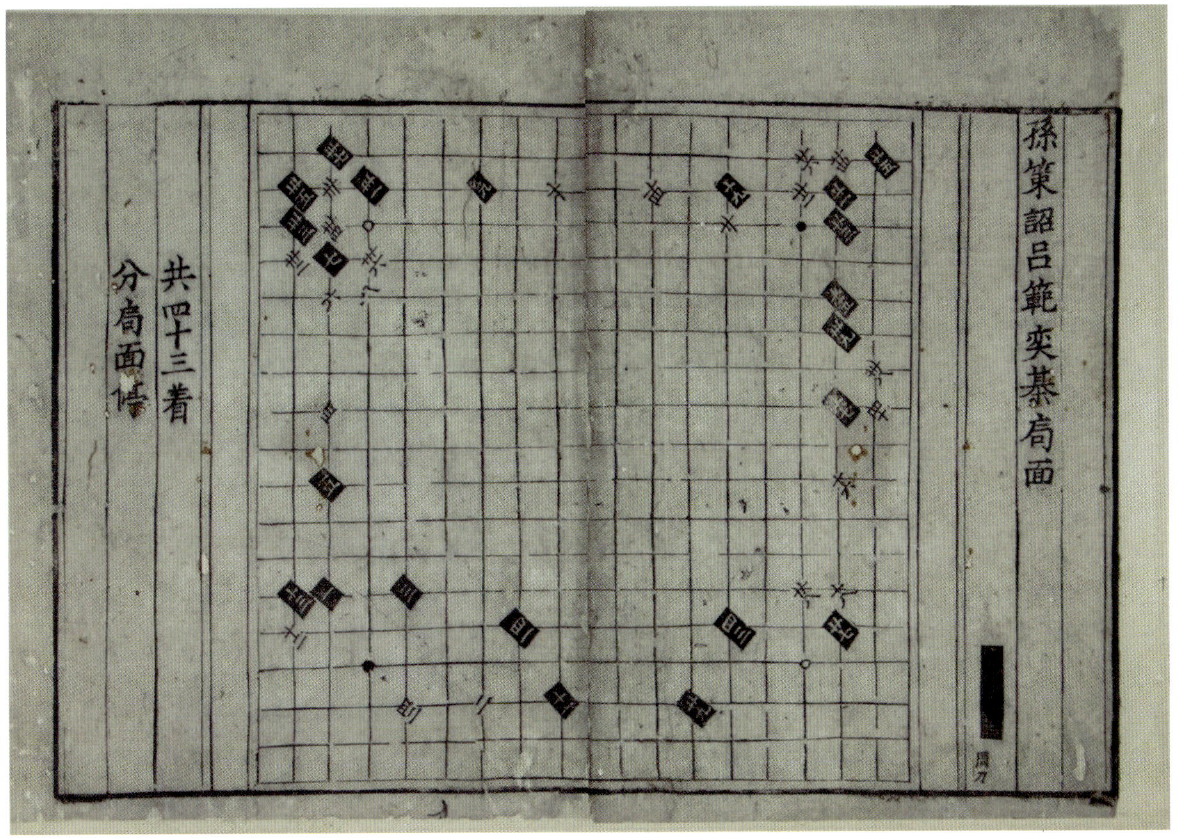


现今传世最古老的棋谱《孙策诏吕范弈棋局面》，见于《忘忧清乐集》。在此棋局中，孙策执黑，吕范执白。棋谱中仅存布局 43 着，但因为此局使用 19 道棋盘，而棋盘改制是在南北朝时期，故其真伪一直被围棋史家争论。

曰：‘饱食终日，无所用心，难矣哉！不有博弈者乎？为之，犹贤乎已。’”可见当时社会上，围棋已成为部分闲适阶层的娱乐活动。

在我国，第一位见诸文字记载的围棋高手是弈秋[1]，《孟子·告子上》载：“弈秋，通国之善弈者也。使弈秋诲二人弈，其一人专心致志，惟弈秋之为听。一人虽听之，一心以为有鸿鹄将至，思援弓缴而射之。”从孟子的话来看，弈秋在当时的名气很大，是“通国之善弈者”，而他课业授徒，也说明围棋在当时已出现专业化趋向。弈秋的高超棋艺也获得了时人的承认和尊重。

然而到了公元前 221 年，秦统一中国，改变了这一形势。一方面，设官学禁私学，使得围棋授教消失；另一方面，因围棋同天文、地理、阴阳和军事知识相关，人们为避免招惹是非，也不敢再下围棋了。先秦时期，围棋棋盘规格多样，并且通常是白棋先走，黑棋后走。除此之外，势子的摆放与现代围棋也有所不同。

## 两汉时代逐渐普及

汉高祖刘邦是围棋爱好者，他的妃子戚夫人则是历史上有文字记载的第一位女棋手。晋代葛洪《西京杂记》卷三云：“戚夫人侍高帝……八月四日，出雕房北户，竹下围棋，胜者终年有福，负者终年疾病。取丝缕就北辰星求长命，乃免。”出于祈福的目的，在八月四日下围棋成了汉宫的风俗。围棋中不仅有君臣对弈、父子对弈，还有夫妇对弈，它打破了等级和尊卑观念；加之在当时，人们常将围棋与以掷骰子为主的“六博”并称为“博弈”，使围棋具有娱乐和赌博性质，所以也令维护封建礼教的文人发出了“失礼迷风，围棋是也”[2]的哀叹。

围棋发展史上的第一个高潮，出现在三国时期。魏国的大军事家曹操很喜欢围棋，并影响了其后的曹丕、曹彰等人。著名文学家、“建安七子”中的孔融、王粲和应玚也都爱好围棋。据清《宝庆府志》载：“棋盘岭在宝庆府城南五里，相传武侯宴兵着棋于此。有

1 弈秋，单名秋，姓氏不详。古代因技艺而传名于世的人常以其技艺加称，如庖丁、匠石、医和、优孟等人。
2 出自《渊鉴类函·巧艺部·围棋》。

石盘广六尺，棋痕尚存。”虽然在史书中未发现确切记载“武侯”诸葛亮下围棋之事，但自古以来人们就认为围棋和兵法类似，下棋如斗兵，纹枰如战场。蜀国军事家诸葛亮那运筹帷幄、决胜千里之外的气度让人理所当然地认为，他也是擅长围棋的。

蜀国大将费祎也是个酷爱围棋的人。延熙七年（244），魏大将军曹爽、征西将军夏侯玄来犯，费祎亲自率军御敌。光禄大夫来敏来到费祎的住所为他送行时，请求跟他下一盘围棋，费祎答允了。当时军中正忙于筹备，但费祎只是一心专注于跟来敏对弈，色无厌倦。来敏看了后说：“向聊观试君耳！君信可人，必能办贼者也。”[3]果然，战前镇定自若的大将军费祎最终击退了魏军。

吴国棋手中，著名的有孙策、吕范、顾雍、陆逊、严子卿等人。吴国棋谱的收集整理工作做得也很好，《敦煌棋经》两次提到《吴图二十四盘》，其中收录了大量精彩对局。唐代诗人杜牧在送棋手王逢的《重送绝句》中写的“一灯明暗覆吴图”中的“吴图”，说的也是吴国的棋谱。遗憾的是，除了《忘忧清乐集》外，其他棋谱均已失传。

另一方面，围棋的风靡使得一批政府官员变得“不务正业”，甚至对佳肴和其他雅乐都失去了兴趣。在儒家文化中，功名仕途才是正事，沉迷下棋、劳精损思之事不值得提倡。为此，孙权的儿子孙和特意令人写文矫正此风，其中

3 出自《三国志·费祎传》。

最著名的一篇是韦曜的《博弈论》。

## 魏晋南北朝的繁荣

《南史·柳恽传》载："梁武帝好弈棋，使恽品定棋谱，登格者二百七十八人。"由此可见南朝帝王对围棋的重视及提倡。这一时期，围棋的艺术功用和艺术地位正式被承认，成为衡量艺术才能和修养的标准之一。南朝设立了棋品制度和围棋州邑制度，将专业围棋手分为九品，现在日本围棋中的"九段"即源于此。文化交流上，当时的围棋已经传入朝鲜半岛。

魏晋文人士大夫多喜对弈，毕竟围棋是法于阴阳、变化多端、玄妙莫测的高雅娱乐，与他们所推崇的悠游闲适的生活可谓一拍即合。通过下棋时的布局、着法、时间、节奏，乃至对输赢的态度，我们也能看出他们的性情和修养。南朝名人殷仲堪在学者袁羌下棋时向他问《易经》，袁羌一边行棋，一边答问，那种悠然自得、行藏由己的潇洒风度也深受时人推崇。

又如西晋著名的"竹林七贤"阮籍，据《晋书·阮籍传》记载，阮籍在下围棋的时候，听到了母亲去世的噩耗，他的对局者请求罢棋，但他却坚持下完，局终"饮酒二斗，举声一号，吐血数升"。他"藏悲于棋"，用下棋来掩饰自己的悲伤情绪。

东晋政治家谢安也是个临危不乱、镇定自若的人。当时符坚率军犯晋，前方战局吃紧，谢安的侄儿谢玄向他请示退敌法，但他却摆开棋盘邀

**重屏会棋图 ◎五代南唐 ◎周文矩绘**
图中描绘了南唐中主李璟与其兄弟下棋的场景。因为画中有屏，屏中有画，故名。

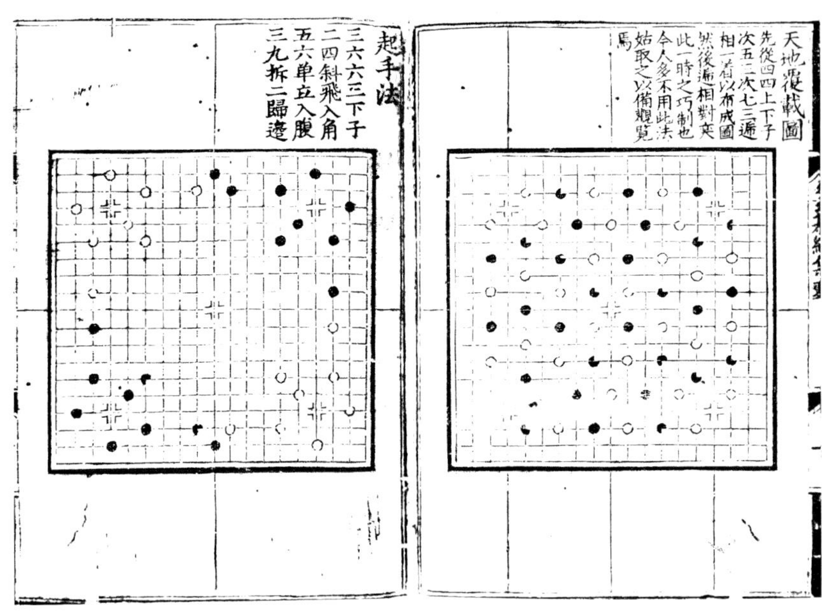


收录于《玄玄棋经》中的《天地覆载图》。

谢玄对局。谢玄原本棋高一着，但最终却因为紧张而败给了谢安。随后，谢安指示他对敌作战之法，果然把符坚打得溃不成军。捷报传来，又碰上谢安在下棋，谢安只扫了一眼战报就顺手放在了床上，继续下棋。客人们忍不住问他战况，他这才缓缓地说："仗打胜了。"

北齐颜之推《颜氏家训 · 杂艺》说："围棋有手谈、坐隐之目，颇为雅戏。"黄庭坚诗云："坐隐不知岩月乐，手谈胜与俗人言。"描绘的都是弈棋时两人对坐、专心致志、不闻不问他事、好似隐居的场景。"手谈"顾名思义，即用手来"交谈"，指的是下围棋时不用出声，通过棋语来传达想法。除此之外，围棋还有黑白、乌鹭、方圆、楸枰、烂柯、木野狐、纹枰等别称。明代诗人解缙甚至将它们串联成了一首诗："鸡鸭乌鹭玉楸枰，群臣黑白竞输赢。烂柯岁月刀兵见，方圆世界泪皆凝。河洛千条待整治，吴图万里需修容。何必手谈国家事，忘忧坐隐到天明。"

在生命意识觉醒、高度崇尚个体自由的魏晋时期，围棋作为游戏的价值得到肯定，甚至被提升到了"艺"的地位。南北朝时期最重要的理论著作，是阐述弈棋基本要领和法则的实用理论著作，如敦煌写本《棋经》。

## 唐宋风雅之乐

这一时期，琴棋书画被人们引为风雅之事，如唐太宗李世民赞围棋"手谈标昔美，坐隐逸前良"。在吐鲁番阿斯塔那第 187 号唐墓中出土的《仕女弈棋图》绢画，就是对当时贵族妇女下棋情形的描绘。从唐代开始，朝廷设置了"棋待诏"官职，棋待诏是唐翰林院中专门陪同皇帝下棋具有一流棋艺的"国手"。唐代著名的棋待诏有玄宗时期的王积薪、德宗时期的王叔文、宣宗时期的顾师言等。

735 年前后，围棋传入日本，中日韩围棋"三国演义"的萌芽自此被种下。唐宣宗大中二年（848），来唐进贡的日本国王子所带的棋盘为名贵的"楸玉局"，棋子则是用集真岛上手谈池中的"冷暖玉"做成的，《新唐书 · 东夷传》中也记述了唐代围棋高手杨季鹰与新罗棋手对弈的情形，说明在唐代时三国间的围棋交流已很常见。

宋代的皇帝更讲究棋艺。《棋经十三篇》和李逸民的《忘忧清乐集》是划时代的棋艺理论著作，它们保存了大量的棋谱、棋势，让我们得以一睹古代棋手们的精彩对局。此时，围棋观念的分化，专业棋手（棋待诏）同业余棋手（文人士大夫）在棋艺和社会等级的不对等激化了矛盾。专业棋手技艺再高，仍旧是被文人士大夫们所看不上的。在他们看来，棋待诏是可与之"手谈"而地位不同的人，毕竟棋手不过是"手艺人"和"里巷庸人"罢了。

通过王安石的《棋》，我们可以管窥文人弈棋的思维方式——"莫将戏事扰真情，且可随缘道我赢。战罢两奁分白黑，一枰何处有亏成"。在王安石看来，弈棋不过是一种游戏，犯不着较真儿，所谓"真情"才是最重要的。

围棋十诀

王积薪

不得贪胜，
入界宜缓，
攻彼顾我，
弃子争先，
舍小就大，
逢危须弃，
慎勿轻速，
动须相应，
彼强自保，
势孤取和。

苏轼更是用“胜固欣然，败亦可喜”八个字来谈弈棋。

后来金庸评论苏东坡时说：“曾有一句诗道：‘胜固欣然，败亦可喜’，后人赞他胸襟宽博，不以胜负萦怀。岂知围棋最重得失，一子一地之争，必须算计清楚，毫不放松，才可得胜，如老是存着‘胜固欣然，败亦可喜’的心情下棋，作为陶情冶性，消遣畅怀，固无不可，不过定是‘欣然’的时候少，而‘亦可喜’的时候多了。”想来，金庸的观点似更偏向竞技围棋。

总而言之，文人士大夫所偏重的禅悦、风流、儒雅的业余围棋和竞技围棋在宋代时正式区分开来了，专业围棋在宋代也迎来了一个高潮。

### 明清围棋盛世

元代围棋最重大的事件是《玄玄棋经》的问世。《玄玄棋经》还传入了日本，是棋家公认的典范。

明清两代，流派纷起。嘉靖至万历年间，以地域划分形成了“永嘉派”（浙派）、“新安派”（徽派）、“京师派”，三派鼎峙，名手辈出。明末出现了一枝独秀的名手过百龄（又作“柏龄”“伯龄”），他开创了倚盖起手式、大压梁式等新着法，三胜旧时代国手林符卿，成为围棋新时代的代表。钱谦益用诗句“八岁童牙上弈坛，白头旗纛许谁干”对他在棋坛叱咤风云的一生做出了概括。

清代棋坛的中心在江南。康熙时的著名棋手有黄龙士和徐星友，现代围棋巨匠吴清源和日本棋史家渡边英夫都认为黄龙士的棋力足够“名人级”。乾隆年间是中国古代围棋的鼎盛时期。四大家梁魏今、程兰如、施襄夏与范西屏的棋艺都达到了第一手的水平，后二者更是象征着中国古代围棋棋艺的最高峰。范、施二人年龄相仿，曾一同学棋，棋力旗鼓相当，并曾在浙江当湖弈棋10局（一说13局），这便是著名的“当湖十局”了。那次棋局中，二人胜负各半，黑白胜负均等。

### 近现代围棋

晚清开始，国力渐衰，社会动荡，中国围棋界人才呈现出青黄不接的现象。自1924年日本棋院成立，在很长一段时间内，围棋最强国的头衔都落在了日本头上。20世纪最伟大的棋手吴清源也在少年时代远赴日本，开创了“新布局”。

20世纪50年代至60年代，日本围棋水平依然领先世界，围棋代表团几次访华，中国的国手都无力抗衡。60年代，中国优秀的棋手开始崭露头角，陈祖德、聂卫平都是当时为国人所熟知的棋手。应氏杯世界职业围棋锦标赛的创立终结了日本围棋一家独大的时代，世界围棋迎来了中韩争霸时代。韩国棋手在包揽前4届冠军后，中国棋手常昊击败李昌镐，赢得第5届应氏杯世界职业围棋锦标赛冠军。新生代选手中，中国的柯洁、江维杰，韩国的李世石、金志锡、朴廷桓和日本的井山裕太都是其中的佼佼者。

02

# Timeline of Showa Kisei Wu Qingyuan

# 昭和棋圣的人间百年



编：[illegible] 图：吴清源家属提供

edit: [illegible] photo: Family of Wu Qingyuan Provided

# Records of Wu Qingyuan

# 吴清源战绩

文+编：陆沉 图：吴清源家属提供
text & edit: Yuki photo: Family of Wu Qingyuan Provided

有“昭和棋圣”“大国手”之称的吴清源究竟有多厉害？电影《吴清源》的导演田壮壮回忆，在拍摄电影前，他曾与阿城到日本去见吴清源。那天二人正与吴老的助手牛力力在酒吧喝酒，旁边一位60来岁的老人突然问他们来日本做什么，牛力力答，见吴清源。谁知那个老人听完竟“噌”地一下站了起来，然后对牛力力一行鞠了三躬，并且连说“吴清源是个神”。

这位“棋神”最著名的棋局之一，是与秀哉名人的对局，便是那一次，他下出了震惊棋界的“三三·星·天元”。另外一次是横扫日本棋坛的“升降十番棋”。这是采取升降制的一种棋赛，胜于另一人4场的棋手可以把对方打降格。也就是说，今后对方再与自己对局，都得以低手身份执黑对弈了。所以于职业棋士而言，这是堵上名誉与尊严的对抗。在这样的十番棋赛上，吴清源将日本棋坛的7位顶尖高手全部降了格，成为无人能够执白胜其的存在。如果将他的角色置于武林中，金庸认为，只有自己笔下的武林高手风清扬能和他对等。

但即便棋下得极好，围棋之路也并不好走。在日本，吴清源遭遇了诸多不公待遇，甚至还曾受到安全威胁。当时的政治社会环境、他个人的身体状况、高手如云的日本棋界，使那些被冠以强者争夺名义的一次次对抗，都像是悬崖边上的决斗，稍一不慎，便有可能跌入深渊，“万劫不复”。

但上天没有辜负勤奋而有天赋的他，他也没有辜负自己。以凡人之身托生于世的吴清源，最终在棋坛留下了如神般的辉煌战绩。

| 赛事 | 时间 | 成绩 |
|---|---|---|
| **大手合**<br>相当于现在中国的段位赛 | 1928 | 连胜4场“测试棋”，直升三段 |
| | 1928—1929 | 共下22局，13胜7败2和 |
| | 1930 | 春季第3名，7胜1败；秋季第1名，8战全胜 |
| | | 全年共下39局，31胜6败2和 |
| | 1931 | 全年共下42局，35胜5败1和1打挂 |
| | 1932 | 全年共下50局，44胜5败1和 |
| | 1933 | 共下37局，25胜9败3和 |
| | 1931—1934 | 6次获得“大手合决胜战”冠军 |
| **20世纪30年代的一系列新闻棋战** | 1930 | “读卖棋战”擂台10连胜 |
| | 1931 | “时事棋战”擂台18连胜 |
| | 1932 | 《时事新报》单淘汰制赛战胜加藤信六段等18位棋手 |
| | 1933 | “日本选手权战”冠军 |
| | 1936 | 获得“日本棋院甲组败退战”擂台13连胜 |
| | | 获得“六段优胜大手合”冠军 |
| **本因坊战** | 1939—1941 | 获得第3名 |
| | 1942 | 未入围 |
| | 1944 | 入围“四强循环圈”，因战争关系未继续后面的比赛 |
| **《每日新闻》举办“最强者对吴清源”特别赛** | 1950 | 3：0胜桥本本因坊 |
| | 1951 | 4：0胜藤泽库之助九段 |
| | 1952 | 3：0胜高川本因坊 |
| | 1955 | 3：0胜高川本因坊 |
| | 1956 | 3：0胜高川本因坊 |
| | 1958 | 2：1胜高川本因坊 |
| **《日经新闻》举办“王座对吴清源”特别棋赛** | 1954 | 2：1胜桥本王座 |
| | 1956 | 0：1负桥本王座 |
| | 1957 | 2：1胜桥本王座 |
| | 1958 | 1：0胜岛村利博王座 |
| | 1959 | 2：0胜藤泽朋斋王座 |
| | 1960 | 1：0胜桥本昌二王座 |
| **升降十番棋**<br>无人能执白胜过吴清源。因为吴清源九段两次将藤泽库之助九段打降格，吴清源于是也被人称为“十一段” | 1939—1941 | 吴清源6胜4败于木谷实七段（分先），木谷实降格 |
| | 1941—1942 | 吴清源4胜1败于雁金准一八段（分先），后休战 |
| | 1942—1944 | 吴清源4胜6败于藤泽库之助六段（定先，藤泽10局全部执黑），手合不变 |
| | 1946—1948 | 吴清源6胜2败于桥本宇太郎八段（分先），桥本降格 |
| | 1948—1949 | 吴清源7胜2败1和于岩本薰八段（分先），岩本薰降格 |
| | 1950—1951 | 吴清源5胜3败2和于桥本宇太郎八段（桥本先相先），桥本降格 |
| | 1951—1952 | 吴清源7胜2败1和于藤泽库之助九段（分先），藤泽降格 |
| | 1952—1953 | 吴清源5胜1败于藤泽库之助九段（藤泽先相先），藤泽再次降格为定先 |
| | 1954—1955 | 吴清源6胜2败于坂田荣男八段（坂田先相先），坂田降格为定先 |
| | 1955—1956 | 吴清源6胜4败于高川格八段（分先） |
| **本因坊对吴清源三番棋赛** | 1951 | 吴清源3：0胜本因坊昭宇 |
| | 1952 | 吴清源3：0胜本因坊秀格 |
| | 1955 | 吴清源3：0胜本因坊秀格 |
| | 1956 | 吴清源3：0胜本因坊秀格 |
| | 1958 | 吴清源2：1胜本因坊秀格 |
| | 1959 | 吴清源0：3负本因坊秀格 |
| | 1960 | 吴清源1：2负本因坊秀格 |
| | 1961 | 吴清源2：1胜本因坊秀格 |
| | 1961 | 吴清源3：0胜本因坊荣寿 |
| **日本最强者决定战**<br>（《读卖新闻》举办） | 1958 | 获得第1名 |
| | 1959 | 获得第3名 |

## 1914年

6月12日吴清源出生于福建福州。

## 1921年，7岁

开始和父亲吴毅学棋。

父亲吴毅曾在日本留学，对日本围棋界的情况比较了解，回国时带回了日本的棋谱棋书。吴清源7岁时，吴父思想发生转变，不再严格遵循清代的那套只让孩子们学习四书五经的教育方法，并开始和孩子们做游戏。

## 1925年，11岁

父亲吴毅去世。

家庭失去经济来源的吴清源，在顾水如的介绍下，进入段祺瑞府做棋客。

喜爱围棋的段祺瑞以学费名目，每月资助吴清源100块大洋。

## 1926年，12岁

在日本人俱乐部与一位日本初段棋手对弈，苦战之后赢了6目。山崎有民正好在此观战，被吸引了注意，随后，山崎给日本大棋士濑越宪作写信，决定将吴清源带往日本学棋。

同年，吴清源与日本职业棋手岩本薰六段下了2盘受三子棋，2胜；1盘受二子棋，输2目。吴清源还与小杉丁四段下了1盘受二子棋，再次获胜。

## 1927年，13岁

与井上孝平五段对弈，1胜1平1打挂[1]。

让先与著名棋士过惕生对局，以半目获胜。

收到濑越宪作寄的正式赴日邀请函。

为了能让吴清源顺利到日本学棋，日本财政界人物也参与进来，如政界的犬养毅、财界的大仓喜七郎等人，均向吴清源提供了帮助。

## 1928年，14岁

桥本宇太郎与吴清源下测试棋，吴清源执黑下了两盘，一盘胜6目，一盘胜4目。

10月，吴清源东渡日本，成为濑越宪作弟子，自此开始其职业棋手生涯。

12月，吴清源又下了两次测试棋：

第一次是与篠原正美四段对弈，吴清源执黑，中盘胜。

第二次是与本因坊秀哉名人对弈，秀哉让吴清源二子，吴清源以4目胜。在此对局中，吴清源下出了第一手的星位，已有“新布局”的雏形，秀哉称这盘棋为“二子的经典之局”。

## 1929年，15岁

被日本棋院授予三段资格。

与木谷实四段对弈，下了模仿棋，即以天元为中心，与对手下的棋形成对称，后因疏忽，被木谷下了妙手，木谷获胜。

年末，吴清源与秀哉名人下受三子棋，胜11目。

## 1930年，16岁

吴清源在春季段位赛上取得7胜1败的成绩，后在秋季段位赛8战全胜，升为四段。

## 1931年，17岁

因中日关系恶化，濑越宪作担心吴清源及家人的安危，让吴清源一家搬到西荻洼（濑越宪作家附近）住下。

## 1932年，18岁

在《时事新报》主办的单淘汰制赛上，吴清源战胜加藤信六段、小野田千代太郎六段、村岛谊纪五段等18位棋手；并于春季段位赛上，执白战胜木谷实五段。

吴清源升为五段。

与木谷实下十番棋，第5局中盘木谷实打挂（即暂停），二人同去信州的地狱谷温泉避暑旅行，并在那里讨论“新布局”。这次十番棋，在二人3胜3败的第六局时终止。新布局在棋界引发了一场革命。

10月，在读卖新闻社主办的“日本围棋锦标赛”中，吴清源战胜木谷实与桥本宇太郎，获得冠军，由此得以与花甲之年的秀哉名人对局。这次对局也被视为传统本因坊与新布局的新旧对抗。执黑的吴清源，第一手便下在“三三”，这是在传统围棋中被喻为“鬼门”的禁着。随后，吴清源又下出了“星”和“天元”。这种不按常理“出棋”的下法让名人大吃一惊，打挂13次。

11月，吴清源与木谷实合著、安永一主笔的《围棋革命——新布局法》出版。

## 1934年，20岁

1月29日，吴清源与秀哉名人的对局结束，共252手。名人苦战159手后，终于在160手下出一个妙手，最后以2目胜吴清源。据说，这160手是名人的弟子前田陈尔五段发现的。这场对局中，名人的弟子们都聚集到秀哉家中讨论对策，也因为这个妙手，日本后来有了封手[2]的规定。

同年，吴清源升为六段，还曾作为“日满华围棋友好访问团”的一员回到中国，并在溥仪面前同木谷实下对局，每天1小时，连续3天。

## 1935年，21岁

吴清源加入红卍字会。红卍字会的教义是“道”与“慈”，将修行与慈善事业联系在一次，且该教不参与政治。

## 1936年，22岁

为了能在日本继续下棋，山崎有民劝吴清源加入日本国籍。在当时的政治背景下，脱离中国国籍、加入日本国籍非常困难，复杂的手续前后花了大概3年时间。家人曾劝说吴清源回中国读书，但因学业与棋业无法兼顾而放弃。为了专心下棋，也为了养活家人，吴清源最终决定独自加入日籍，并改用本名“吴泉”。“吴泉”采用了中文名和日本名各半的读法，以示不忘中国。

这年的春季段位赛上，吴清源8战全胜；后因肺结核复发，未参加秋季段位赛。之后，身体不堪重负的吴清源到富士见高原疗养所修养。

## 1938年，24岁

6月26日至12月4日，吴清源在富士见高原疗养所背着医生研究棋谱，担任秀哉名人引退棋的讲解。

## 1939年，25岁

吴清源升七段。

是年9月开始跟木谷实七段在镰仓下升降十番棋。第1局吴清源胜2目，但在对局中，木谷实因脑贫血昏倒，被移至长椅上休息时，吴清源仍在座位上考虑下一手。这一情形被读卖新闻社的人看到后，做了夸张报道，使吴清源遭到舆论责难，甚至收到恐吓信。镰仓十番棋持续了3年，于1941年6月结束，吴清源6胜4败，木谷实降格。

## 1941年，27岁

中国人在日本的处境愈加艰难，吴清源的母亲和妹妹们决定回国；已与中原和子订婚的吴清源搬到了居住于中野的未婚妻家里。为了专心下棋，及实践自己“促进中日友好”的初心，吴清源没有回国。

8月开始与雁金准一八段下升降十番棋，并被特许得到下分先的资格。这次十番棋于第二年的5月被中止，吴清源因婚事、家人回国、宗教信仰问题，对弈状态不佳。不过在这次只进行了5局的十番棋中，吴清源仍以4胜1败的成绩领先。

随玺宇教的玺光尊及其他信徒一起流浪，几乎没再下过棋。

## 1946年，32岁

在日华侨强行给吴清源及其妻子退了日本国籍，只留给吴清源一本中国临时护照，后又因吴清源在与桥本宇太郎十番棋对决时，输了第一局，他们又将临时护照夺走，夫妻二人成了无国籍的人。

这次是时隔约两年后，吴清源在战后下的第一盘棋，与桥本宇太郎的升降十番棋在第8局时，吴清源取得6胜2败的成绩，桥本被降格。

## 1947年，33岁

吴清源的老师濑越宪作因“各方面的压力”，瞒着吴清源向日本棋院递交了所谓“吴清源的辞呈”，第二年，日本棋院给予吴清源“名誉客员”称号。但在1968年之前，吴清源对自己被日本棋院除籍一事并不知情。

## 1948年，34岁

吴清源与妻子离开玺光尊，重回棋界，称这4年的流浪也是修行。

同年，与岩本薰本因坊下升降十番棋，最终取得7胜2败1和的成绩，岩本薰被降格。

读卖新闻社策划了吴清源与藤泽库之助的十番棋，但因为吴清源是八段，藤泽是九段，按照当时的传统，吴清源没有资格与藤泽分先对局，最后，10名六段和七段的棋手被选出来与吴清源下对抗赛，吴清源以8胜1败1和的成绩取得九段称号。但因藤泽库之助本人对十番棋态度不积极，故这年二人未能对决。

## 1949年，35岁

吴清源在横滨的“中华民国”领事馆办理正式护照手续，重新获得“中华民国”国籍。

## 1951年，37岁

10月，吴清源与藤泽库之助的十番棋开始。开始前，藤泽先生提出了两条不公平要求。一是比赛用时由日本棋院规定的每方10小时改为每方13小时；二是如果藤泽败北，需立刻再下一次十番棋（复仇赛）。本次十番棋，吴清源以7胜2败1和的成绩获胜，藤泽降格。

## 1952年，38岁

按照约定，藤泽库之助与吴清源进行了第二次十番棋赛，吴清源以5胜1败的成绩获胜，藤泽再次降格。

同年，吴清源携妻子去往台湾，在中山堂与只有10岁的林海峰下棋，并获“大国手”称号。

同年，林海峰来到日本学棋，因与吴清源离得远，常采用邮寄棋谱的方式向吴清源讨教。这样的教学一直持续到林海峰升为三段。

## 1953年，39岁

吴清源的母亲张舒文再次来到日本。

11月，吴清源与棋风锐利的坂田荣男八段下了互先的升降十番棋。

## 1954年，40岁

6月，在与坂田荣男的十番棋中，吴清源以6胜2败的成绩获胜，坂田荣男被降格。

## 1955年，41岁

7月，与取得本因坊四连霸战绩的高川格本因坊下升降十番棋，吴清源以6胜4败的成绩获胜。

## 1956年，42岁

1月，长子信树出生。

同年，吴清源与到日本访问的梅兰芳见面。

## 1958年，44岁

女儿佳澄出生。

同年，和木谷实进行“日本最强者决定战”最终决赛，吴清源以8胜2败的成绩获得第1期比赛的冠军。

## 1961年，47岁

过马路时遭遇摩托车祸，留下严重后遗症，除了头痛、腿脚不便外，精神也一度出现错乱。

## 1962年，48岁

小儿子昌树出生。

## 1965年，51岁

因车祸后遗症影响，在第4期名人战中，吴清源8战连败，23岁的弟子林海峰获胜，成为当时日本围棋史上最年轻的名人得主。

## 1966年，52岁

搬家到东京四谷的公寓。木谷实也搬到四谷，并在四谷建立道场，两家时常往来。

## 1971年，57岁

吴清源与妻子同去美国，到各个城市的日本棋院支部下指导棋。为了推广和普及围棋，吴清源设计出9路棋盘，方便教学。

## 1979年，65岁

因小儿子昌树在学校受到不公平待遇，出于对孩子未来的考虑，吴清源重新加入日本国籍。

## 1984年，70岁

吴清源在棋界引退。作为纪念，引退仪式上，棋手们与吴清源下了联棋（以吴清源为对手，几个棋手轮流上台下一手）。

## 1985年，71岁

5月，吴清源在战后第一次回到中国，围棋协会顾问金明代表已经过世的围棋迷陈毅元帅及一直惦记着吴清源的周恩来总理，与吴清源下了两盘棋。

## 1986年，72岁

获得香港中文大学授予的“荣誉文学博士”称号。

## 1987年，73岁

获得日本政府授予的勋三等旭日中绶章。

## 1988年，74岁

10月，随“日本文化界围棋代表团”再次回到中国，也是时隔74年后第一次回到故乡福州。

## 1993年，79岁

吴清源正式收芮廼伟（芮乃伟）为入门弟子。

引退后的吴清源，一直致力于围棋的研究与推广工作，热心于围棋的国际交流活动。不仅为《围棋》杂志连载《黑布局》《白布局》讲座近50年；后还将“21世纪的围棋”的研究拍成录像带，总数超过百盘。

在东京四谷公寓里，吴清源每月还会召开一到两次的研究会，参与研究会的成员来自世界各地。

“追求‘21世纪的围棋’就是为了推进围棋的进步。”吴清源在自传《中的精神》中写道。

## 2014年，100岁

11月30日，吴清源在日本神奈川县小田原市内去世，享年100岁。

1 日本旧棋规中，上手拥有随时暂停棋局的权利，即为打挂。原是对上手的尊重，后因此次对局中，秀哉利用打挂召集门人研究棋局，最终以门人的妙手击败吴清源，对下手不公的矛盾凸显，因此引发日本围棋变革。

2 比赛打挂或中断时，对局者事先将下一手写下，然后封起来，以示公平。

the Truth of ____
GO!
the Universe in

围棋

Words of Editor

编辑的话

过去读纪实体小说《名人》，对作者川端康成所感慨的“棋道的风雅”印象极深。这个故事取材于日本最后一代世袭本因坊秀哉名人人生的最后一盘棋，对手是当时的新锐棋手木谷实。

那些在新旧交手间出现的看似合理的精细规则，不断蚕食着围棋不可以语言言明的“艺”与“道”。围棋虽是竞技游戏，但又绝不仅仅只是胜负这么简单。有说法认为，围棋最初是用来占卜阴阳的。占卜又怎会需要定夺胜负呢？相反地，占卜只是古人窥探天机的工具，所以下棋大概也是某种反映世间规律的过程。

一黑一白，先后落子，这几乎是一个游戏所能制定的最简单的规则了，可围棋的空间复杂度却高达 10 的 172 次方的数量级。棋盘上的变化以人力难以穷尽，围棋中的东方哲思，也不是朝夕便可以领悟的。但围棋确实又是一个可以帮助人们更好地生活的很好用的工具。在讲究效率的围棋中，有攻与守，有舍与得，有输与赢，有局部与全局，下棋的人通过落子来表达自己的所思所悟。从棋局里，不仅能看到人，也能看到世间万物。

天才棋手的出现，往往能掀起一轮“围棋热”。现在，打败了天才棋手们的人工智能带来了崭新的围棋时代。在关注人工智能之余，如果大家能去了解围棋、接触围棋，并把这样一个“工具”真正用在生活中，那就太好了。

# 吴清源影像资料

Images of
Wu Qingyuan

## 1929年

初到日本，进入日本棋院。

**1929年**

15岁时，吴清源与本因坊秀哉名人下棋。

**1933年**

1933年《围棋革命——新布局法》发表。

**1933年**

1933年，吴清源与木谷实在地狱谷温泉。

**1933年**

1933年，吴清源使用“新布局”与本因坊秀哉名人对弈。

吴清源访问台湾时的留影。

**1972年**

1972年，吴清源（右）与林海峰（左）在一起。

**1984年**

1984年，吴清源退出棋界。

**1984年**

1984年在引退仪式下联棋。

03

# Weiqi-a-Holic Wu Qingyuan and His Contributions

# 一着而为天下法，不开口笑是痴人

文+编：陆沉 图：吴清源家属提供
text & edit: Yuki photo: Family of Wu Qingyuan Provided

**吴清源，名泉，清源是他的字。**
**或许是因为出生时发了水，他的名与字才都与水有关，其人其棋，也像水一样。**
**近现代中日两国间的矛盾，注定了他一生漂泊，但围棋与信仰，**
**令他毕生心怀“中和”的愿望。他是一个超越时代的存在；**
**他的围棋，是超越胜负的艺术与哲理。**

## 一着而为天下法

沈君山在吴清源的自传《天外有天：一代棋圣吴清源传》中作序，以一句“匹夫而为异国师，一着而为天下法”为这位围棋宗师的一生画像。说到吴清源对围棋的贡献，首先要提的就是具有划时代意义的“新布局”了。

1984 年，在吴清源的引退仪式上，到场的棋手们与他下了一次联棋。第一个上去的是吴清源的师兄桥本宇太郎，他下的第一着便是天元，这极具象征意义的一手令在场的所有人都非常感慨，纷纷回忆起 50 多年前，吴清源刚到日本时的那些经典棋局。

1933 年，19 岁的吴清源与 59 岁的本因坊秀哉名人的对局，也被视作新与旧的对抗，这是吴清源一生最为经典的棋局之一。此次对局，他弈出了著名的“三三·星·天元”棋局。这种与传统布局背道而驰、打破边角束缚的新布局震惊了整个棋界。不过，这样的下法在当时并不被大家所看好。但不喜定式的吴清源一直坚持用“新布局”对弈，并获得了极高胜率，横扫日本棋坛。可以说，昭和时代的围棋热，正是由“新布局”掀起的。

1931 年的吴清源。

1939 年，吴清源与川端康成在伊豆。

而能顶住这样的压力，也足见吴清源心理素质之强。这种精神素养，一方面源于儿时受到的四书五经教育所蕴含的东方哲学思想，另一方面则是因为他的信仰。在《天外有天：一代棋圣吴清源传》中吴清源直言："我能超越民族和国境的界限，能保持镇静、临危不乱地奋战到底，这全都归结于我的信仰。"围棋和信仰是吴清源的精神支柱，如果要二选一，他其实更看重后者。

吴清源所信仰的红卍会，能够接受世界上任何宗教的信徒入教，具有极大的包容性。他们认为各教在本原上是一致的，主张一切宗教联合起来消除地球上的无益之争，救济人类。受此影响，吴清源的观念也一直是超越民族与国家的，尽管在那个政治敏感的时代，这令他饱受非议。

"二战"后，与红卍会断了联系的吴清源为寻求精神寄托，加入了玺宇教，跟随教主玺光尊及其他教徒四处流浪，许愿和平，甚至几乎放弃围棋。可玺光尊常以"支那人"等粗野语言公然蔑视和辱骂吴清源，这种复古主义的思想令他再也无法忍受，最终选择离开。即使是在追随玺光尊的时候，吴清源也从未中断对红卍会的信仰，并豁达地称这段迷途为另一种修行。

与夫人中原和子的结合也是源于信仰。青年时期的吴清源是日本三大美男子之一，据说，那时连酒吧里的相思情歌都有这位异国人的名字。川端康成在《名人》中描写吴清源："手指修长，脖颈白皙……从耳朵到脸形，都是一副高贵相。"可这名翩翩棋士对伴侣的要求仅有"信仰"一条。见到喜

这样的吴清源，被金庸比作自己笔下的"风清扬"："吴先生有一段时候，所谓日本最高的高手，全部被他打败，发扬我们中国的围棋的精神，像独孤九剑这样没定式的，（招式）随时可以变化的，绝对创新，变化无穷，所以对方也招架不了，好像风清扬这样。"

虽然吴清源为棋坛带来了许多新的下法，且均被棋界接纳和推崇，但吴清源最为看重的，还是棋盘上的那些无限可能性。在他看来，围棋应该是不受束缚的自由思考，是千变万化的战法战术，只有最有效率的那一手才是好着。在《21 世纪的围棋下法》中，他对定式有过论断：

对棋来说，定式是方便的东西。兵来将挡，水来土掩，努力学习定式、熟知定式的人，在序盘时会感到很安心。然而，请等一下。在我看来，能适合此情此景的定式，毋宁说是极少见的。……所谓定式，是在此情此景下连续的最善手。对应千变万化的局面，走法全部不同。在特定情况下，从未见过的走法，也是"定式"。

## 不开口笑是痴人

在日本，职业棋手吴清源以围棋谋生，数次面临"生死攸关"的大战。从 25 岁开始，到 42 岁结束，持续了 17 年的 10 场升降十番棋，也是吴清源赌上棋士生命的一条"不归路"。

如果在十番棋中被打败，他将无法再在日本待下去，这也意味着他的棋手生涯将会结束。所以棋痴吴清源是带着极度的紧张感去面对十番棋赛的，

2014 年 6 月，100 岁的吴清源。

多文子给介绍的中原和子时，他首先便问对方："你信教吗？"她说："信。"于是两人就在一起了，几十年相濡以沫。

他从战乱中走来，三易国籍，经历过"东京大空袭"，甚至曾短暂放弃围棋、跟随宗教团体流浪，祈祷和平。每逢痛苦的时刻，他便会背诵白居易的诗：

> 蜗牛角上争何事，
> 石火光中寄此身。
> 随富随贫且欢乐，
> 不开口笑是痴人。

## 我的理想是"中和"

吴清源毕生都在追求"中和"，这也是他心中的围棋之道。

从 5 岁（虚岁）开始学习《大学》《中庸》等四书五经，多年坚持研究《易经》，这些古籍给了吴清源精神支持，也影响了他的围棋着法。就如"中"的字形，中间贯穿，左右均分，中便是取得阴阳平衡的一点。讲究中和的"六合之棋"，是"21 世纪的围棋"，吴清源晚年潜心于这项研究。在《中的精神：吴清源自传》中，吴清源给出了"六合之棋"的解释：

阴阳思想的最高境界是阴和阳的中和，所以围棋的目标也应该是中和。只有发挥出棋盘上所有棋子的效率的那一手才是最佳的一手，那就是中和的意思。每一手必须是考虑全盘整体的平衡去下——这就是"六合之棋"。

自然行棋，自由思考，才是中和。"21 世纪的围棋"和"新布局"是吴清源对棋界最重要的两个贡献，也是他精神的体现。"新布局"是重视中央的下法，而"21 世纪的围棋"则重视关照全局，追求整体的平衡，而不是只顾着在局部战斗。

《易经》中，有"天地之大德曰生"的说法，从小接受大道教育的吴清源，在中日两国关系恶化的年代，受到了日本各界人士帮助。他的老师濑越宪作，也是一个一直致力于中日友好和围棋推广的人。所以对围棋的发展，对国与国之间的和平，他一直都在身体力行地努力着。

从"尧教丹朱"始，至明清达鼎盛，围棋曾是中国文人雅士生活的一部分。清末民初，随着国力渐衰，人们下棋的环境没有了，下棋的心情也同样不再。中国围棋在战乱中日渐式微，天才围棋少年吴清源便是在这时候东渡日本学棋的。所以他比任何人都了解和平对围棋、对世界的意义。

"所谓'中'，在阴阳思想中，既不是阴也不是阳，应该是无形的东西。无形的'中'，成形的时候表现出来的就是'和'。所谓'道'，这也是法则，是无形的，成形的时候的表现形式就是'德'。"吴清源这么说。

心中有"中"，所以行事尚"和"，心中存"道"，所以为人有"德"。有大局观念，不计较一时得失，这是更高境界的人格与棋品。

1957 年的吴清源。

吴清源九段（1973）

1988 年，吴清源于福州探亲，并在第一版《以文会友》中文本上为亲人题字"和乐门庭自繁荣"。

1950 年 8 月，吴清源与桥本宇太郎进行第二次十番棋比赛。

2002 年，吴清源与导演田壮壮在北京。

吴清源夫妇接受记者采访。

吴清源的题字“河山一局棋”。

# GO!

___Get the Truth of___the Universe in Weiqi...///

7 岁学围棋。父亲说，如果我学得好，将来能去日本成为家族中最了不起的那个人的学生，进而成为职业棋手。当时连棋谱都拿不稳的我，几天内就看完了家里所有关于太叔公吴清源的书，他是让我铭记一生的传奇。一心扑在围棋上的太叔公在少年时便东渡日本，只为精进棋艺的他并没有更多其他考虑，这样纯粹的初心也让他最终成为“昭和棋圣”。

8 岁时第一次见到太叔公。那是在一次家族盛宴上，他对家族中学习围棋的孩子一一给予了鼓励。虽然我后来没有继续把围棋学习下去，但他在我心中一直是神明般的存在。他的不忘初心和围棋精神对不管今天在哪个领域追求自我的吴家人永远都是一种激励。

23 年后，父亲携母亲与我前往日本探望太叔公。虽然容颜苍老，但太叔公依然精神矍铄。车祸搅乱了他的职业棋手生涯，但即使身在敬老院，他依然每天都要摆棋谱,与前来探望的助手一同讨论。可爱的老人吃着冰激凌向父亲和我讲述“中”的精神的深意，虽然少年背井离乡，但他从未忘记国语乃至家乡方言。

用世俗标准去衡量和定义这样一个人显然是狭隘的，苛责更无意义，他唯一的身份标签就是围棋手。山河纵横、宇宙宽广于他不过一个棋盘；人生百年、须臾光阴于他不过一盘棋局；身处何地、意属何方与他或许有系，于围棋却无关，何须非议。需要被关注和讨论的是他在历史中的每一局、棋盘上的每一步棋。间或看着太叔公一生留下的丰富的围棋书，那些定式、布局、分析、讲解时，我会想象他和 AlphaGo 对弈的情形。

2014 年，年满百岁、将一生的时光都扑在了围棋上的太叔公像下凡的星宿般被神明召回了。临走时他说他要再到宇宙中下棋 200 年,这既留给了我们无尽的想念，也给我们留下了不用悲伤的理由。至今我仍坚信他正如自己言说的那样在宇宙中下棋，身旁有和子太叔奶奶陪伴着。

围棋作为中国传统文化“琴棋书画”中的“棋”历史久远。清朝年间，为官的太祖爷爷（太叔公吴清源的祖父）从浙江石门（今嘉兴桐乡）迁居福建。吴家在培养后代时，特别重视棋艺，也因此才发现了太叔公在围棋方面的过人天分。时至今日，家族中的每一代人在童年时期都会学围棋，围棋已经成了一种重要的家学被传承着。

这些年，我在工作之余收集整理关于家族史料以及太叔公的相关事物时，得到了很多人的支持和帮助。此次邀请日本籍家人吴佳澄（吴清源长女）和太叔公的助手牛力力老师共同配合，希望通过《知中》，再次向世人呈现太叔公的传奇人生和围棋精神。

文：[illegible]

牛力力与吴清源的合影。

04

# Interview with Niu Lili: He Is the One above the Clouds

# 牛力力：他是在云彩上的人

采＋文：陆沉 图：牛力力
interview & text: Yuki photo: Niu Lili

**川端康成说，吴清源虽然生在中国，但成长在日本。**

**如果你真的跟他接触过，便会觉得他更像是从天上来的人。**

**作为陪伴时间最长的助手，同时也是最为了解吴清源引退后工作状态的人，**

**牛力力在采访中提到最多的，便是吴清源的“纯粹”。**

*profile*

牛力力，中国围棋协会五段，1961年生于哈尔滨，现居日本。1982年获得围棋全国个人赛女子第4名。20世纪80年代赴日本留学，并成为陪伴吴清源时间最长的助手。除围棋外，牛力力还擅长写作、书法。

1998 年，吴清源指导芮乃伟（右）下棋，中间为牛力力。

知中：你印象中的吴清源是怎样的人？

**牛力力：**吴老师棋艺非常高，这点毋庸置疑。在日本有一个形容叫“在云彩上的人”，他便给人一种这样的感觉。虽然他站得很高，但吴老师非常平易近人。我跟他一同工作了 20 多年，在我的印象中，这些年里吴老师从没生过气。作为一名职业棋手，能成为吴老师的助手，我觉得很幸福。从小我就觉得吴老师是神一样的存在，所以刚开始做助手的时候我还比较紧张，总担心会做不好，但后来心情就比较轻松了，吴老师从来没有指责过我。

知中：吴清源老师有不少笔墨留世，其中《河山一局棋》气度非凡，你是怎样理解的？

**牛力力：**我们说“人生如棋”“世事如棋”，围棋常被用来比喻人间世事。即使不是职业棋手，只要会下围棋，也能从围棋中得到很多工作与人生方面的启示。吴老师是一个胸怀广阔、很有大局观的人，他把河与山都比作围棋，从中可见他的人生态度和胸怀气度。

知中：吴清源老师与你讨论围棋时是怎样的状态？

**牛力力：**吴老师很专注。虽然棋手一般都很专注，但像吴老师这样的我还没有见过。比赛的时候不用说，大家肯定是专心致志的，但在研究会上，吴老师也异常专注。所谓的研究会，是职业棋手到吴老师那里复盘，再由吴老师指导一下，这都是别人下的棋。可在吴老师研究的时候，我们给他送咖啡或茶，他经常都是刚拿到嘴边，又不知不觉放下了，很难喝上一口。在研究会上，周围无论发生什么事，吴老师都没有感觉，即使有人进来他也不知道。他就这样不知疲倦地专注在棋上好几个小时，直到研究会结束后才会感觉到累。

吴老师是围棋方面难得的天才，但他自己从来不这么认为。我们在形容努力和用功的状态时，常会用一个词——刻苦。吴老师总说，他不是天才，只是比别人更努力、更用功，可吴

富士通杯世界围棋锦标赛前选手们在吴老师家合影。

老师的努力和用功，从来没有给人一种“刻苦”的感觉。“刻苦”的语境，总让人觉得是“苦”的，但你在他的身上看不出“苦”的成分。一旦坐在棋盘前，他有的就只是发自内心的快乐，这种乐在其中的状态，本身就是天才的一部分。

知中：人们非常热爱一件事的时候，往往不会感觉到苦。

**牛力力：**是的，他非常热爱围棋，而且他的爱没有功利性。我跟随吴老师的时候，他已经在棋界引退，不需要再比赛了。所以他研究围棋，并不是为了胜负，只是单纯因为他喜欢，他想为围棋事业做贡献，想培养后辈。当时我们组织的围棋研究会，就有来自各国的棋手来参加，接受吴老师的指导，大家都受益匪浅。

知中：作为相伴时间最长的助手，他所出版的围棋书籍你参与了多少?

**牛力力：**我是后来才到日本的，与吴老师一起工作时他已经在围棋界引退，所以他一生出版的书籍并不都是我参与的。我帮忙写过、监修过的著作大约有二三十本，其他很多是杂志上的连载月刊，如日本发行的杂志《围棋》，我便在上面写了 20 年左右。《读卖新闻》里吴老师的专栏，NHK（日本放送协会）中吴老师的讲座稿等，也都是我执笔的。“21 世纪的围棋”录像讲座也是每月一盘，一开始是芮迺伟在做，后来则是我协助完成的。

知中：“21 世纪的围棋”录像讲座需要你协助做些什么工作呢?

**牛力力：**我们的讲座主要是讲解棋谱。棋谱会事先给到我这边，我再根据黑棋白棋的立场来选择、准备。这里想说一点，吴老师的记忆力出奇地好，只要他下过的棋谱，多少年都不会忘记，所以讲座上他不需要做什么准备，你只

要把棋谱摆出来，他随时都能开始讲。

过去说“21 世纪的围棋”，人们觉得这更偏理论性，但现在 AlphaGo 使用了很多吴老师在 20 世纪 90 年代开始做的“21 世纪的围棋”中的着法。20 多年后，吴老师的着法仍未落后，可见他的理论很有前瞻性；AlphaGo 用了之后，胜率也很高，可见吴老师的理论也很有实用性，大家也因此更加敬佩吴老师。

知中：对于吴清源老师所倡导的“21 世纪的围棋”和“中的精神”，你如何理解？他是如何对后辈棋手们解说这个的？

**牛力力：**“中的精神”不只应用在围棋上，它存在于我们生活中的各个地方。在围棋上，“中的精神”是指一盘棋的大局和平衡，是说棋要下得恰到好处，但“中”不同于妥协，它是一种对全局的考虑。吴老师不会像给人上课那样理论性地去讲解，而是在给大家讲棋的时候让你能够领会到这一点。吴老师也曾说过，“中”就如同所谓做事的分寸，能把握到一个恰到好处的分寸非常难。用“中”，就像我们所说的“中庸”，判断这个“中”，实际上并不那么容易。

知中：从“新布局”到“21 世纪的围棋”，吴清源老师的围棋有怎样的变化？

**牛力力：**“新布局”是对过去重视边角下法的一次革新。在当时，重视中腹的“新布局”是一个非常大的理论跃进。但它和“21 世纪的围棋”不同，后者所看重的并不仅仅是中腹。吴老师常讲“六合”，“六合”指的是天、地、东、南、西、北这六个方向，吴老师认为，一盘棋要综合各个角度来看到底下哪一手最好。

知中：吴清源老师早年为了围棋加入日籍，这点也一直饱受争议。平时他对中国的情感是怎样的？会和后辈们说国内的事情吗？

**牛力力：**我陪吴老师回了很多次中国，每当看到中国的发展，吴老师总是很高兴，我能感觉到他对中国的深厚感情。

当时日本有个富士通杯世界围棋锦标赛，

中国棋手到日本参赛时，都会在赛前过来请教吴老师，吴老师在指导他们的时候经常会说：他们（日本或韩国的棋手）这样下，咱们就这样下。吴老师一般不会说希望谁赢，但你在他不经意的话语中就能听出来他的立场，说明吴老师在内心里是跟来向他请教的中国棋手们站在同一立场的。

吴老师非常热爱国学，热爱传统文化，连说话也会带着古人“之乎者也”的腔调，麻烦别人帮忙的时候他会说“劳驾”，向人道歉的时候也是说“抱歉”。阿城老师曾经说过，吴清源是中国的文脉，这是对他国学修养的高度评价。吴老师一直把中国看得很重要，每次看到中国棋手有进步他都非常高兴。

知中：作为世界公认的伟大棋手，你认为吴清源老师最突出、最可贵的是什么？

**牛力力：**评价一个棋手，首先应该从棋来看，所以说到吴老师“最突出”的一点，首先肯定是他的成绩。他是一个 20 年无敌的神话，曾经把同一时代最出色的棋手打降了一格或者两格，这个成绩非常不可思议。2014 年，大家在北京给吴老师庆祝百岁生日时，杨振宁就说过一句话——吴老师在围棋界，一定比爱因斯坦在物理界更伟大。在物理方面爱因斯坦是第一，但他和第二的距离，远没有吴老师和位列第二的围棋手的差距大，所以他认为吴老师更了不起。吴老师的棋的内容也特别好，他的棋不仅能赢，而且赢得特别漂亮，棋手们打他的棋谱都是一种享受。不仅如此，吴老师在当时还发明了很多新手。

吴老师的可贵之处在于他很纯粹，而且这种对围棋的纯粹的喜欢很难被培养出来。一个人做某项工作时，可能是为了生存，也可能是因为喜欢，但即使是后者，大部分人也没有达到他的这种纯粹程度。吴老师做事非常精益求精。我记得有一次我到吴老师那儿去，他告诉我他发现某一手棋是最好的，等下星期我再去，刚进房间，他又叫着我说：“力力你看，我发现了一手更好的。”即使前一周的那手棋已经非常好了，但他仍旧在不停地否定自己，仍旧在不断地寻找更好的着法。

知中：这样纯粹的、专注的、精益求精的吴清源老师给你影响最大的是哪方面？

**牛力力：**他经常跟我说，每个人都有每个人的使命。我一开始就想，像我这种小人物还会有什么使命吗？我们这一代，总说人不分高低贵贱，不管做什么事情，肯定都是有意义的。我后来就想，我帮吴老师写书、写杂志连载，然后再把他的书籍和理论介绍给中国读者，这些是否也是自己的使命？如果通过介绍吴老师的棋，能激发大家对围棋的热爱，那我觉得没有比这更让我高兴的事情了。吴老师总说：“我呢，也只是个下棋的，但我希望能通过围棋推动中国和日本的友好，增进世界各国的友好。”既然吴老师这样说，我觉得这也是我的使命。

知中：在围棋事业上，吴清源老师是否有什么想做而未能做的事？关于围棋，他有什么遗憾吗？

**牛力力：**我想他是没有什么遗憾的。吴老师是一个很自然的人，他从来不会强求什么，也从来不会要求自己非要怎么样。研究棋也是，累了就休息，从不强迫自己非要刻苦、非要研究多少小时。他是因为想做而去做，并且做得很开心。

吴老师走的时候也非常自然。晚年的时候他住在敬老院，白天还好好的，晚上就和平常一样睡觉，可等到敬老院的人去巡房的时候，才发现他已经走了，也没遭受什么痛苦。他相信人有灵魂，生前就说过，200 年后他要在宇宙下围棋。他走了之后，我在《读卖新闻》写的纪念吴老师的文章就是以“天作棋盘星作子”为题的。吴老师现在在干什么呢？大概也在宇宙某处下围棋吧。我常想，吴老师要是活着，我可以去问问他，这手棋他怎么想，现在反倒是我有遗憾，已经问不着了。

知中：我曾看过一篇文章，吴清源老师说自己只活到 100 岁，最后也真的在 100 岁时仙逝。

**牛力力：**这点也很不可思议。吴老师 70 岁的时候，就说自己要活到 100 岁，快到 100 岁的时候，我跟他说：“吴老师，你别说‘活到 100 岁’，咱们应该说‘首先活到 100 岁’。”吴老师说：“不行，我就活到 100 岁，等你的使命完成了，走了就走了。”他最后这样很自然地离开，应该是“使命完成”的意思吧。吴老师离世的一周前，我们正好在北京给他做了百岁生日会。不知道冥冥之中，吴老师是不是已经参透了一切。

知中：在传奇人生的最后，他有没有什么关于围棋的话语留给后人？

**牛力力：**他没有留下什么特别的话。在围棋上，吴老师已经给后人留下了很多宝贵财富，不仅是着法、理论，还有精神与思想，这些东西所影响的人，不仅仅在围棋界而已。我觉得我非常幸运，能和吴老师一同工作这么多年。

# Interview with Wu Jiacheng: I Learned and Grew through My Father's Words and Behaviors

# 吴佳澄：看着父亲的后背成长

文+编：陆沉 采：牛力力 图：牛力力 吴莹
text&edit: Yuki interview: Niu Lili photo: Niu Lili Wu Ying

**在围棋界，**

**人们对“昭和棋圣”的辉煌战绩及他富有开创性、前瞻性的围棋理论可谓耳熟能详。**

**生活中的吴清源是什么样的呢？**

**抱着这样的好奇，我们采访了吴清源的长女吴佳澄。**

2012年吴清源的全家福。

*profile*

吴佳澄，现居日本。吴清源与夫人吴和子育有子女三人，分别为长子吴信树、长女吴佳澄、次子吴昌树。

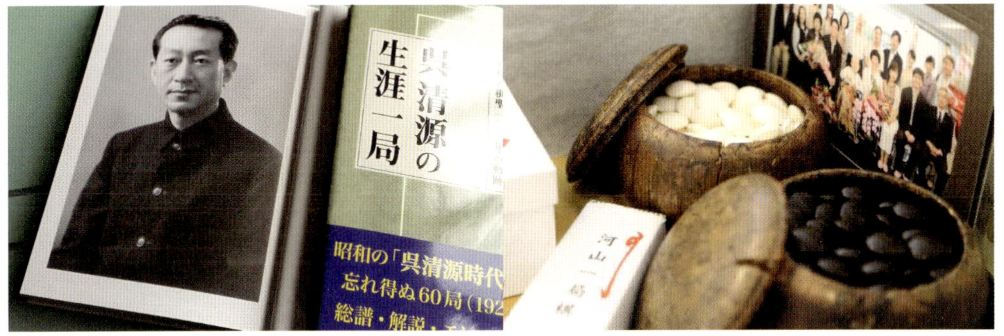


日本出版物上刊载的吴清源相关内容。

吴清源用过的棋。

知中：生活中的吴清源老师和下棋的时候有没有什么不一样的地方？日常生活里他也会一直沉迷在围棋世界中吗？

**吴佳澄：**父亲平时的表情看起来会轻松、随和一些，但也常常看起来像在思考着什么东西。我想，下棋的人并不是坐在棋盘前才开始下棋，棋盘已经印在了他的脑海里，他可能随时都在思考着围棋吧。

知中：你学棋是出于自己的兴趣吗？有没有受到父亲的影响？

**吴佳澄：**我和哥哥、弟弟都是自小开始下棋，但不知道是怎么学的，从我记事的时候，好像就已经会下围棋了。是否也可能是受母亲的影响呢，我已经没有印象了。

父亲的好友木谷实老师，与我家住得很近。有一次母亲生病了，就想请木谷夫人帮忙找人做家务，结果木谷夫人说把弟子叫过来帮忙。事后母亲还带我去向木谷一家道谢。又因为道场正好在我放学路上，所以从那以后我就经常顺路到木谷道场下棋。一年多之后，我的棋艺进步很大，哥哥弟弟到最后已经下不过我了。

知中：吴清源老师是否曾亲自教授你围棋？在围棋方面他会对你严格要求吗？

**吴佳澄：**父亲并不严厉，也从不要求我们一定要下棋。与其说对下棋有要求，倒不如说他对做人的道德和礼节方面会要求得更多。

知中：除了围棋，吴清源老师在生活中还有没有其他的爱好？

**吴佳澄：**父亲很爱读书，尤其是古典文学，他对四书五经这些经典都特别熟悉，能够倒背如流。另外，父亲对宗教方面的研究也很热衷。他非常重视人的内心，认为看不见的地方更重要，人们因此也都很尊敬他。虽然他不太注意生活上的细节，但对社会和新闻时事很上心。

知中：许多人都说和子夫人十分伟大，电影《吴清源》中也保留了二人的爱情线，你的父亲母亲在生活中是如何相处的？

**吴佳澄：**我觉得母亲是非常敬重父亲的，父亲也很信赖母亲。家里的方方面面主要都是母亲在做，以让父亲能够专心研究围棋，这方面两人配合得很好。母亲是典型的日本妇女，特别贤惠持家，在家里的研究会上，不管刮风下雨，母亲总会事先买好新鲜的蛋糕招待大家。

知中：吴清源老师不只棋力精湛，中国国学基础也是极深厚的，中国的国学、传统这些他也有教你们吗？

**吴佳澄：**其实日本文化中有很多东西都承袭自中国，教科书里也有很多中国格言。关于这方面，父亲不会像在课堂上那样刻意教我们什么，也不会专门让我们背诵什么古籍经典，中国的传统文化和精神，我都是从父亲日常生活中言传身教了解的，诸如“己所不欲，勿施于人”这样的做人道理。

知中：作为父亲，他对你有怎样的影响？

**吴佳澄：**父亲常说，如果做正确的事，它最终就会向好的方向发展。所以每当我犹豫不决的时候我就会思考，怎样才是正确的选择。我想父亲对我的影响并不是因为某件具体的事情，而是在潜移默化中影响了我的价值观。在日本有句话叫“看着家长的后背成长”，其实也就是学习父母怎么做的意思。

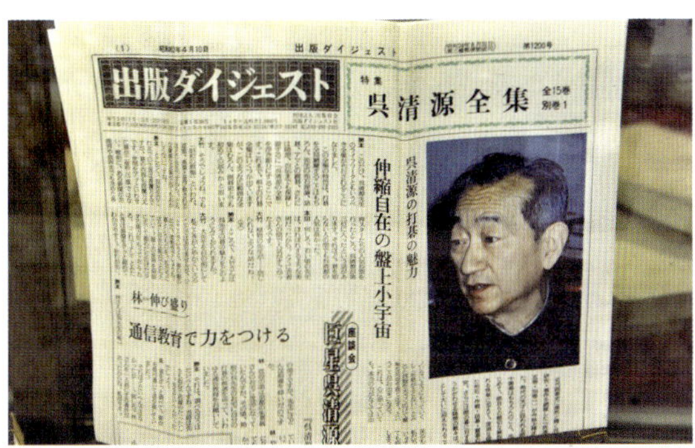
出版ダイジェスト

特集 呉清源全集

呉清源の打碁の魅力

伸縮自在の盤上小宇宙

林一伸び盛り

通信教育で力をつける

日本报纸上刊载的吴清源相关内容。

06

# People's Words about Wu Qingyuan

# 致敬吴清源

编：陆沉
edit: Yuki

昭和七年，我和直木三十五在伊东的暖光园看见吴清源同名人对弈，名人让二目。六年前的那个时候，他身穿藏青底白碎花纹的筒袖和服，手指修长，脖颈白皙，使人感到他具有高贵少女的睿智和哀愁，如今又加上少僧般的高贵品格。从耳朵到脸型，都是一副高贵相。过去从未有人给我留下这样天才的鲜明印象。

——川端康成《名人》

对吴先生而言，围棋是一种艺术，也是一种哲理，反复争棋的最后目的，是从中领悟建立圆满调和的道。吴先生髫龄渡日，纵横棋坛40年，所创布局定式，不知凡几，这些新布局新定式，对当时的胜负未必有助，但却为后来者开辟一片新天地。此所以吴先生卓立于群彦之上，而为围棋史划时代的人物。

——沈君山

吴老师那开阔的大局观、灵活的思路，给了我许多启迪。我到韩国后取得的一些战绩，完全是吴老师教导的结果，可以说，是吴老师硬生生地将我拽到了一个凭我自己的力量很难到达的高度。

——芮迺伟

只有具有开阔的大局观的人，才会赢得行云流水，非常漂亮。这也是吴先生的魅力为什么经久不衰的原因吧。

——阿城

他在棋盘之外的修为，对哲学的研究、棋道的追求，以及对中国传统文化的钻研，更令我们敬佩。我们这一代棋手，在这方面，与他比起来实在是差得太多，以后也希望能在这些方面下下功夫，让自己更加全面一些。

——古力

我不想把吴老拍成一个英雄，他没有英雄的那种感召力，他是个平凡的人，坚持了一种超越平凡人的信念。这是最伟大的，也是现在人最缺少的，所以是我所关注的。

——田壮壮

对于几乎所有的棋手来说，吴先生犹如苍天在上。我们职业棋手能有今天的好日子，全部是托吴先生的福。

——武宫正树

吴老师在棋上的贡献很大，怎么形容都不过分。他是一个温厚长者，为人宽厚，我至今还没听过有对他为人不好的言论。20 世纪 80 年代的时候，他主动找到我说："你在围棋上要想有大的发展，必须来日本学棋，你来日本就住在我家，我们早晚也能切磋棋艺。"这样的无私，棋界罕见。

——聂卫平

相信数百年之后，围棋艺术更有无数创新，但吴先生的棋局仍将为后世棋士所钻研不休。因为吴先生的棋艺不纯在一些高超的精妙之着，而在于棋局背后所蕴藏的精神与境界。

——金庸

在先生面前摆棋，总是立即被指出恶手所在。先生无须经过反复思考，一眼就看出关键，然后分析讲解我们的棋直到深夜，他就这样以实战为基础来举行"21 世纪下法"的讲座。先生的构想、立意似乎来自异于我们的另一空间，我经常佩服之至，自愧不如，只有像"惟日惟新"的格言那样，不断完善自己。

——王立诚

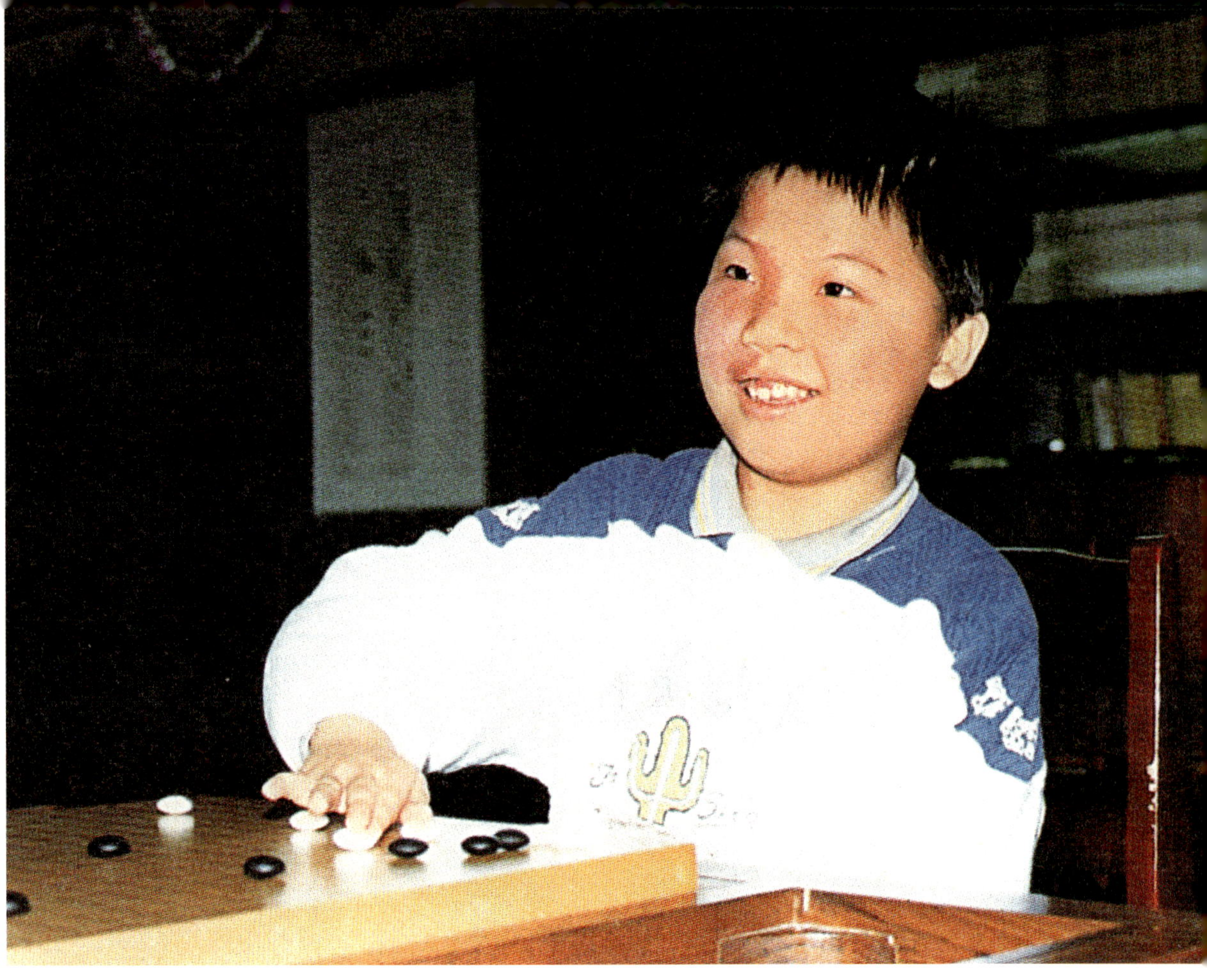

9 岁的周俊勋在应昌期围棋教育基金会下棋。

07

# Interview with Zhou Junxun: Weiqi Is My Belief

# 周俊勋：围棋是我的信仰

采 + 文：陆沉 图：周俊勋
interview & text: Yuki photo: Zhou Junxun

**“棋盘是一方很神圣的天地，**
**那上面亦有‘神明’存在。”对周俊勋来说，**
**围棋是信仰，是勇气，是需要传承的“道”。**
**在他看来，棋德远比棋艺更重要，**
**习道者们需抱有谦卑的态度，才能领悟围棋中的学问。**

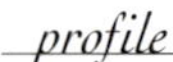

周俊勋，职业九段围棋手，台湾“中国围棋会”一品，台湾 1979 年成立职业围棋制度后第 1 位职业九段棋手，也是台湾地区第 1 位围棋世界冠军。6 岁开始接触围棋，14 岁成为职业棋士，曾拜宋雪林为师。因右脸的红色胎记而有“红面棋王”之称。

知中：对你来说，围棋是什么？

**周俊勋：**围棋是我的信仰。从小到大，它给了我勇气和力量，也在我人生的不同阶段给我以引导。直到现在，我的喜、怒、哀、乐都与它同在，它赋予了我生命的意义。

知中：你儿时学棋，父亲非常严格，台湾地区又很少有能够对弈的同龄人，后来还曾独自到大陆（内地）求学，可以说是历经波折。在学棋之路上，有没有哪件事让你印象特别深刻？

**周俊勋：**11 岁时，我到成都参加业余名人赛的决赛时，遇到了人称“西南王”的宋雪林老师。当时的战友梁老师无心插柳地问宋老师愿不愿意收我为徒，宋老师二话没说就答应了，我就这样待在了成都跟宋老师学棋。正是这次巧遇给我的围棋之路开启了一扇新的大门。如果没有遇到宋老师，我的围棋生涯很可能就提前止步了。在参加业余名人赛之前，我已经感觉到自己的棋力遇到了瓶颈，明显处于一种停滞状态。我很清楚，如果继续待在台湾，就不会有所突破，只有去其他地方尝试新的方式，棋力才有可能继续提升。

与我同期学棋的棋手也都会面临这种状况，因为台湾地区的围棋环境并不理想，各方面都不及大陆（内地）。那时候日本和韩国的围棋已经比较厉害，对于当时的台湾新棋手来讲，想要更上一层楼的话，如果家里的经济条件允许，就会转往日本拜师学艺；如果家里的经济条件不允许，通常就会选择回归学业。而我幸运地遇到了宋老师，让我打开了一条没人走过的路。来到成都学棋，也让我获得了中国国家少年队选拔的机会。虽然最终没能成为其中的一分子，但这个短期进修的经历仍然非常宝贵。而且，在这里也让我的棋力提升了不少，回台湾后，再想看我连输两盘就很难了。

知中：你说过，围棋不仅有棋艺，比如日本就把围棋当作“道”的一种。而道有传承，需要习道者有敬畏之心。你觉得“棋道”指的是什么？“棋盘是一方很神圣的天地，那上面亦有‘神明’存在。”你的这句话非常触动我。

**周俊勋：**“棋道”，好比佛经中常见的“般若”，简译就是智慧，比较抽象，大多是从资深的精英棋士中慢慢累积流传下来的。所以我说围棋是我的信仰，这其中涵盖了吴清源大师、林海峰老师、李昌镐等棋士的经典。想要学习棋道，必须要有谦卑态度，需要在做好耐心习道的准备下，持续不断地思考、讨论，才有机会领悟这门学问。

知中：你曾评价过部分年轻棋手棋艺精进，棋德缺失，这让我想起川端康成在《名人》一文中的哀叹：名人引退棋上的平等规则，预示着一些围棋的美德已经不复存在。关于这方面，能否请你详细说说？

**周俊勋：**有些家长会来托我特别关照自己的孩子，让我多拨些时间指导。但看着有些孩子态度不佳，有很多坏习惯，比如炒棋子等，屡劝不听，或是礼

周俊勋与“绝艺”对局时，与精锐队成员一同讨论。

2007 年，周俊勋赢得“世界棋王”头衔。

貌不周、吃完午餐不收拾，对于有这种情况的孩子，我真的很难去特别关照。对我来说，棋技并不代表一切，拥有良好的态度才能提高达到目标的概率。前些日子，我发现一向以狂闻名的顶尖棋手柯洁不一样了，他不再像从前那么高傲自负。去年，他到台湾参加金立杯海峡两岸围棋冠军争霸赛，互动中我发现他的态度改变了很多。以同理心设想来投入公益，也让我相当意外，这让我更愿意给予他更多的祝福，也相信他必定能在围棋方面达到更高的境界。

知中：看过许多你过去的采访视频及文章，你以前对“输棋”比较在意，现在你的胜负观发生转变了吗？

**周俊勋：**“胜利”是一种可以令身心得到满足的感受，对年轻棋士来说，这样的感受是令人向往且会上瘾的。那时候，当我经历从巅峰到低谷，连战八败的极致痛苦之后，曾长达一年都走不出输棋的阴霾，最后是郑老师（我的太太）用一句话点醒了我——越想赢越不能赢，想想如何不输就好了。是啊，这正是“平常心”的境界。《围棋十诀》中“不得贪胜”的提点，也给了我很大的帮助，使我能够更好地调节情绪。通过这些年的不断练习，我已经进境到能够以平常心来看待胜负了。达成这种转变需要时间和内在的稳定力。

知中：在你的心目中，最有“棋道”的棋士是哪一位？能具体说说吗？

**周俊勋：**是林海峰老师。林老师在 23 岁拿到名人头衔、24 岁获得名人本因坊双冠后，仍在棋盘上奋战不休。而且他成名后，为了推动台湾围棋的发展，默默做了很多事，比如照顾每位从台湾地区远赴日本发展的旅日棋士。除此之外，还会每年回台湾出席元旦的青少年比赛开幕式。在国外赛遇到台湾地区的代表棋士时也总会表达亲切的关心，给予照顾和协助。当前，台湾地区的职业围棋三大机构分别是应昌期围棋教育基金会、台湾棋院和海峰棋院，其中的很多事情都是因为林老师而启动或开始的。他对人对事从来不会恶语相向，我也从没看到过林老师发脾气，他对任何人都非常客气，这点是现今围棋界的很多大棋士都做不到的。

知中：围棋的文化性，在其成为一种竞技体育后却未能得到完全发扬。这些被忽视的围棋文化包括哪些方面？

**周俊勋：**最明显的是“礼节”——对棋、对棋士、对老师的礼节。目前在台湾围棋精锐队的训练中，我最在意的也是礼节。对所有的棋士而言，无论棋艺高下，基本礼节一定要懂得，这个部分我也还在努力中。毕竟当今学棋的环境跟过去 10 年已经不同，不用再千里迢迢去拜师学艺，只要插上电源，连上网络，无远弗届的“棋界”就能近在眼前。所以造成了人跟人之间的礼节明显被忽略的状况。

知中：那么你是如何在教学与推广围棋的同时，保护围棋的文化性的？

**周俊勋：**围棋本身就是富有文化性的运动，其中可领悟的道理非一时半刻就能完全理解，所以我经常会将围棋带入人生，把围棋应用在日常生活中，让不懂围棋的人能够在最短的时间里吸收到围棋中的道理，为此还总结了“周俊勋的围棋八力”来鼓励大家学围棋。这“八力”包括记忆力、稳定力、抗压力、抗挫力、意志力、专注力、创新力及坚持力。说到文化，我们当然不能忘记自古流传的《围棋十诀》，我也时常将《围棋十诀》带入生活中，在通信平台或演讲中散播。

知中：亚洲地区的围棋热，很多次都是因为“冠军”的出现，其中包括你、李昌镐、林海峰、聂卫平的几次获胜。除了这些冠军选手带动外，还有哪些推广围棋的可能？

**周俊勋：**明星棋士是推广围棋最快的方式，媒体喜欢着墨于刻画人物，群众也喜欢追随明星棋士的动向。但是也需要有其他活动、场馆、企业或产品出现，通过这些相对稳定的因素来维持围棋的能见度。像是地方棋院、特色棋赛、跨界活动、围棋文创产品等，就能让棋友、棋迷能够在明星棋士以外，拥有多元、稳定的接触围棋的机会，这些互动活动都是有助于推广围棋的。近年来女子棋运很受瞩目，分众的人口，也是推广围棋可以执行的行销方法，例如以性别分类、以年龄分类或是以地区分类，都可以在有限的经费及资源条件下先行推动围棋发展。台湾这 3 年擅长的是跨界合作，借力使力，让不同的族群接触围棋，扩大围棋宣传的广度，再以专栏教育、精英教学、活动讲座等，强化围棋宣传的深度。

知中：在围棋上经历了那么多次的进退得失，你觉得围棋对你的人生有什么样的启悟？

**周俊勋：**我从围棋中体悟最多的大概就是“不得贪胜”了。年轻气盛时，我当然会很在意输赢，一盘棋输掉就会痛苦到生不如死，心里越想赢就越是输，越在意输赢就越是无法静下心来思考。随着年龄增长，有了家庭，胜负对我来说已经不是最重要的了。用平常心面对每一盘棋，全力以赴，问心无愧就好。同样地，我也用平常心来对待我的生活及事业。平常心不代表不在意，而是把在意结果的态度转化成注重过程，懂得去享受努力的每一刻，即使结果不如人愿也不去抱怨或计较。

知中：你现在已全然投身于台湾围棋的推广与教学活动中，最后想请你谈谈围棋在两岸及日韩的发展趋势。

**周俊勋：**围棋起源于中国，在日本发扬光大，随后韩国通过集体研究及大量实战称霸世界棋赛，现在围棋霸主地位又回到了它的起源地：中国。中国围棋现在已经进入繁荣兴盛期。当前在台湾，围棋因为资源少、市场小，发展进入了瓶颈期，所以我一直希望能有更多的企业加入进来，一同支持围棋、推广围棋，使它在台湾成为一项全民运动。不过，似乎因为现今台湾地区的棋士成绩不够亮眼，还没有足够的能力在国际上竞争，使企业一直兴趣缺乏，目前仍然只能靠热爱围棋的台湾企业家支撑下去。

再加上围棋在成为体育竞技项目后正逐渐失去原本的艺术性、文化性和教育性，棋士们为了头衔、奖金，甚至会背谱照抄、保守进攻，一味求胜。这两年人工智能棋手的崛起，虽然已经超越了人类棋士，却也让我们看到了围棋的更多可能性。人工智能棋手创新的下法，让围棋不再局限于过去的教育传承，而是拥有了更广阔的视野。我很希望借着这次人工智能的契机，使围棋渐渐走回原来的道路。围棋是最好的教育工具，我期待未来有更多的青少年来学习围棋，借助围棋的特殊性来协助培养青少年更好的人格。

# Interview with Zhou Gang: People Have Underestimated the Value of Weiqi

# 周刚：世界低估了围棋的价值

采 + 文 + 编：陆沉 图：郭怡菲
interview & text & edit: Yuki photo: Guo Yifei

采访中，周刚开玩笑说，他从大学教别人下围棋开始，
直到今天，一直是以一个围棋爱好者的身份在做围棋推广工作。
“本手棋道”的外间是个下棋场所，采访过程中遇到了不少来摆棋的人，
其中还有几名在北京读书的外国人。
虽然如今围棋再次得到了大家的广泛关注，
但周刚认为，现在的围棋还是被国人、被世界低估了。
围棋不仅仅是一项竞技游戏，更是宇宙道理的模型。

*profile*

周刚，专业围棋工作者，杂志《围棋天地》社长、总策划指导。于 1985 年开始发行的《围棋天地》是国内最权威的围棋类刊物，不仅有教学作用，且对围棋文化的推广产生了重要影响。本刊由中国体育报业总社和中国围棋协会主办，每月两期，是目前国内发行量最大的围棋杂志。

知中：作为一个超级棋迷、多年的围棋工作者，围棋最吸引你的地方是什么？

**周刚：**在围棋界，长期做围棋工作的，绝大部分都是围棋专业人士，像我这样的比较特殊。我是围棋爱好者，平时喜欢下围棋，所以我又比一般人想得多一些。在我看来，围棋首先是被低估了，被我们低估，被世界低估，所以作为围棋人，我希望有更多人来了解围棋。说它被低估，主要原因在于，它的存在太奇特了——从古至今，它一直鲜活地存在于大家的生活中，但它本身却没有任何变化。这也是我被它真正吸引的原因。

围棋的起源很神秘，我觉得它不像是人类的发明，反而更像是一种被人类发现的天然的存在。它自出现之初便是这样，历经千年依然如此。如果说围棋是游戏，这便意味着你所玩的正是千年以前的人在玩的游戏。它几乎没有改变，且无法改变。围棋的所有下法，并非人为规定，却可以通过推理得出。它的规则非常简单，首先是两个人下，这是对战游戏中最精简的一种；其次以黑白两色区分两人，其中用的也是自然界中最朴素最基本的颜色；再次两人一人一步的下法，也是将规则还原到极简。稍微接触过围棋的人都知道，围棋要“做活”，如果有两只眼，就是“活”了。这两只眼即通过一人下一步得到；只有一只眼，便是没有气，那就是死棋。除了上述这些以外，围棋的规则里没有别的东西了。棋盘上纵有千变万化，来源却是这些简单和自然的东西，就像老子说的——“自然而然”。

一旦喜欢上围棋，人们的参与度就会非常高。为了下好棋，大家需要钻研，所以围棋爱好者的兴致往往比较持久，迷上以后就很难放下。

知中：所以围棋的别称为“木野狐”，像是惑人的狐狸一样。

**周刚：**的确如此。其他的竞技运动或游戏，比如电竞，专注地玩上一年多，水平基本上都能够说得过去，但围棋不是这样。在围棋中，想提高技艺是很难的。围棋的下法几分钟就能讲完，但要下好却并不容易。我觉得它是一个能帮助人类生活得更好的东西，这样的东西并不好找，也是它的一个更为重要的功能。它并不只是对职业棋手的生活有价值，对所有人都一样。但很少有人认识到这一点。

围棋有强烈的竞技性，这是其他艺术形式没有的，这也是围棋丰富性的一面。当喜欢围棋的人将关注点放在竞技上时，它的其他方面就会被掩盖和忽视。其他的竞技游戏，我觉得即使不存在，对世界也不会产生太大影响，但围棋是独一无二的，是不可取代的。

讲到围棋，避不开日本围棋这个话题。日本围棋基本上是作为“艺”来看的，它更接近一种“道”、一种生活方式而贯穿于日本人的生活之中。日本的报纸几乎每天都会刊登棋谱，持续了 100 多年。他们那些重要的期刊，像是《文艺春秋》，也会每期刊登围棋的题目，这有点儿类似在每期的《人民文学》上刊登围棋，对我们来说，是难以想象的。

知中：所以围棋其实是一种精神层面的贡献，而不仅仅是胜负或是技术层面的游戏，是这样吗？

**周刚：**对，但竞技性与胜负的残酷性也让围棋光芒万丈，如果没有这一点，别人也很难注意到它。一项运动，如果没有激动人心的地方，就会变得很小众，所以胜负也为围棋增添了很多精彩故事。

现在讲围棋，不可避免要说到人工智能。很多棋手在这方面受到的打击特别大，有一种信仰被摧毁的感觉。就在一年半前，人们还认为人工智能不可能战胜人类棋手，现在已经没人敢轻视人工智能了。事实上，我和周边的朋友对此早有准备，这并非是我们具有先见之明，而是通过了解计算机的进步看到了这一点。Aja Huang（黄士杰）很早就给《围棋天地》写过文章，向我们介绍计算机围棋的进展，当时我们就感觉到这样的时代马上要来临。人机大战对围棋界影响非常大，人工智能也从来没有这么红过，主要还是因为这个比赛。

知中：为什么说“围棋是中国人对世界最重要的贡献”？

**周刚：**我们常常会提“四大发明”，可这些东西即使我们没有发明，别人也迟早会发明。但围棋在世界其他地方却没有出现与它相似的棋类，它更像是降落到中国，然后被发现的东西。有人说围棋源于《周易》，事实上，它甚至还要高于《周易》。《周易》中附加了很多解释，但围棋没有什么附加的累赘的东西。下围棋就如模拟人世间的状态，例如我们日常说的效率。围地多就赢了，可是围地多，

你的步伐就可能扩张得大，这样后防就变空虚了，别人就能进来。这样简单而完美的模拟不像是人能设计出来的。还有些下法特别漂亮，但下法不能说是某个人发明的，它更像是早已存在，只是在某一时刻被这个人发现了而已。

知中：你是从什么时候开始接触围棋的？

**周刚：**印象中我是在上初中的时候开始接触围棋的。20 世纪 70 年代的时候，围棋虽然不太风行，但成都民间喜欢围棋的人却不少。我上学放学经过的地方就常常能够看到有人在户外下围棋，我跟朋友站在旁边看得多了，就弄明白了大致的下法。当时我们还是在黑暗中摸索的状态，对某些细节还不甚清楚，比如围棋里面的“做眼”。一开始我们都不知道围棋里有“假眼”，直到有一次我和同学下棋时，他去扑了一下，把眼扑掉了，我们这时候才发现假眼的存在。

我真正开始对围棋感兴趣是在上海读大学的时候，因为我在中学时接触过，于是在大学里就成了别人的老师。说起来，我在那时候就在做围棋普及工作了。

知中：你前面也说到，围棋是生活、人生的模拟，你觉得它对你有什么启发或改变吗？

**周刚：**围棋中几乎每一步棋都包含着日常的道理。其中的大局观也好，细节也罢，给人的感受和启发是因人而异的。我个人感触最深的一点是，围棋棋盘上的道理跟生活中的实际应用之间还隔着一层东西。所以，怎么让接触围棋的人真正得到帮助，是围棋工作者比较苦恼的地方，我们需要能够把围棋解读得好的人，来把围棋的“道”传达出来。日本人在这个方面就做得很好，即使是小事，他们也会特别专注地去感悟这件事情中的每个环节。围棋内涵虽然丰富，但在帮助大家理解围棋的这方面我们做得还不够。

知中：你认为什么是理想的围棋之道？有人认为围棋是艺术，有人认为围棋是竞技，这二者在一定程度上似乎是矛盾的。

**周刚：**这个“道”现在被人们渐渐忽略了。举例来说，棋手们针对棋盘上的一些细节，像是否提劫、计时的时候是否按规范按钟等，偶尔会发生纠纷。但下棋的时候，有些约束是在心里面的，不然的话，难道每一盘棋都要放一个裁判吗？有人开玩笑说，围棋的竞技性现在所涉及的利益越来越大，那么是不是应该每一盘棋都监控录像，以避免纠纷？从竞技的角度来说似乎应该这样，但在围棋盘被监控的那一天开始，围棋的风雅性就变得更淡了。有些规则的出现，看似维护了公平——例如取消上手打挂的权利，但打挂的特权原本是一种带有传统风雅的做法，更多的是让棋手自我约束。真正的名人打挂以后是不会去找别人想对策的，但你要相信他会这样做才行，否则只能靠规则来约束大家——但实际上，你附加的规则越多，围棋本身传达出来的风雅性就会越少。

知中：说起风雅，我了解到在围棋中，适时认输也被视为一种礼仪。作为一种竞技游戏，这点应该如何理解？

**周刚：**这是现代竞技围棋跟传统围棋之间一个很有意思的相冲突的地方。在马拉松比赛中，人们会为坚持到终点的选手鼓掌，但在围棋中不会这样。如果你大势已去还在咬牙坚持，是会被懂围棋的人看不起的。现在围棋的竞技性得到发展，这种坚持也相应变多了。顽强坚持和投子认输之间的分寸怎么把握，不下棋的人很难理解。当你觉得无棋可下时，有风度的棋手就会投子认输，而不是指望对方犯错然后借此翻盘，但在其他竞技项目中，大家可能觉得取胜就行。围棋对局中，有时候棋手还会为了认输找台阶，因为你“啪”的一下忽然停住了，这盘棋看起来也不美。好的棋手会铺垫一下，例如再走几手棋，才示意自己不行了，接着认输，有时候还会故意走一步明显不在他水平上的棋，看起来像因为坏棋认输的样子。这些微妙的处理都很有意思，也由此可见围棋的讲究之处。不过现在在年轻棋手里面，会坚持下到最后的棋手越来越多了。

围棋看起来像竞技，但它又有很艺术性的一面。为什么不好的棋就应该适时结束？因为一局棋是两个人共同完成的艺术品，你在难以为继的时候还要继续下下去，会把棋谱弄脏，这就像艺术品中的败笔。这点是围棋和别的竞技运动的一个特别重要的区别，虽然现在这点未被所有人认可，但对传统的围棋之道比较尊重的棋手还是会非常注意的。

知中：川端康成曾说，中日围棋“在骨子里不同”，关于这点你怎么看？

**周刚：**他所说的这个“不同”，和现在我们说的“不同”不太一样。当时的“不同”是他对日本围棋的一种感叹。在他写的《名人》里，他就提到了现代竞技围棋对传统围棋的伤害。他是一个非常典型的日本人，同时也是超级棋迷，曾经长期担任《读卖新闻》的围棋观战记者。小说《名人》就是落脚在古代围棋和现代围棋的交接时期，他在这部小说中认为围棋的风雅已经消逝了。现在我们觉得，既然是竞技，当然要做到公平，但这些公平的实现令川端康成很感慨。

不过，川端康成的说法在中国并未受到重视。人们觉得他的这些看法只是一个敏感文人的一时感慨，即使是现在来讲这些，大家还是会觉得是脱离时代的，但把不同时代的人对围棋的有价值的思考反映出来，围棋才能更有意思。

知中：这让我想起《左传》里，郑国的子产第一次在鼎上铭铸成文法来约束人们的行为时引发了很大的争议，那些鼎上所不能写下的德行，难道不重要吗？《名人》所感慨的似乎也有类似道理。

**周刚：**是的，这其实是人类的无奈。虽然我们需要制定规则，但规则以外的一些行为就像镜子，能够映射出人性的优点和弱点，竞技中也要保留这些才有意思。比如在足球比赛中，如果一方受伤了，另一方中优雅

的球员会在这时停下，并把球踢出场外，让比赛暂停；受伤的一方在缓过来后，再把球扔回对方脚下。这一点在体育场上常常能看到。我们可能会毫不犹豫地认为，应该用制定规则的方法来解决这些纷争，但一旦真的这么做了，同时也会失去很多东西。

知中：接着前面提到“中日围棋”的话题，想请你继续谈谈目前两国围棋存在的一些具体的不同。

**周刚：**首先是规则不同。我们数棋子是“子空皆地”的原则，只数一边，日本则是黑棋白棋都要数。现在世界围棋还没有一个统一的规则，当然，即使不统一影响也不大，规则只是在非常特殊的时候才能够用得上——比如出现了古怪的棋形时。中国的围棋规则更实用、更科学一些，人工智能的基础也是建立在中国的围棋规则上；日本的围棋规则更好地传达了围棋风雅的一面，比如日本棋手下棋时，在提了对方的子后，要把它放在盖子里，因为日本围棋使用数目法，计算胜负时子要填回去，这样不会破坏棋形。日本漫画《棋魂》里，佐为当年在将军面前下御城棋时，就是被对方冤枉说他偷子，才蒙受了令他付出生命代价的天大委屈。中国棋手提子后会丢回对方的棋罐里，因为在中国，棋子是可以循环使用的。我们认为棋子只有在棋盘上才有意义，落在棋盘上的子是你思考的产物，它的价值由你赋予，不像象棋中的马和车，它们初始就有着不同的作用。

日本围棋虽然只有400多年的历史，但他们将围棋发展得很好。从幕府时代起，德川家康便把围棋提高到了一个历史上从来没有过的地位，围棋竞技的一面也是在那个时候被放大，并一直延续到了现在。中国这些年由于擂台赛的缘故，再次风行起围棋。不过围棋在我国，从来没有像在日本这样，得到过这么高的地位。

另外，日本的棋具也特别讲究。在日本，做棋子的人就专门做棋子，做棋盘的人就专门做棋盘，因为工艺不同，所以制作时都是分开的。好的围棋棋具，都是自然界的馈赠，它们彼此组成了很奇妙的搭配。制作白棋棋子的贝壳是动物，制作黑棋棋子的纯天然黑石是矿物，制作棋盘的榧木则是植物，这三样也是自然界精华的代表。在日本的蛤贝棋中，棋子越厚，说明贝越大，上面的纹路也就越细密，价格也就越贵。一套棋子中，黑子的价格是恒定不变的，决定棋子价格的是白子。而且日本用作棋子的贝只在日本九州的日向海滨有，在中国是没有的，后来日本人辗转在墨西哥找到了一种类似的贝后，就跑到墨西哥用这种替代品来造棋子。在日本棋具界，这种以日本贝制作的棋子叫日向特产，以墨西哥贝制作的棋子叫日向特制，都由手工制造。

知中：能说说你最欣赏的棋手吗？

**周刚：**值得敬佩的棋手太多，实在是非常难选，我想谈谈围棋界我最尊敬的人——应昌期。其他很多棋手可能单纯是棋下得好，但应昌期非常了不起，他本身是企业家，却以一己之力创造了一整套围棋系统。他在 1988 年创办的应氏杯世界职业围棋锦标赛，和富士通杯世界围棋锦标赛一起作为国际性的围棋比赛，彻底改变了围棋界的面貌，让围棋变得国际化了。1988 年，应氏杯的冠军奖金便已高达 40 万美金，所以应昌期创办的此项比赛也成为世界上规格最高的围棋比赛之一。他的基金会旗下有数十种比赛，像是开办以来从未中断的应氏杯世界青少年围棋锦标赛，以及世界大学生围棋锦标赛等都是他们举办的。

他对棋具颇有研究，并且专门设置了一套规则。台湾职业棋士制度便是由他创立的，应昌期围棋教育基金会则是 20 世纪以来世界上最成功的一种公益事业模式。今年是他 100 周年诞辰，我们《围棋天地》也在采写相关的内容。能独自创建一整套体系，这太了不起了。

知中：你觉得历史上最精彩的围棋对决是哪一场？为什么？

**周刚：**当然是人机大战，尤其是第一次。从古到今，围棋界都没有发生过这么具有划时代意义的事情。它的影响现在还只是一个种子，未来一定还会更大、更多。从内容上看，这次对决也是最精彩的，所有过去我们觉得精彩的人类之间的比赛，都没有办法和它相比。围棋竞技的体系，世界理解围棋的角度，都在这之后慢慢发生了改变。

知中：机器对人类的胜利，你觉得会为围棋带来什么样的新可能？

**周刚：**这个很难评估，因为我们大家现在有种“身在此山中”的感觉。我个人认为，机器的胜利可能会对高水平的棋手打击比较大，所以对围棋的职业竞技会有比较长远的影响。过去我们围棋爱好者都觉得职业棋手非常了不起，对这些能把棋下得这么好的人，我们是很敬佩的。但现在职业棋手在技术上的优越感一下子受到冲击。高点在另一个地方了，或许对他们而言会有种被拉下神坛的感觉吧。这个影响现在还没有体现出来，不过在短期内，人们对围棋的关注度也会因此而提高。围棋在现在一下热了起来，冲出了我们自己的领域，这正是它带来的一个比较大的影响。我们一直希望围棋能在日常生活中对人们有帮助，现在普通人对围棋了解更多了，这个目标说不定又更接近了一些。我们人类棋手以后可能随时都能和机器下棋，但机器不会解释它的着法，所以未来围棋的解说会变得空前重要。过去的围棋解说还是从专业的角度来进行的，普通人可能根本听不懂，以后应该会有完全不同的方式。

知中：未来人类是否还有战胜机器的可能？

**周刚：**这点应该完全没有可能，人类棋手与计算机的差距只会越来越大，这里我要讲一个一般人可能没有意识到的问题——我们如果把围棋还原到本质，会发现它是一个规则特别简单、目标特别清晰、算法完全公开透明的很公平的游戏。具有这种特征的游戏其实最适合电脑玩，过去只是因为电脑还没能达到这么精确完美的计算水平。

以前我们说的那些计算机围棋，大都还只是围棋软件或者围棋程序，不能用人工智能这个概念。现在人工智能 AlphaGo 就如同是一个婴儿，一切才刚刚起步，而围棋只是这个孩子的其中一项才能。目前这项才能就已经这么强大了，未来的人们怎么还有可能战胜它呢?

现在大家已经接受人类在围棋方面或许下不过计算机的事实，但过去，即使在国际象棋中人类棋手早就被计算机打败，人们还是一直未能正确地做出这样的判断。一方面是因为知识隔绝，大家对这方面了解得并不多；另一方面则是因为人类的自负。在一年多以前，人类棋手之间的差异也如鸿沟一般，普通棋手可能再花 100 年的时间也赶不上职业九段，加上不了解科技界的进展情况，那时候有很多棋界前辈都发表了类似人类棋手不可战胜的看法。

随着科技的发展，机器在未来可能还会变得更强大，但人不会。现在人类顶尖水平的棋手，跟两三百年前的顶尖棋手并没有什么本质差异。我们现在加持了很多现代的知识和科技，但如果空比能力和智力，未必有多大差别。而计算机才出现几十年就已经取得了如此显著的进步。人工智能棋手现在还是靠暴力计算，这些下法还没有穷举，随着硬件技术的不断提高，或许会有（把所有下法）穷举的一天。所以这个问题不用讨论，计算机和人类棋手能力上的差距只会越来越大。

知中：这么说来，人工智能下围棋，本质上是一种海量的算法，但围棋除了计算之外，还有很多其他的东西，所以我感觉，跟人工智能下围棋似乎并不能算是围棋对决。它没有温度。

**周刚：**这个讲得非常好。我们说“多算胜，少算不胜”，如果说所有东西都可以通过计算来得到结果，

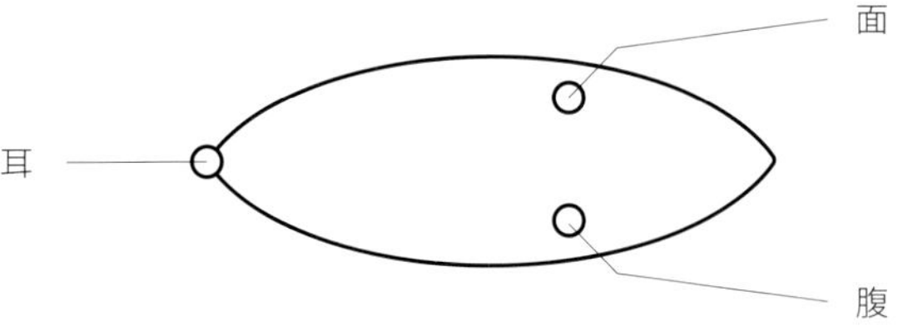


围棋这个科学的模型也可以还原为一个计算型的游戏，只是现在人的计算能力还做不到。如果把棋盘缩小，它是有可穷尽的算法的，像是 7 路棋盘，人类棋手就可以穷尽它的变化。

计算机并不知道自己是在下棋，它只是通过计算来解决问题，就像这世间的所有问题几乎都可以归结成数学一样。我们过去讲围棋时，都说“感觉”，去“感觉”这着棋好还是不好，这是因为我们的计算能力达不到。这也和生活一样，为什么我说围棋是生活的模型，因为你有可能算不清楚里面的冲突和错误。

知中：最后请向读者们推荐几本关于围棋的书籍吧。

**周刚：**除了前面提到的川端康成的《名人》之外，国内的围棋出版物，我还是首推《围棋天地》。从传统纸媒角度来看，我们的书在现在的体育类杂志里面销量也能排在前三位，并且我们没有依靠任何行政力量。《围棋天地》的诞生是因为竞技围棋的风行，所以我们最初的定位就是服务棋迷。围棋特别适合写成书，所以我们的写作素材很多，就算不讲谱，故事也是讲不完的。我们一直坚持在做，一月发行两期，每期差不多 20 万字，全部是原创。国内对围棋的研究水平相对还比较低，其他愿意出版围棋书的人加起来可能都没有《围棋天地》里的人多，甚至还有人把我们的内容剪下来拼凑出版。我早年也说过，希望我们的杂志可以书籍化，因为我们的内容基本不会过时。

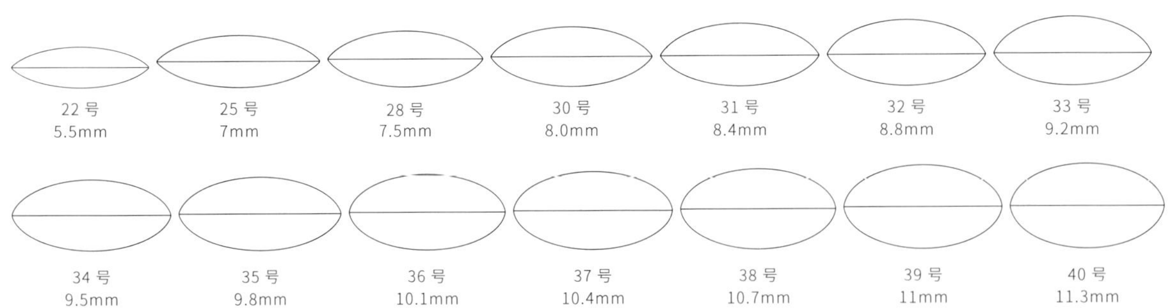


双面凸围棋子的厚度是由号决定的，不同的号代表着不同的厚度。一般来说，号越大，棋子越厚。

09

# The Spirits of Confucianism and Taoism in Weiqi

# 围棋中的儒道文化精神

文：刘斌　编：陆沉
text: Liu Bin　edit: Yuki

**儒、道互补，**
**是中国传统文化的一个显著特征，**
**在历史上产生了极为深远的影响。**
**儒、道两家思想，于中国文化而言，**
**仿佛车之两轮，缺一不可。**
**围棋，是中国传统文化的精华，**
**是祖先智慧的结晶，自然也浸润其中。**
**可以说，道文化的精神在围棋艺术中得到了淋漓尽致的体现。**

从诞生的那一天开始，围棋就被印上了儒家烙印，并在后世的演进发展中不断强化。关于围棋的起源，目前可找到的最早典籍资料是战国时期的《世本》。《世本》一书，相传为战国时赵国史官所作，其内容主要记载了黄帝至春秋时列国诸侯大夫的氏姓、世系、居、作等。《世本・作篇》里提到了围棋的起源："尧造围棋，丹朱善之。"按照《世本》的说法，上古时期五帝中的尧帝发明了围棋，他的儿子丹朱擅长围棋。不过，《世本》原书早已失传，我们现在见到的是后人的辑本，各种不同的辑本中也不是都有这 8 个字。有人认为，这 8 个字或是根据《博物志》杜撰的。关于围棋起源，后世的各类围棋史著作引用次数最多的，是西晋张华的《博物志》。《博物志》里说："尧造围棋，以教子丹朱；或云：舜以子商均愚，故作围棋以教之。""或云"也就是说，有人认为围棋的发明者是尧，但也有人认为是舜。

**尧造围棋，以教子丹朱；或云：舜以子商均愚，故作围棋以教之。**

这里需要说明的是，几乎当下的所有围棋史都是这么说的。不过，我们真去查找一下《博物志》就会发现，现存的《博物志》里根本没有这条记载。这是因为，我们今天见到的《博物志》已非当年张华的原本。东晋王嘉《拾遗记》中说，《博物志》一书原有 400 卷，晋武帝令张华删订为 10 卷。尽管这种说法目前没有得到佐证，但《隋书・经籍志》杂家类著录本书时即为 10 卷。

也就是说，我们所见的《博物志》里的这段文字实际上是二手材料。不过，引用过这段文字的古代典籍很多，如《古今事文类聚》和宋代江少虞的《事实类苑》，宋代高承的《事物纪原》、明代陈士元的《论语类考》也都引用过前半句。

这基本可以断定，虽然今本上没有这段文字，但还是较为可信的。

尧也好，舜也罢，都是儒家推崇的圣人。将发明权冠于圣人头上，也足见古人对围棋的重视。不过，魏晋之前，在人们的观念中，围棋还只是一种游戏，是“小道”。《孟子》中即言：“今夫弈之为数，小数也。”而这种游戏得以发扬光大、地位提升，一方面得益于围棋自身技术的发展，另一方面则是后世文人赋予了它浓厚的人文内涵。在后人的不断附会下，围棋的儒家特征体现得越来越明显。

**今夫弈之为数，小数也。**

经世致用，是儒家重要的处世原则。儒家思想从产生时，就十分强调入世，强调物尽其用，所谓“修齐治平”是也。孔子就曾说过：“吾岂匏瓜也哉？焉能系而不食？”[1]孔子觉得，葫芦如果只能悬挂观赏，而不能食用，乃是无用。《易经》“井”卦爻辞也有“井渫不食，为我心恻”之语。王弼注：“渫，不停污之谓也。”孔颖达疏：“井渫而不见食，犹人修己全洁而不见用。”在儒家看来，空怀节义与才能而不见用，是失败的人生。王粲在《登楼赋》中就曾感慨于自己才华的埋没：“惧匏瓜之徒悬兮，畏井渫之莫食。”

要让围棋发扬光大，必须使其与主流的儒家思想“嫁接”，才能结出丰硕的果实。怎样体现围棋的实用价值，是后世围棋传承者不断探索的课题。元代虞集在为《玄玄棋经》作序时即指出：“自古圣人制器，精义入神，各以致用，非有无益之习也。”可见，有用，是围棋体现儒家思想的最直接的方式。东晋葛洪《西京杂记》中记载了擅长围棋的杜陵人杜夫子“为天下第一”，有人讥笑他下棋浪费时间，他的回答是“精其理者，足以大裨圣教”。

**上有天地之象，次有帝王之治，中有五霸之权，下有战国之事。览其得失，古今略备。**

不过，围棋的实用性在现实生活中很难被体现。特别是在以农为本、以农立国的中国古代，围棋被视为“末作”，本末是不能倒置的。据《明实录》记载，朱元璋曾经下令：“若有不务耕种，专事末作者，是为游民，则逮捕之。”后世文人聪明地将围棋的象征意义扩大，“上有天地之象，次有帝王之治，中有五霸之权，下有战国之事。览其得失，古今略备”。[2]有了这种比附，围棋的实用价值就非常明确了，它不关乎人们衣食住行这样的小事，而是可以以小喻大，体察兴衰成败。所谓“试观一十九行，胜读二十一史”。[3]这一点，

**试观一十九行，胜读二十一史。**

1 出自《论语·阳货》。
2 出自班固《弈旨》。
3 出自清代尤侗《棋赋》。

宋人宋白在《弈棋·序》里说得非常清楚："弈之事，下无益于学植，上无裨于化源。然观其指归，可以喻大也，故圣人存之。"

**弈之事，下无益于学植，上无裨于化源。然观其指归，可以喻大也，故圣人存之。**

儒家思想的核心是"仁"，汉代大儒董仲舒将孟子提出的"仁、义、礼、智"扩充为"五常"，即仁、义、礼、智、信。五常学说在中国古代思想史上产生了极其深远的影响。围棋要想为文人士大夫所认可，为主流社会所接纳，就必须与这些有影响力的思想结合起来。围棋与"五常"的有机结合是在宋代完成的，《宋史·潘慎修传》里记载，宋太宗召潘慎修对弈，潘慎修作《棋说》以献，"太宗览而称善"。潘慎修的《棋说》即提到了棋道与儒家所推崇的"五常"之间的关联："棋之道在乎恬默，而取舍为急。仁则能全，义则能守，礼则能变，智则能兼，信则能克。君子知斯五者，庶几可以言棋矣。"其实，即便以棋本身的特点来看，也足以对应"五常"。笔者以为，将战场上的杀伐化入棋枰之内，即是"仁"；棋子之间相互配合，甚至舍小就大、弃子争先，即是"义"；比赛时风度翩翩，即是"礼"；对局中落子无悔，即是"信"；至于"智"则更是不言自明。

此外，儒家的"中庸之道"在围棋中也有很好的体现。所谓"不偏之谓中，不易之谓庸。"通俗言之，"中庸"就是恰到好处。《礼记·中庸》："中也者，天下之大本也；和也者，天下之达道也。致中和，天地位焉，万物育焉。"围棋中充满了辩证法，虚与实、攻与守、进与退乃至实地与外势，无不对立而又统一。在这种二元对立的矛盾中寻找一个合适的平衡点，正是棋者智慧的体现，能做到恰到好处，不正是做到了"中庸"吗？即如《棋经十三篇·合战篇》所说："阔不可太疏，密不可太促。""昭和棋圣"吴清源曾说过："围棋就是用'中'，中庸调和，不偏不倚，不冷不热。"故而，他将自传取名为《中的精神》。也正是凭着对中庸思想的深刻领悟，吴清源才提出了以"和谐"为核心的"六合之棋"。

**中也者，天下之大本也；和也者，天下之达道也。致中和，天地位焉，万物育焉。**

《论语·雍也》有云："中庸之为德也，其至矣乎！"于围棋，何尝不是如此？

当然，围棋亦有与儒家思想相冲突的地方。孟子说的"世俗所谓不孝者五"即包括博弈。唐代诗人皮日休在《原弈》中指责围棋"有害诈争伪之道"，更早的三国吴人韦曜（即韦昭，因晋朝时避司马昭讳而称韦曜）在《博弈论》里也对围棋大加挞伐："以变诈为务，则非忠信之事也；以劫杀为名，则非仁者之意也。"而"胜敌无封爵之赏，获地无兼土之实"则完全否定了围棋的实用价值。至于以棋行赌，就更是等而下之了："至或赌及衣物，徙棋易行，廉耻之意弛，而忿戾之色发。"

但我们应该看到，无论是孟子所批判的不孝行为，还是韦曜所批判的赌博现象，事实上与围棋本身都无多大关系，而皮日休竟然根据围棋"有害诈争伪之道"就判断它是战国纵横家发明的，更是迂腐之见。

必须指出，围棋的这些儒家特质往往出自后人的附会，所以才会出现前文所提到的现象，也即推崇围棋者和攻击围棋者都以儒家的言论作为证据来为自己寻找话语权。而如果说围棋中所体现的儒家精神大多出自文人的附会的话，那么它所体现的道家精神则更多来自围棋本身的特性。正如《棋经十三篇》中的《论局篇》所云：

夫万物之数，从一而起，局之路，三百六十有一。一者，生数之主，据其极而运四方也。三百六十，以象周天之数。分而为四，以象四时。隅各九十路，以象其日。外周七二路，以象其候。枯棋三百六十，黑白相半，以法阴阳。

"一"是"生数之主"，而三百六十则是"周天之数"。老子所说的"道生一,一生二,二生三，三生万物"在围棋上体现得非常明显。

道家思想的核心是"无为"，在老子和庄子看来，社会的发展、文明的进步是有很大的副作用的。这种副作用严重戕害了人的天性。"人多利器，国家滋昏；人多伎巧，奇物滋起；法令滋彰，盗贼多有。"庄子也通过南海之帝与北海之帝为中央之帝（即浑沌）"日凿一窍，七日而浑沌死"来说明有为之害。所以，一切纷争都将化为虚无，"战罢两奁分白黑，一枰何处有亏成"[4]。只有不去刻意追求，才能做到"无为而无不为"。元代刘因的一首《对棋》恰到好处地表达了这种观点：

直钓风流又素琴，也应似我对棋心。
道人本是忘机者，信手拈来意自深。

只有放弃了庄子和列子所说的"机心"，才能真正跳出俗世的牢笼，达到心灵的解脱。正如明人陆树声在《清暑笔谈》中所说："'棋罢局而人换世，黄粱熟而了生平。'此借以喻世幻浮促，以警夫溺清世累，营营焉不知止者。推是可以迟达生之旨。"

对隐逸的追求，也让"商山四皓"成了围棋典故。商山四皓，是指秦末隐居商山的四位老人，即东园公、甪里先生（也作"角里先生"）、绮里季和夏黄公。本来，按照《史记·留侯世家》中的记载，这四人与围棋并无半点关系。但四皓是隐士，而围棋不正是"坐隐"吗？在后世文人笔下，两者便自然而然地结合在了一起。中唐诗人于鹄在其《题南峰褚道士》一诗中就谈到了四皓与围棋：

得道南山久，曾教四皓棋。

『棋罢局而人换世，黄粱熟而了生平。』此借以喻世幻浮促，以警夫溺清世累，营营焉不知止者。推是可以迟达生之旨。

夫万物之数，从一而起，局之路，三百六十有一。一者，生数之主，据其极而运四方也。三百六十，以象周天之数。分而为四，以象四时。隅各九十路，以象其日。外周七二路，以象其候。枯棋三百六十，黑白相半，以法阴阳。

4 出自王安石《棋》。

闭门医病鹤，倒箧养神龟。
松际风长在，泉中草不衰。
谁知茅屋里，有路向峨嵋。

刘禹锡的《观棋歌送儇师西游》里也提到了四皓的隐居之所："商山夏木阴寂寂"。而南宋文天祥则在《又送前人琴棋书画四首》（其二）直接言道：

我爱商山茹紫芝，逍遥胜似橘中时。
纷纷玄白方龙战，世事从他一局棋。

唐宋时期的绘画作品，也出现了商山四皓的形象，比如晚唐画家孙位的《四皓弈棋图》、五代画家支仲元的《商山四皓图》等。经过唐宋文人和画家的改造，商山四皓成为围棋中的代表意象。元明清出现了大量以商山四皓弈棋为主题的画作，如元代黄溍的《四皓围棋图》、明代王越的《四皓弈棋图》、明代张路的《杂画册之商山四皓图》等。在这些画作的题画诗中，二者的关系已经密不可分。

另外，根据现有资料，双人围棋的起源当不晚于宋代。宋哲宗元祐九年（1094），刘仲甫、王珏和另外两位棋手杨中和、孙侁，曾在彭城举行四人联棋赛，他们留下的这局棋被称为《成都府四仙子图》。这是目前已知的最早的联棋。宋代沈括在《梦溪笔谈》中记载的"四人分曹围棋法"指的就是联棋，沈括不但提到了联棋，还专门探讨了联棋的战术，即让自己一方弱者排在敌方强者之前，这样就可以通过先手或者类似"打将"的方法让其无法发挥：

以我曹不能者，立于彼曹能者之上，令但求急，先攻其必应，则彼曹能者为其所制，不暇恤局。则常以我曹能者当彼不能者。

商山四皓的形象正好可以表现四人联棋，于是在后世的画作中也出现了大量四皓下联棋的场景。

以我曹不能者，立于彼曹能者之上，令但求急，先攻其必应，则彼曹能者为其所制，不暇恤局。则常以我曹能者当彼不能者。

而在魏晋南北朝时期，《世说新语》谓"王中郎以围棋是坐隐，支公以围棋为手谈"，围棋成了魏晋名士谈玄的"道具"。围棋的别名"坐隐""手谈""忘忧"，更是与道家思想息息相关。

中国围棋有过辉煌，也有过屈辱。而今，经过几代棋手的不懈努力，中国围棋已经重回世界之巅，在技术层面上，已经再次处于"领跑"地位。近几年来，围棋文化也越来越受到重视，探究围棋的儒道文化精神，能够从更为深广的层面把握这一古老艺术的思想内核。这对更好地认识古人的智慧，更好地继承并弘扬优秀传统文化，是大有益处的。

在公园里下国际象棋的人。
罗伯特·布罗迪（Robert Broadie）摄（2006）。

10

# The Game of Weiqi and the Way How Chinese Think

# 从围棋看中国人的思维与决策

文：周加利 编：陆沉
text: Zhou Jiali edit: Yuki

围棋，这一古老的棋类，

对中国人有着重要的影响，

以至于在围棋发明几千年后的今天，

人们仍旧喜欢用“世事如棋局局新”来比喻那些不可捉摸的世事。

沈约曾在《棋品·序》中说，

围棋能够让我们“体希微之趣，

含奇正之情，静则合道，动必适变，

若夫入神造极之灵，经武纬文之德”。

一盘棋局，能让我们有经天纬地、

运筹帷幄之感，而蕴藏其中的步法规律也能影响、

映射出我们对世间事的看法。

**亨利·阿尔弗雷德·基辛格**
（Henry Alfred Kissinger）
美国前国务卿，1969 年到 1977 年间，在中美建交中扮演了重要角色。他在著作《论中国》中指出，中国的外交思想在围棋中得到了反映。

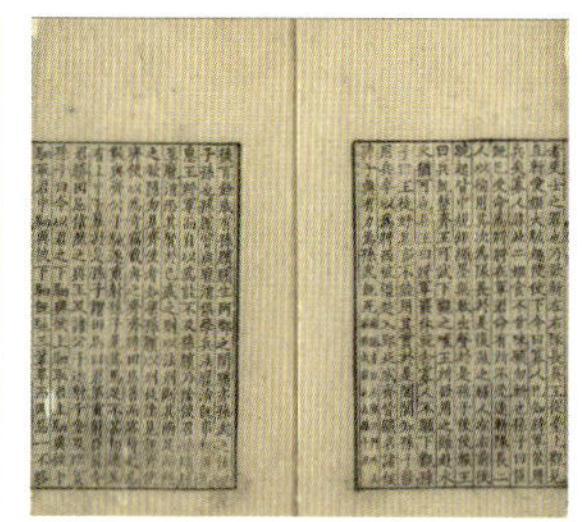

《十一家注孙子》钞补本，宋光宗绍熙年间（1190—1194）作成。《孙子兵法》中详解了各种影响胜负的要素，后世注者颇多，例如此本。

一对朋友在美国三藩市等待疏散时下最后一局围棋。
多萝西娅·兰格（Dorothea Lange）摄（1942）。

## 围棋与战略决策

中国与西方的战略决策截然不同。西方流行的国际象棋中，每个棋子都有着不同的角色和功能，其最终目标是全胜，把对方彻底杀死。对弈之时，双方都在努力消耗对方实力，步步紧逼，寸步不让，最终的取胜关键可能在于其中的一步妙着。对比一下不难发现，国际象棋的这种棋局模式，跟第一次大战时欧洲各国的表现具有相似的地方：双方都投入大量兵力，互相消耗，而在战况紧张的地方，双方僵持不动、寸步不让。

虽然中国的象棋与此也有点儿相似，不过更为战略家们所推崇的棋类却是围棋。围棋之中，子与子之间的角色功能没有差别，双方轮流在棋盘上下子，占据有利地点，最终包围吃掉对方的棋子。在棋盘的各处，都有争夺和厮杀。棋盘上的每一次落子，都有可能会让对弈双方的实力出现巨大变化，对弈双方为彼消此长的关系。对弈过程中，棋手们既要确保自己的战略计划能够实施，同时还要正确应对对手的棋子。最终终盘的时候，在外行人看来，棋盘上简直是“一片狼藉”，双方的战线犬牙交错，根本说不出谁胜谁负。胜负双方所包围的面积常常只存在微弱的差别而已。

国际象棋讲究“重心”以及“关键点”，围棋则更重“战略包围”；国际象棋在意的是棋局的最后谁能大获全胜，而围棋注重的是积累小胜以求最终胜利；国际象棋喜欢速战速决，围棋则往往是持久战；国际象棋中双方的棋子都在棋盘上，对方的兵力也一目了然，而围棋除了要应对现时的形势，还要顾及对方的“后手”。因此，对围棋来说，吃子、占地固然重要，但是眼光不能单单局限于当前的棋

局，更要有预判性，要以长远的眼光来考虑整盘棋局。

经过漫长的历史发展，后世的战略家们发现，并不是所有的问题都能一蹴而就得到解决。正如从春秋战国时期开始，经历秦皇汉武、唐宗宋祖，直至明代，来自北方游牧民族的威胁便一直存在。从霍去病、卫青抗击匈奴到岳飞试图收复燕云十六州，再到试图击败满人的明代崇祯皇帝，中原朝廷跟北方游牧民族的矛盾一直如影随形，不管多"穷兵黩武"，也无法完全消除。来自北方草原的威胁，犹如"离离原上草""春风吹又生"，不断证实着这一观点。

"祸兮，福之所倚；福兮，祸之所伏。"万物相生相克，互相依存，正如围棋黑白二子，阴阳相生。在漫长的历史之中，不存在绝对的安宁。安宁之中，必有不安宁。

西方各国更为偏爱"决战""决胜"类的策略，侧重英雄主义，以取得最终的胜果，国际象棋中战车、马等棋子的厮杀可称得上是这一心理的完美反映。而中国的漫长历史教训，则让人们形成了不那么急于追求短期性胜利的思维习惯，而更倾向于采取计谋以及迂回的策略。正如棋盘上迂回的战线一样，在一个个棋子落下的过程之中，慢慢积累取胜的优势。

## 围棋与"势"

中国著名的战略思想家孙武曾在《孙子兵法》中单列了一篇来讲解"势"，而在西方的军事学中，则没有"势"的概念。"势"指的是战略发展趋势和演变的形式中蕴含的"潜能"。在各种战略因素的特定组合和发展趋势之中，会蕴含一种巨大的能量——"势"。

"激水之疾，至于漂石者，势也。"在孙武的观点中，

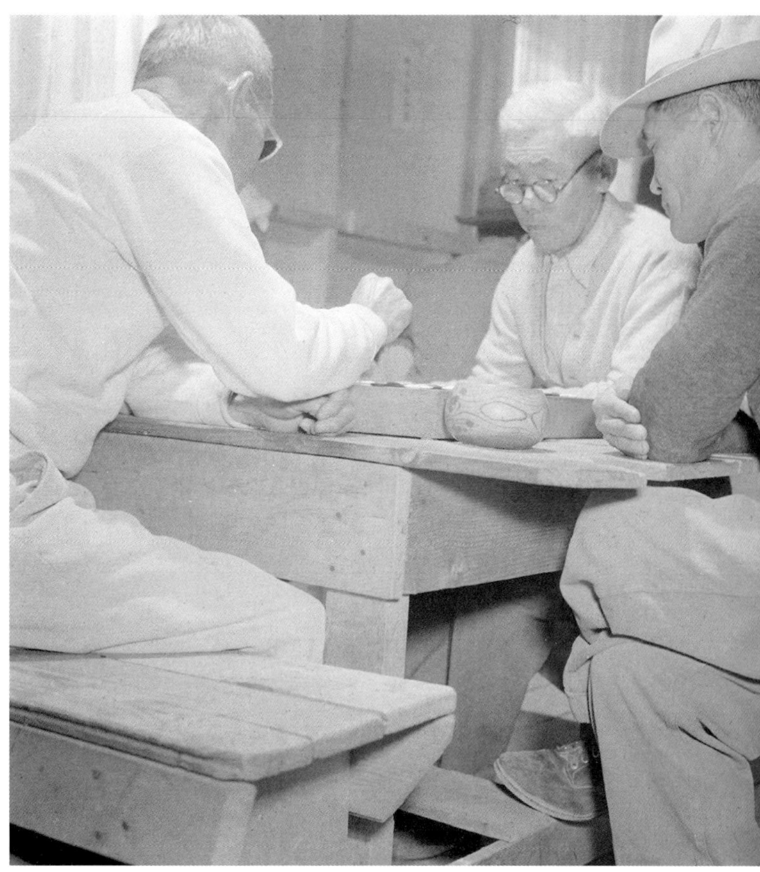
斯图尔特·弗朗西斯（Stewart Francis）摄（1942）。

一位成功的将领会耐心等待，积累优势，避开敌人的锋芒，仔细观察战略形势的变化；一旦“势”对己有利，便会顺势而下，获得优势甚至是胜利。

围棋中也特别强调对“势”的把握，谋势、造势、用势是对弈过程中的常见手段。围棋的“势”分为四种：态势、外势、气势、趋势。态势是一种战略环境，它使对手感到威胁、受到制约，而己方行动顺畅；外势比较重要，它指的是外线作战、攻城略地的攻势，旨在夺取控制权；气势，指的是从心理上影响对手；趋势，是潜能逐步释放的过程。

围棋中每落下一子，都会导致“势”的变化，并在一步步的变化中，积累自己的优势。这一点跟孙子的“势”理论相合。同样，态势、外势、气势、趋势也在战略和战术行动上有所对应。可以说，从人们使用围棋博弈开始，围棋的战术就跟“势”联系在一起了。要理解中国人战略战术中的“势”，就要了解围棋。而要下好围棋，就不能拘泥于小范围厮杀，而要把握好整体的变化。

一个出色的棋手、出色的战略家，一定是谋势、造势、用势、顺势而下以达到自己目标的高手。想要理解中国人的思维，就需要了解“势”。

## 围棋与大局

“不谋万世者不足谋一时，不谋全局者不足谋一域。”这是存在于中国人性格中的大局观。古代时，在中央集权政府的长期统治下，许多人都习惯了“大局”二字。有了“大局”二字在手，就像有了尚方宝剑一般让人噤声，从这个侧面也能够窥见大局对国人的重要性。

大局观对于实现利益最大化无疑是有好处的。在决策、思考问题时，考虑大局，就是考虑整体的系统，考虑一个长的时间段内的各种可能性。换一种说法，大局观也是一种系统科学。因为它从系统的角度观察研究客观世界。

围棋也与大局观息息相关。下围棋一定要照应全局，围棋博弈是一系列战役战斗相连、组合而成的一场全局性博弈。全局利益高于一切，棋理中说“急所重于大场”，指的就是从大局看，最攸关的变化往往比占领大片场地更为重要。这种体会，没有大局观是做不到的。初学者往往只会吃子，看到大片的场地可供占领，就完全看不到其他的了。

然而，正如《棋经十三篇》所说的那样：“持重而廉者多得，轻易而贪者多丧。不争而自保者多胜，务杀而不顾者多败。”一味吃子，只顾眼前小利，缺少大局观，无论是从围棋层面、个人决策层面还是国家决策层面，都一定不会得到理想的结果。

## 用围棋理解中国

基辛格在《论中国》中多次提及围棋这一古老的棋类运动。基辛格认为，中国的许多行为在西方人看来是十分怪异、不合常理的，但是如果从围棋的角度进行分析，就会变得一目了然。从围棋来看中国的行事逻辑，可以更好地理解中国的战略意图。

在中国与苏联以及美国的冲突中，中国政府也曾旗帜鲜明地提出“防止战略包围”这一源自围棋的概念，并以此看待中国所面临的威胁。美苏两大阵营都曾觉得在冷战的头 30 年，中国的许多军事行动令人匪夷所思，诸如在朝鲜半岛与西方世界“联合国军”争战，在喜马拉雅山脉与印度交锋，甚至在乌苏里江江畔与苏联直接发生冲突等。但如果从围棋的角度看，就好理解了。其实，无论对方来自哪个意识形态阵营，只要中国意识到对方在自己周边布下了太多“棋子”，就一定会采取行动，以图冲破包围。

中国毫无畏惧地参加朝鲜战争，在苏联陈兵百万相威胁的时候还能对越自卫作战。乍看有点儿像在以小博大，但是在更深的层面上，却都是出于对自己国家周边力量形势的长期考量。这种长期考量，远远比眼前的力量平衡更加重要。

《论中国》中介绍了一个案例。拿朝鲜战争来说，美国在出兵干预朝鲜前，中国并没有明显的参战意图。但是，美国派出第七舰队进入台湾海峡，实行两岸“中立化”之后，形势发生了变化，中国在这盘“棋”中的“势”和大局都受到了严重的影响。美国出兵朝鲜，是一枚棋子，美国舰队进入台湾海峡，也是一枚棋子，两枚棋子的配合，无疑是对中国的一种包围，这也是深受围棋文化浸染的中国最为担心的结果。美国国防部、国务院做了许多研究来推测中国是否会出兵朝鲜半岛，但到头来，都不如从围棋的角度进行考虑更为直观。中国政府是绝对不会允许围绕自己的包围圈形成的。

除了避免被包围，中国也尝试在棋盘的空地上下棋。《美台共同防御条约》1954 年 12 月签署后，中国政府也开始在条约中的空地落子。1955 年 1 月，中国人民解放军即登陆台湾海峡的一江山岛和大陈岛，这两个岛在一个月前签署的条约中没有具体覆盖。在可用的空地上尽量落子，保证自己的战略空间，也是中国的一种围棋思维的体现。

“他山之石，可以攻玉。”研究中国多年的基辛格，也为我们提供了一个全新的、围棋的角度来理解自己。

在围棋中，可找到一切的缘起。黑白子之间，蕴含了太多我们先辈的思考。成书于宋代的《棋诀》《棋经十三篇》都讲到了“棋者，意同于用兵”之意。布置、侵凌、用战、取舍，现实步步合乎棋理，棋盘步步映射现实。陪伴了中华民族几千年的围棋，没有过时。直到今天，人们还对“第一岛链”耿耿于怀，围棋对人们思维的影响由此可见一斑。世事如棋，我们用围棋思维看待世间事；棋如世事，我们也在世事变幻中体悟棋理。二者交织，欲辨已忘言。

派克·汤姆（Parker Tom）摄（1943）。

11

# Weiqi Boards and Pieces

# 棋具：宇宙一棋局，白黑两战场

文：刘小荻 编：陆沉
text: Liu Xiaodi edit: Yuki

**围棋对局中，对弈双方面对四方棋盘黑白二子，**
**你来我往，交替出着。**
**棋局里生中有死，死中有生。**
**一局罢，胜固欣然，败亦可喜。**
**要谈围棋，就不能不说棋具——棋盘和棋子。**

## 棋盘：十九条平路，言平又崄巇

围棋的棋具，包括棋盘和棋子。汉代班固说“局必方正”，讲的就是棋盘的标准形制为方形。现在通行的 19 道盘，流行于南北朝时期，由 19 条横线和 19 条竖线组成。更早之前也有过 17 道盘，三国时期的魏国文学家邯郸淳在《艺经》里说：“棋局纵横各十七道，合二百八十九道，白、黑棋子各一百五十枚。”明代谢肇淛在《五杂俎》里引用了邯郸淳的话，并且评论道：“汉、魏以前，想皆如是。”这些都可以佐证汉魏时期棋盘形制是 17 道。

明代学者胡应麟《少室山房笔丛》云：“今围棋十九道，纵横三百六十一路，子亦如之。宋世同此。然汉制十七道，唐局或十八道，不可不知也。”据考证，三国时期，17 道盘主要流行于北方地区，南方地区则多用 19 道盘。到了南北朝时期，19 道盘在北方也开始渐渐普及。现今出土的 19 道盘的最早实物为河南安阳隋代张盛墓中的瓷棋盘。唐代时，19 道盘成为标准形制，唐代裴说的诗歌《棋》中，便有“十九条平路，言平又崄巇”的说法。

古代棋盘用材丰富，最为常见的为木质棋盘。西晋蔡洪的《围棋赋》记载了木质棋盘的制作过程：“命班尔之妙手，制朝阳之柔木。取坤象于四方，位将军乎五岳。然后画路表界，玄质朱文。曲直有正，方而不圆。算涂授卒，三百惟群。任巧于无主，譬采菽乎中原。”

因围棋棋盘多为木制，且对弈之妙处往往如媚人之狐，让人沉迷其中无法自拔，所以古人又给围棋起了一个别称，叫“木野狐”。北宋朱彧《萍洲可谈》言：“弈者多废事，不论贵贱，嗜之率皆失业，故唐人目棋枰为‘木野狐’，言其媚惑人如狐也。”

历史上，关于木棋盘的神异故事也有不少，唐代笔记小说集《酉阳杂俎》里就记述了一件与木棋盘相关的怪事。讲的是北宋时，东都龙门有一座兰若寺，寺里有一株大桐树，时值春季，上面的花儿开得繁茂异常。一天夜里，寺里的禅师听到窗外有蜜蜂的嗡嗡声，仿似人在吟咏，觉得诧异，就将其中一个捕来，想要一探究竟。蜂人自言自己刚与青桐君对弈，赢了十幅琅玕纸，如果禅师放了自己，就奉上琅玕纸作为报答。禅师于是就把他放了。此处说的“青桐君”，指的正是青桐棋盘。“青桐君”是对它的雅称。

木棋盘的材质也有多种。楸枰是深受古代中上阶层权贵名士喜爱的一种棋盘。它采用楸木制成，属于棋具中的珍贵名盘。楸枰分为纹楸和侧楸两种，其中侧楸的制作工艺最早源于齐武陵昭王萧晔。萧晔时常破荻为片，纵横编织成围棋盘。[1]楸木质呈金黄，纹理细腻，不易翘曲，典雅端庄，棋子落在楸枰上，有金石之声。侧楸也泛指棋局，唐代李洞《对棋》诗云：“侧楸敲醒睡，片石夹吟诗。”温庭筠也有首《观棋》诗，其中亦曾提到“闲对楸枰倾一壶”的雅趣。

除了楸木质木棋盘，桑木质和檀木质木棋盘也较为常见，比如日本正仓院就藏有桑木棋盘和木画紫檀

1 《南史·武陵昭王晔传》云：“少时又无棋局，乃破荻为片局，纵横以为棋局，指点形势，遂至名品。”

棋盘各一块。后一块尤其宝贵，是奈良时代圣武天皇的实用物，据说是中国皇帝馈赠的礼物。

除了木质，棋盘还有瓷质、纸质、织锦、玉质等种类。另外石棋盘也比较常见，唐代吴融的《寄僧》诗中，便有“棋敲石面碎云生”的句子。石棋盘往往又跟仙人对弈相关联，清代《四川总志》中便有仙人在石棋盘上对弈的传说：

灌县灵岩山之极峰，有棋盘石，仙人尝弈棋于此。石有棋势，旁有年号，乃天祐二年。

再说瓷制的棋盘。宋代制瓷业发达，各大名窑烧制了大量精巧的围棋瓷子、瓷罐和瓷盘，宋代的定窑、耀州窑、吉州窑、湖田窑都曾烧制过棋具，其中以定窑烧制的围棋子做工最为精湛。

不过论棋盘，最便携的还是纸棋盘，唐代冯贽的异闻小说集《云仙杂记》里记载有常用纸棋盘对弈的王积薪的故事。王积薪是唐玄宗时有名的棋手，后来成为翰林院棋待诏，经常在皇宫里陪玄宗对弈。他不拘小节，出门必携棋具，画纸为局，即使是遇到贩夫走卒也要来上一局。赢了棋也不要对方出多少钱，只要请他大吃大喝饱餐一顿就行，一副桀骜不驯的“棋痴”形象。[2] 杜甫在诗歌中对下层劳动人民的生活图景多有描绘，在《江村》一诗中，他写道：“老妻画纸为棋局，稚子敲针作钓钩。”由此也能看出在普通村落里，人们画棋盘对弈的生活日常。可谓不分贫富贵贱，人人都可得棋趣。

民间有纸棋盘，但高门贵族却更为青睐采用名贵材料制作棋盘，比如金、玉、象牙等。初唐弘文馆学士上官仪的《五言奉和咏棋应诏》里便提到了金棋盘：“金枰自韫粹，玉帐岂能传。”唐代冯贽《云仙杂记》里记载有玉棋盘，说棋声“与律吕相应。盖用响玉为盘，非有异术也”。宋代还有织锦棋盘，十分别致。宋代诗人楼钥《织锦棋盘诗》中有“锦城巧女费心机，织就一枰如许齐”诗句，赞美的正是织锦棋盘。

铜鎏金掐丝珐琅棋盘及棋罐 ◎清代

**白釉瓷围棋盘 ◎隋代 ◎河南博物院藏**

此棋盘为正方形，高 4 厘米，盘面每边长 10.2 厘米，盘上刻画许多小方格，纵横线各 19 条，这是迄今发现的最早的 19 道围棋盘，出土于隋代张盛墓中。

**紫檀瓜棱围棋罐 ◎清代**

**日本黑柿棋笥**

2 原文为：“王积薪每出游，必携围棋短具，画纸为局，与棋子并盛竹筒中，系于车辕马鬣间。道上虽遇匹夫，亦与对手。胜则征饼饵牛酒，取饱而去。”

定窑围棋子 ◎北宋

## 棋子：内含有光，形亦应制

围棋子分为黑白两色，因围棋子为圆形，棋盘为方形，故有“棋圆局方”之说。不过我国古代也曾出现过方形棋子，比如目前发现的最古老的、出土于安徽亳州东汉曹氏家族墓葬群的围棋子便是方形的，后来才渐渐定型为圆形。圆形棋子亦有一面凸两面凸之别，大约与材料和工艺有关。明代之后，因为云子和陶瓷棋子成为主流，中国人也渐渐习惯了一面凸的样式。

棋子的材质用得最多的是木质和石质两种。石棋子多用天然石料加工制成，最常见的是江边、海边的鹅卵石。唐代诗人李洞《寄窦禅山薛秀才》诗里的“棋分海石圆”，还有李商隐《因书》诗里的“海石分棋子”等句，讲的便都是石棋子。

制作棋子的材料除石头外，还有玉、蚌壳、水晶、紫檀等。唐代僧人齐己《谢人惠十色花笺并棋子》一诗中“海蚌琢成星落落”一句，说的便是蚌壳棋子。至于水晶棋子，可见于《宋史·吴越钱氏世家》：

上遣中使赐钱俶楸棋局、水精棋子，乃谕旨曰：“朕机务之余，颇曾留意，以卿在假，可用此遣日。”

明代李东阳曾作过《雪夜观水精棋戏作》一诗，其中“楸枰乱落水精寒”句，便是对楸枰和水晶棋子的描绘。冯贽《云仙杂记》里记有紫檀做的棋子：“开成中，贵家以紫檀心、瑞龙脑为棋子。”“玉”也可以泛指美丽的石头。在西安市唐长安城太平坊遗址中，考古人员发现了白绿两色共 22 枚棋子，白色棋子的材质为蚌壳，绿色棋子的材质即为绿色的玉石。唐代和唐以前，棋子多由天然材料经过简单加工制作而成，工艺较为简单，后来随着冶炼技术的提升，烧炼棋子成为可能，这时候诞生了围棋棋子中的上品——云子。

**木质棋盘 ◎唐代**
此棋盘为木质，边长 18 厘米，高 7 厘米，方形底座，底座每侧有两个壶门。四周以象牙边条镶嵌，上面绘制的棋格纵横各 19 道，出土于吐鲁番市阿斯塔那张雄夫妻合葬墓。

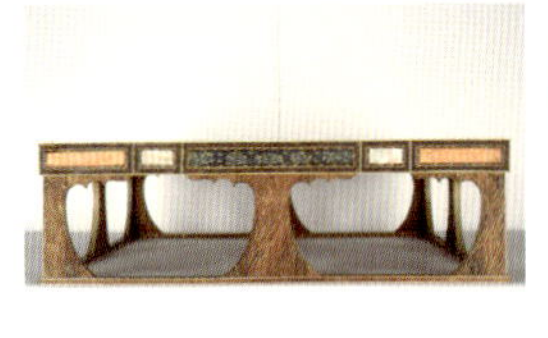

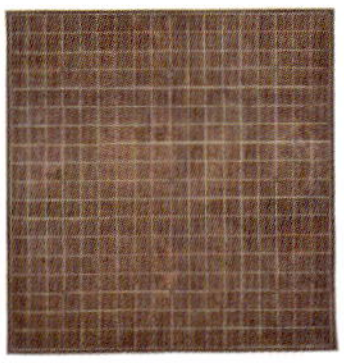

**桑木棋盘 ◎唐代 ◎日本正仓院藏**
此棋盘为桑木质，盘面上嵌有纵横 19 条象牙质的细纹，并设有 9 个象牙芯、紫檀边的花眼，棋盘四围则用螺钿黄牙装饰。壶门床脚上还用泥金描绘出了木纹彩绘。

云子为“云南棋子”的简称，是云南当地的特产，因云子中，永昌府（今云南保山）所造的最为有名，故云子又称永子。云子是多种矿物质经过 1000 多摄氏度高温烧炼熔化后，经手工蘸汁滴制，自然冷却而成。制成后的云子，白子莹白如脂玉，黑子则是乌黑透碧或透蓝。

晚唐后期，云子逐渐流行开来。晚唐傅梦求《围棋赋》中说：“枰设文楸之木，子出滇南之炉。”《徐霞客游记》里也有“棋子出云南，以永昌者为上”的说法。清代的《永昌府志》还记载了云子的制作工艺：

永昌之棋甲于天下。其制法以玛瑙石合紫瑛石研为粉，加以铅、硝，投以药料，合而煅之，用长铁蘸其汁，滴以成棋。有牙色深黑者，最坚；次碧绿者，稍脆；又腊色、杂色及黑白皆有花者，其下也。

一副好棋子，颜色需要对比鲜明，纯正悦目；重量需要轻重适宜。棋子不宜过轻，这样放在棋盘上才会稳，但为了执棋时方便拿取，又不能过重。棋子的材质也要讲究，夏日对弈，棋子应如“冷玉”；冬日手谈，棋子则宜温润，使得十指不致冰凉。这些要求，云子都能做到。

了解棋具，不仅是要知其形、其质，还要看到它们背后的东西，正如东汉班固在《弈旨》中所言：“上有天地之象，次有帝王之治，中有五霸之权，下有战国之事。览其得失，古今略备。”天地之象，战国之事，都在这一方

**陶质棋盘残片 ◎西汉**
此棋盘为历史上现存最古老的围棋棋盘，出土于陕西汉景帝阳陵，距今已有 2000 多年的历史。此棋盘为陶质，外观略有残损。考古学家推测，该棋盘当为阳陵的守陵人刻制，以供闲暇娱乐时用。

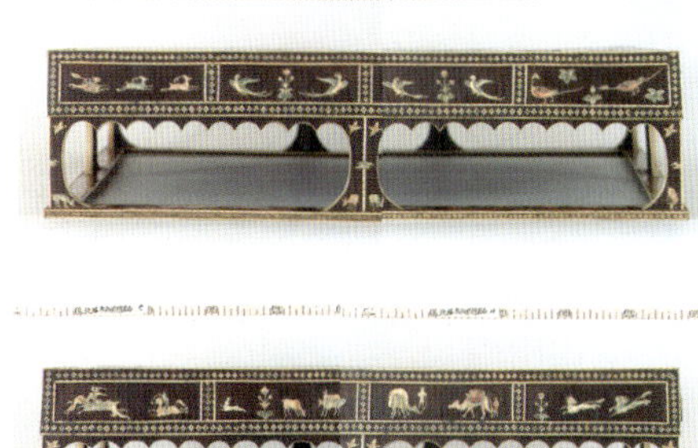

**木画紫檀棋局 ◎唐代 ◎日本正仓院藏**
此棋盘以紫檀为地，嵌以象牙罫线，纵横各 19 道，又镶嵌有精致的花眼 17 个。边侧四面各界四格，其中用染色象牙镶嵌雉、雁、狮、象、驼、鹿，及胡人骑射、牵驼等形象，华丽细致。此棋具由遣唐

小小的棋局上，棋盘和棋子背后，还有着深刻的文化内涵。

## 棋局的兵法说

晚唐志怪小说集《潇湘录》中有这样一个故事，说有一个人叫马举，他在淮南做官时，有人带了一副镶满珠宝玉石的名贵棋具来找他。马举看后很喜欢，就花大价钱买下了这副棋具。但是没想到后来棋具丢了，怎么找也找不到。没过多久，忽然有一老翁登门拜访，指明要见马举。老翁进屋后，也不像客人似的那般拘束，显得很随意。他和马举双双入座后，跟马举说了很多兵法上的事情，还教马举为帅之事，说“夫为帅也，必先取胜地，次对于敌军。用一卒，必思之于生死。见一路，必察之于出入。至于冲关入劫，虽军中之余事，亦不可忘也。仍有全小而舍大，急杀而屡逃。据其险地，张其疑兵。妙在急攻，不可持疑也。其或迟速未决，险易相悬，前进不能，差须求活。屡胜必败，慎在欺敌。若深测此术，则为帅之道毕矣”[3]。

马举见眼前是真高人，恳请留宿，老翁推脱再三不能，只得留了下来。是夜，马举让侍从请老翁再来聊兵法，但侍从进屋一看，哪里还有老翁的身影，屋里只有一个棋盘。马举大惊，细想今天老翁所言，虽然句句讲的是兵法，但再一细究，其实着着论的都是棋技。当下了悟老人并非凡人，乃是精怪，于是让侍从用古镜去照棋盘，想要一探究竟。这一照可不得了，只见那棋盘突然跃起，坠地而碎。马举大为惊骇，赶紧命人把它烧了。

从棋局看兵法，古来有之，汉代马融也说：“略观围棋，法用于兵。三尺之局兮，为战斗场。”不过，如果只把围棋当作兵法或竞技游戏来看，似乎又落了下成。红面棋王周俊勋曾说过：“我从学棋开始，就知道不应该将无关的东西放在棋盘上。棋盘是一方很神圣的天地。那上面亦有‘神明’的存在。”

棋人的敬畏心，并不仅仅是把这一方小小的棋盘和棋子当作物体看待，而是视作生灵。如果少了敬畏心，即便技法再高，境界还是落了下成。因为棋局也好，人生也罢，也许都是以余味定胜负的吧。

3 原文出自《太平广记》。

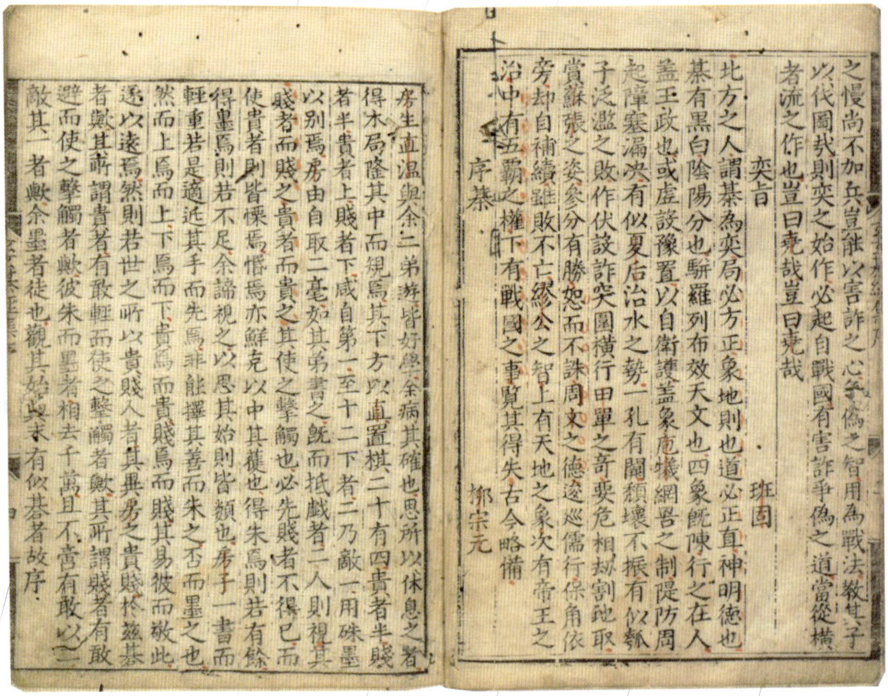

《弈旨》，刊印于元刻本《玄玄棋经》，日本内阁文库藏。

⑫

# Theory Works and Manual Books of Ancient Chinese Weiqi

# 中国古代棋谱与棋经

文：王亮 编：陆沉
text: Wang Liang edit: Yuki

我国现存最早的围棋理论文献，
是东汉时班固撰写的《弈旨》，
而《敦煌棋经》中记载的，
东汉的《汉图十三势》、
三国的《吴图二十四盘》大概算得上是我国最古老的棋谱了。
得益于历代棋手的不断研究和探索，
我国历史上有大量关于围棋理论的文献和围棋名谱留存。

**围棋理论**

**东汉**
班固
《弈旨》

**东汉**
马融
《围棋赋》

**东汉**
黄宪
《机论》

**东汉**
应玚
《弈势》

**南北朝·梁**
萧衍
《棋品》《棋法》
《棋评》《围棋赋》

**南北朝·北周**
《敦煌棋经》

**唐**
王积薪
《围棋十诀》

**北宋**
徐铉
《围棋义例》
《金谷园九局谱》
《棋势》

**北宋**
张拟
《棋经十三篇》

**北宋**
刘仲甫
《棋诀》

**元**
晏天章、严德甫 合编
《玄玄棋经》

**棋谱**

**东汉**

《汉图一十三势》

▼

**三国**

《吴图二十四盘》

▼

**西晋**

马朗

《围棋势》

▼

**南宋**

李逸民（重编）

《忘忧清乐集》

▼

**明**

林应龙

《适情录》

▼

**明**

许谷

《石室仙机》

▼

**明**

过百龄

《受三子谱》《四子谱》

《官子谱》

**清**

施襄夏

《弈理指归》

**清**

范西屏

《桃花泉弈谱》

▼

**清**

范西屏、施襄夏

《当湖十局》

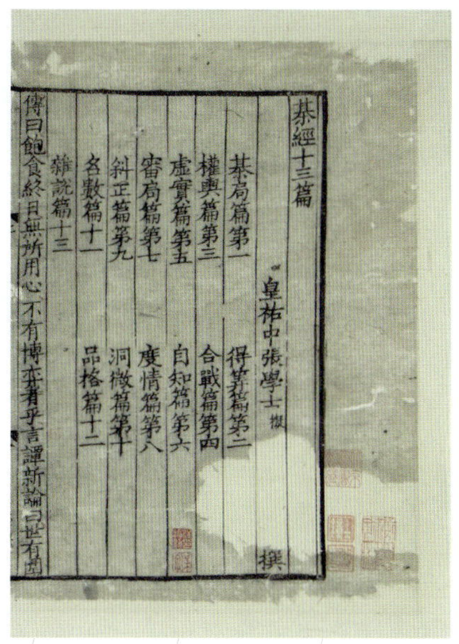

碁經十三篇

皇祐中張學士 撰

碁局篇第一　得算篇第二

權輿篇第三　合戰篇第四

虛實篇第五　自知篇第六

審局篇第七　度情篇第八

斜正篇第九　洞微篇第十

名數篇第十一　品格篇第十二

雜說篇第十三

傳曰飽食終日無所用心不有博弈者乎言譚新論曰世有圍

《棋经十三篇》，刊印于宋刻本《忘忧清乐集》，中国国家图书馆藏。

## 《弈旨》

《弈旨》是我国现存最早的、系统的围棋专论，作者为东汉史学家班固。全篇字数不多，班固在本文中运用大量比喻，对围棋的要旨和行棋原则纲举目张地做了阐释和分析。

张如安在《中国围棋史》中指出，《弈旨》主要阐述了四个方面的问题。第一，辨明了博和弈的高下优劣。班固认为博是以掷琼决胜负的，常常靠侥幸和机遇取胜，而弈则不然，它的胜负完全建立在公平斗智的基础上，故“高下相推，人有等级”。第二，班固运用阴阳、天文、地则、王政等哲学、道德、政治概念，通过“象”的手段来解释棋制，赋予围棋深刻而广泛的义旨。第三，班固明确指出围棋具有娱乐而忘忧的作用，这一观点对后世影响很大，宋代著名棋谱《忘忧清乐集》之名，实渊源于此。第四，棋具是固定不变的，棋势却千变万化，高手“因敌为资，应时屈伸”，即审时度势，随对手的变化而变化，灵活运用战略战术。

## 《敦煌棋经》

《敦煌棋经》，原称《棋经》，撰于北周。1907 年，英籍匈牙利探险家斯坦因（Marc Aurel Stein，1862 — 1943）来到敦煌，带走了许多文物，这其中就有《敦煌棋经》。但由于西方研究者不懂围棋，这份重要文献被运到英国后，一直陈列在英国大英博物馆中，没有引起人们的注意。

1933 年，清华大学历史系教授张荫麟在英国见到此件后，抄录了其中附录的《梁武帝棋评要略》，并在回国后做了报道，不过当时仅在古史学界流传。1960 年，中国科学院获得全部英藏敦煌遗书显微胶片，编出总目，将此卷命名为《棋经》。1963 年，成恩元对其进行了研究，并在《围棋》月刊 1964 年 1-7 期上刊文发表，从此《敦煌棋经》才得以为棋界所知，而《敦煌棋经》全文则在 1985 年出版的《中国围棋》中首见于世。

陈祖源在《〈敦煌棋经〉——世界上最古老的棋著》中对《敦煌棋经》中的每篇文字均做了论述。他提到，第一篇用词精

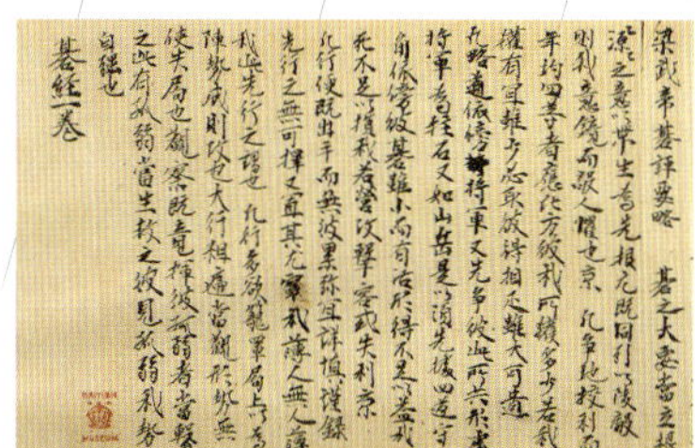

梁武帝碁評要略

碁經一卷

《敦煌棋经》，来源于国际敦煌项目。

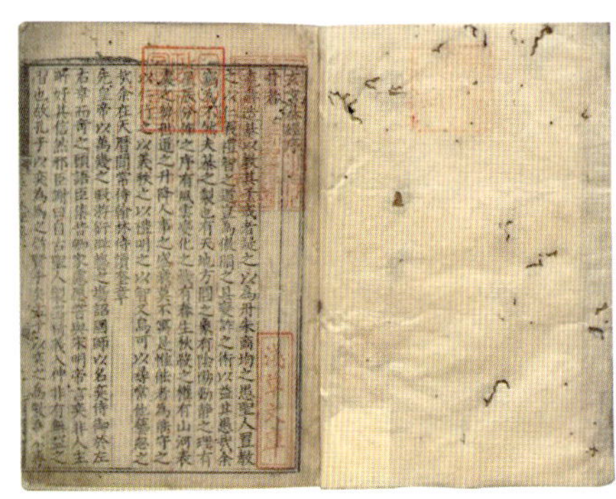
《玄玄棋经·序》，刊印于元刻本《玄玄棋经》，日本内阁文库藏。

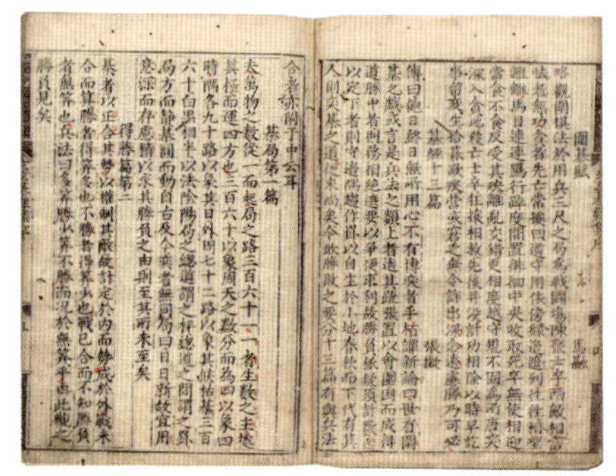
马融《围棋赋》，刊印于元刻本《玄玄棋经》，日本内阁文库藏。

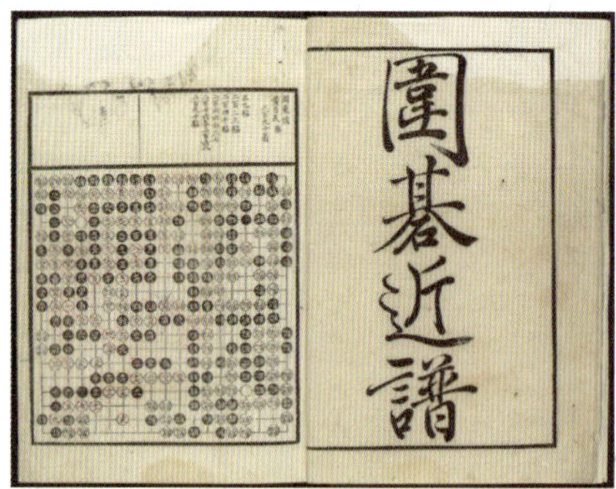
《围棋近谱》，刊印于《梅会里周郑二家传谱》，此本大致为清康熙五十五年(1716)序。

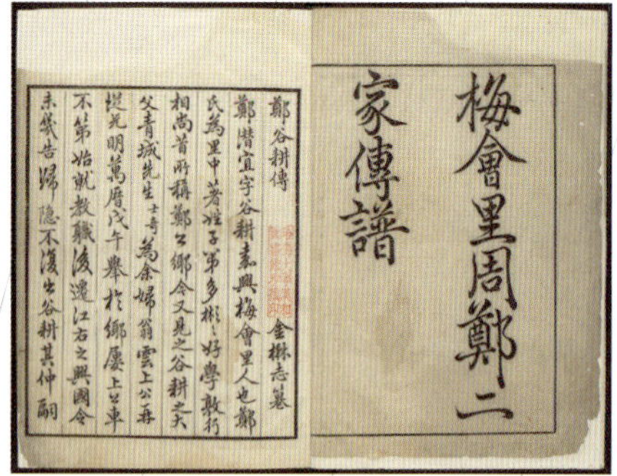
**清康熙五十五年序刊本《梅会里周郑二家传谱》**

《梅会里周郑二家传谱》由清人金懋志辑。本书初、二集载有周东侯、黄龙士、徐星友等康熙年间国手对子谱及受子谱60局；三、四集则为梁魏今、程兰如、施襄夏、范西屏等对子谱40局，全书合计100局。

彩，比如其中“两生勿断，俱死莫连”，意思是活棋连了是有价值的，死棋才不该连；从文字上说，“死”与“生”比“活”更对仗。第二篇讲述的是征子如何判别，即征子路径中可影响征子的范围。第三篇讲的是死活的基本。第四篇说的是围棋的象征意义，如著名的“棋子圆以法天，棋局方以类地。棋有三百一十六道[1]，放周天之度数”。第五篇指出学习前人图谱的重要性。第六篇说的是棋规。第七篇说明了编写这部棋书的目的以及编法。

我国古代围棋过于注重局部缠斗，大局观较差，因此“势”的问题极为突出，这便成为《敦煌棋经》详细论述的重点。这本书对最基本的棋势定式做了介绍，如“直四曲四，便是活棋。花六聚五，恒为死亡”之类。此外，其中还讲到棋规，如“先行不易，后悔实难”，“下子之法，不许再移”等，为免争执，对局双方甚至还可以就某种情形先立“契约”。

## 《棋经十三篇》

《棋经十三篇》是我国流传至今最完整、最系统的围棋理论经典著作，成书于北宋仁宗皇祐年间（1049—1054）。它的作者，有人认为是张拟，有人认为是张靖，未有定论。这部棋书的版本甚多，至今可考的便有20余种。整体大致有两大系统，一个是由祖本《忘忧清乐集》一脉传承下来的，另一个是由《说郛》本传承下来的。

《棋经十三篇》的语言平易流畅，在内容、书名、篇名、文字上均模仿《孙子兵法》十三篇，但又准确妥当而不生硬，因此人们称它为《棋经十三篇》。它的内容包括：论局篇、得算篇、权舆篇、合战篇、虚实篇、自知篇、审局篇、度情篇、斜正篇、洞微篇、名数篇、品格篇和杂说篇。

相较过去的围棋理论著述，《棋经十三篇》取得了突破性的进展，主要原因在于：

一、对棋局和棋子的形制做出了理论上的解释。二、对弈者应具备的棋艺做出论述，如“多算胜，少算不胜，而况于无算乎”，“博弈之道，贵乎谨严”，“随手而下者，无谋之人也。不思而应者，求败之道也”。三、概述了对弈中的战略战术和基本要领，如“高者在腹，下者在边，中者占角”，“宁输数子，勿失一先”等。四、明确了围棋的规则。此外，它还论述了棋手的棋德，如“胜不言，败不语”，“安而不泰，存而不骄”，认为棋手的品德对棋局的胜负及其棋力均会产生影响。

1 原文如此，当为“三百六十一道”之误。

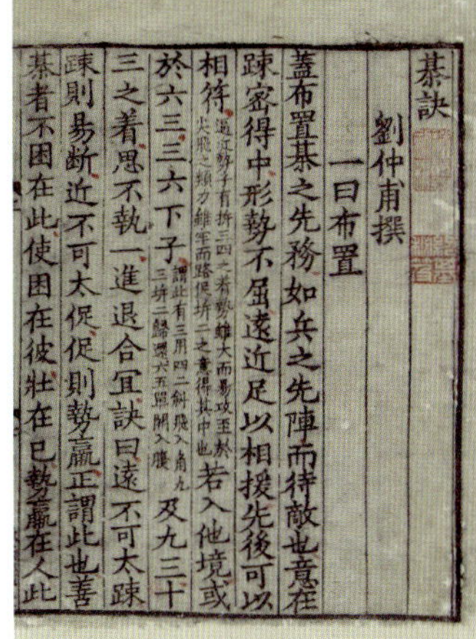

棊訣

劉仲甫撰

一曰布置

蓋布置棊之先務如兵之先陣而待敵也意在疎密得中形勢不屈遠近足以相援先後可以相符若入他境或於六三三六下子及九三十三之着思不執一進退合宜訣曰遠不可太疎疎則易斷近不可太促促則勢羸正謂此也善棊者不困在此使困在彼壯在己勢羸在人此

刘仲甫《棋诀》，刊印于宋刻本《忘忧清乐集》，中国国家图书馆藏。

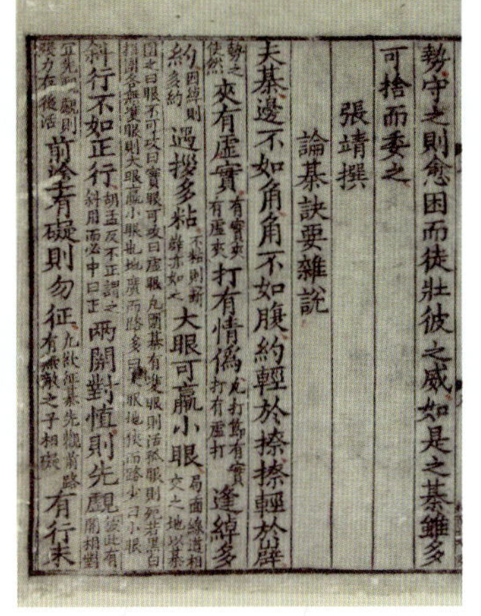

勢守之則愈困而徒壯彼之威如是之棊雖多可捨而委之

張靖撰

論棊訣要雜説

夫棊邊不如角角不如腹約輕於捺捺輕於劈夾有虛實打有情僞逢綽多約過撥多粘大眼可贏小眼斜行不如正行兩關對植則先覷前途有礙則勿征有行未

张靖《论棋诀要杂说》，刊印于宋刻本《忘忧清乐集》，中国国家图书馆藏。

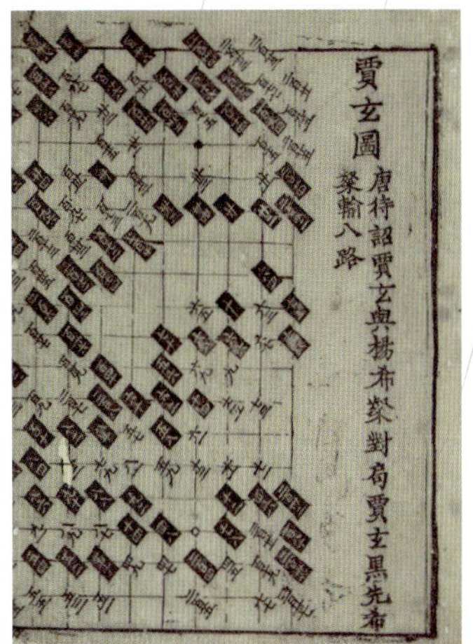


《烂柯图》，刊印于宋刻本《忘忧清乐集》，中国国家图书馆藏。

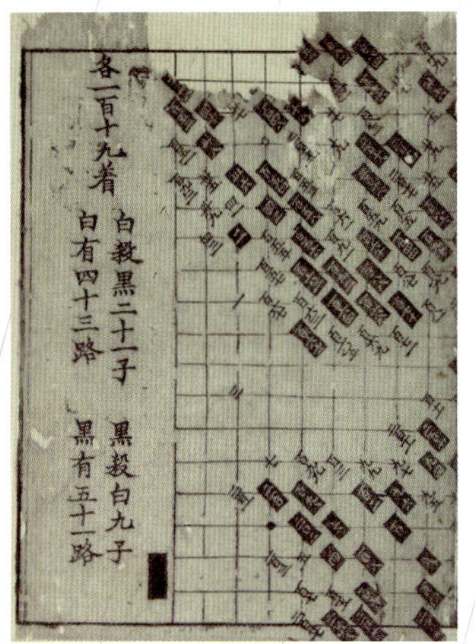


## 《忘忧清乐集》

《忘忧清乐集》是我国现存最早的一部棋谱集，书名取自宋徽宗御制宫词的首句“忘忧清乐在枰棋”，为南宋翰林院棋待诏李逸民收集前人的围棋撰述及著名棋局、弈谱编纂而成。它是现存的唯一一部宋代围棋谱，收录有大量北宋及更早之前的对局资料，其中 37 个死活棋势，图形精彩，着着引人入胜。此集中含有 3 篇围棋理论著作：《棋经十三篇》、刘仲甫的《棋诀》、张靖的《论棋诀要杂说》。后列孙吴至宋代弈棋局面图数 10 幅，包括全局棋谱、边角着法及局部棋势，如《孙策诏吕范弈棋局面》《空花角图》《长生八俊势》等。

## 《玄玄棋经》

《玄玄棋经》是由元代江西庐陵围棋高手严德甫晚年与同乡后学晏天章合作编纂的一部著作。晏天章为宋丞相晏殊后裔，亦以弈称，师事严德甫。《玄玄棋经》一书的编纂问世称得上是元代围棋发展史的最重大成果。它成书于至正七年至九年（1347—1349）间，本名《玄玄集》，取《老子》“玄之又玄，众妙之门”之意。

因卷首有《棋经十三篇》，后人习惯称它为《玄玄棋经》。分“礼、乐、射、御、书、数”六卷。《礼》卷收有《序言》《棋经十三篇》《弈旨》《围棋赋》《原弈》《棋法四篇》（即《棋诀》）《围棋十诀》《悟棋歌》及《四仙子图序》等篇。《乐》《射》两卷记载古代边角定式。《御》《书》《数》三卷记载围棋残局和死活，共 387 型。

## 《烂柯经》

《烂柯经》由明代朱权（朱元璋第 17 子）辑。全书共 4 卷，分为两部分：前 3 卷为围棋理论著作，包括姓氏总范、13 篇论范和 4 篇棋经，卷 4 为棋盘路图、受子局面和死活棋势等内容。

“烂柯”在这里指围棋。任昉《述异记》载：“信安郡有石室山，晋时王质伐木至，见童子数人棋而歌，质因听之。童子以一物与质，如枣核，质含之不觉饥饿。俄，童子谓曰：‘何不去？’质起视斧，柯尽烂。既归，无复时人。”

13

# Manners of Weiqi
# 围棋礼仪

文：周加利 编：陆沉 绘：牙也慈
text: Zhou Jiali edit: Yuki illustrate: Yayeci

古人认为围棋法天象地，
对应宇宙。
《礼记正义》中说："夫礼者，经天地，
理人伦，本其所起，在天地未分之前。"
围棋作为一项棋类游戏，也自有一套礼仪规范。
如若在对局中行为失当，
则会被认为"失礼"。

01

## 入场

在中日韩等国，礼的一个重要体现就是长幼有序，上下有别。反映天地之理的围棋也同样极为重视等级与秩序。一般在对局开始之前，年纪较轻、段位较低的棋手，或者是处于挑战者地位的棋手，即所谓"下手"，应先到场。

02

## 擦拭棋盘

下手到场后，并不是干等着，为了表示诚意，首先下手要用白布擦拭棋盘。这其中包含了对棋盘、棋局以及上手的尊重之意。虽然现代围棋比赛的棋盘清洁都由工作人员负责，但是这一行为本身已演变成一种仪式，有点儿类似于中国人吃饭前说的"起筷"或是日本人喜欢说的"我要开动了"，更多是为了表达一种态度。

03

## 上位

《史记》在描述鸿门宴时这样写道："项王、项伯东向坐，亚父南向坐。亚父者，范增也。沛公北向坐，张良西向侍。"在当时，室内东向为尊，南向次之，北向再次之。寥寥几字，便把各人的地位交代得清清楚楚。在围棋中，下手坐在下位，上手坐在上位。围棋比赛一般以裁判席右手边的位置为上位。中国成语"无出其右"所体现的，正是我国以右为尊的传统理念。

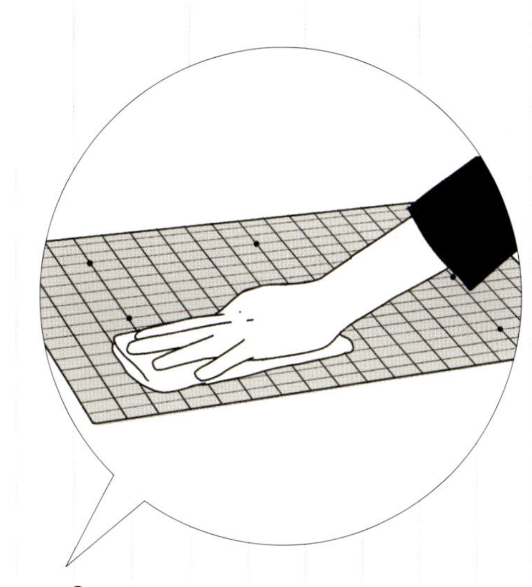

2
擦拭棋盘

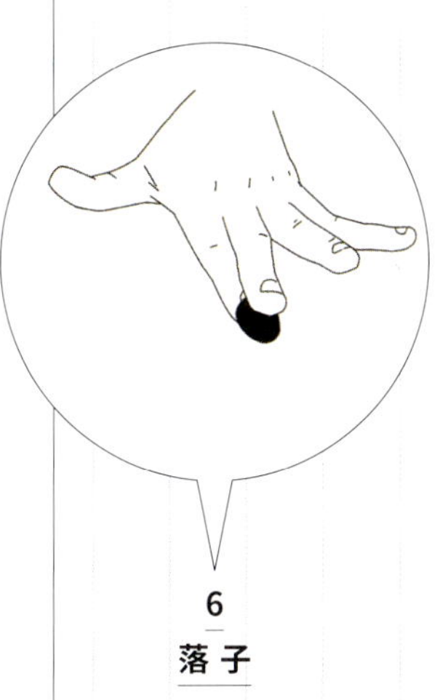

6
落子

7
第一手

04

## 猜先

猜先，由上手抓若干数目白子，下手抓取一枚或者两枚棋子来猜。下手抓取一枚棋子时，即代表“单数即我执黑”，反之执白。若下手抓取两枚棋子，则代表“双数即我执黑”,反之执白。

05

## 仪容仪表

宋代的欧阳修在《辨左氏》中说：“夫君子之修身也，内正其心，外正其容。”整洁得体的仪容仪表同样是对比赛和对手的尊重。以前，日韩棋手中有不少人偏爱身着和服或韩服参赛，不过近年来的棋手们多会选择身着西装参赛。合适的着装，也是礼仪的一部分。

06

## 落子

落子是围棋比赛中重复次数最多的动作。标准的落子手势，是以拇指、食指和中指从棋罐中拈起一枚棋子，置于食指和中指之间，中指在上，食指在下，然后将棋子放在棋盘交叉点上。落子力度不能因为情绪变化而起伏，要轻轻放下。

07

## 第一手

常下象棋的人知道象棋开局第一手有许多选项，比如“仙人指路”或者“当头炮”等。而在围棋中，不少棋局的第一手都是置于黑方右上的。这是因为多数棋手以右手下棋，黑方第一手置于右上，白方可以很方便地将白子置于自己的右下角。这种与人方便的第一手，同样包含着对对手的尊重之意。

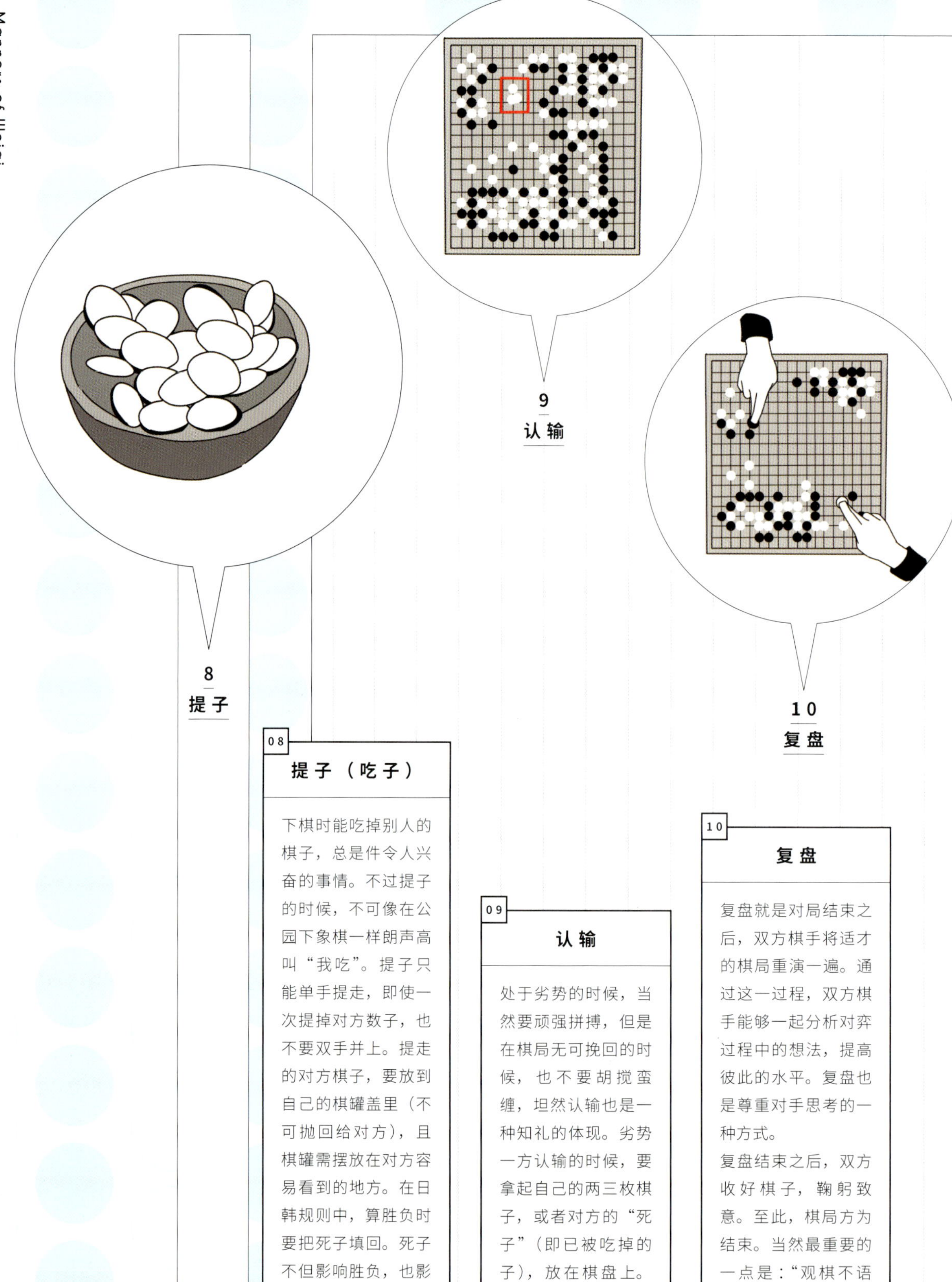


08

## 提子（吃子）

下棋时能吃掉别人的棋子，总是件令人兴奋的事情。不过提子的时候，不可像在公园下象棋一样朗声高叫“我吃”。提子只能单手提走，即使一次提掉对方数子，也不要双手并上。提走的对方棋子，要放到自己的棋罐盖里（不可抛回给对方），且棋罐需摆放在对方容易看到的地方。在日韩规则中，算胜负时要把死子填回。死子不但影响胜负，也影响棋手对弈时对形势的判断。

09

## 认输

处于劣势的时候，当然要顽强拼搏，但是在棋局无可挽回的时候，也不要胡搅蛮缠，坦然认输也是一种知礼的体现。劣势一方认输的时候，要拿起自己的两三枚棋子，或者对方的“死子”（即已被吃掉的子），放在棋盘上。这即是所谓的“投子认输”。

10

## 复盘

复盘就是对局结束之后，双方棋手将适才的棋局重演一遍。通过这一过程，双方棋手能够一起分析对弈过程中的想法，提高彼此的水平。复盘也是尊重对手思考的一种方式。

复盘结束之后，双方收好棋子，鞠躬致意。至此，棋局方为结束。当然最重要的一点是：“观棋不语真君子，落子无悔大丈夫。”

# The Typical Weiqi Openings

# 围棋基本定式与布局

文：周加利 编：陆沉
text: Zhou Jiali edit: Yuki

一局棋的进行一般由布局、中盘、官子三个阶段构成。
布局，即围棋的开局走法，它将直接影响到棋局的后续走向。
在布局阶段，对弈双方将各自抢占棋盘上的空旷地带，构筑自己的阵地，
并阻止对方构筑阵地，所以不同位置的点会发挥它们不同的效率。
而定式，则是在一次次局部，尤其是角部战斗中，
经前人检验确实有效而逐渐固定下来的某种下法。

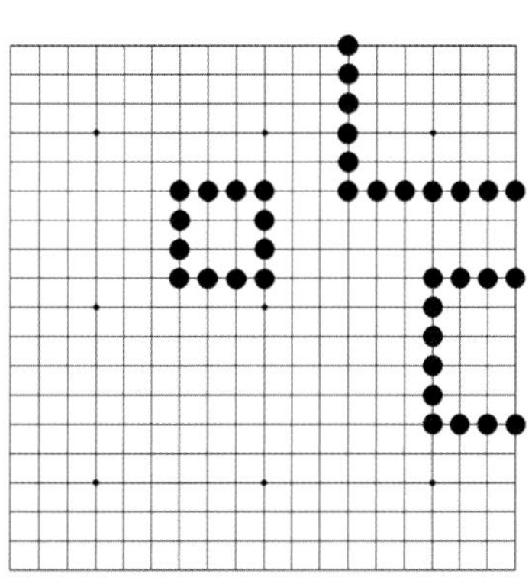

## 布子和围地

围棋的最终胜负取决于占领区域上的交叉点的数量。所以需要最大效率地布子，以多占领交叉点。如图，我们在围棋棋盘上 3 个不同的地方，使用 12 枚黑子围地，在中腹处只能围得 4 个交叉点；在边线布子，可围得 8 个交叉点；而在角上则可围得 30 个交叉点。

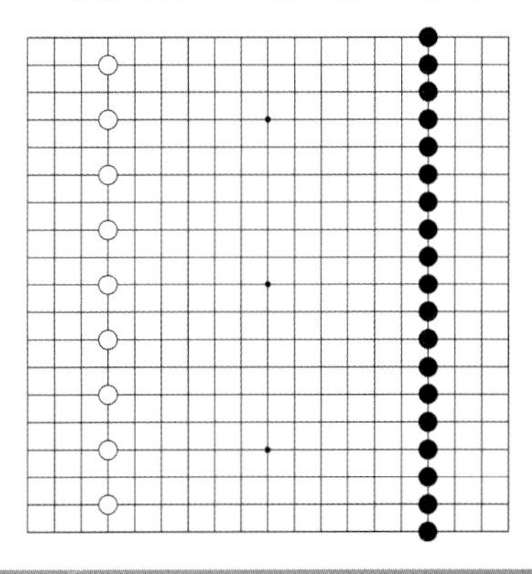

因此，就围地的效率来讲，有个原则——金角银边草肚皮。角处，进可攻退可守，可围地，也可作为出击的根据地，位置最佳；边处次之；中腹最次。初学者总喜欢将棋子一个个排着队下在棋盘上，殊不知，这样的效率并不高。如图，动用了 19 枚黑子才占据了棋盘右侧的空位，而白子只用了 9 枚，效率更高。

如前所述，既然角的位置如此重要，那么如何占角，如何布子，就需要花费一番心思了。下面先来介绍一下占据角各部位的名称。如图，标明了棋盘上角附近各处部位的名称。棋盘一共有 4 个星位、4 个“三三”点、4 个“五五”点、8 个小目点、8 个目外点、8 个高目点、8 个超高目点。

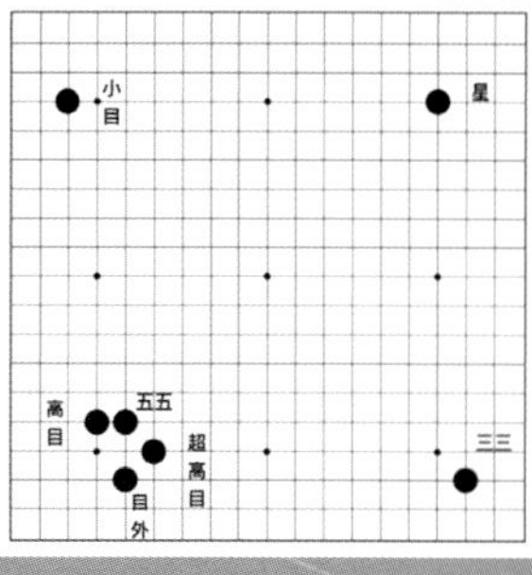


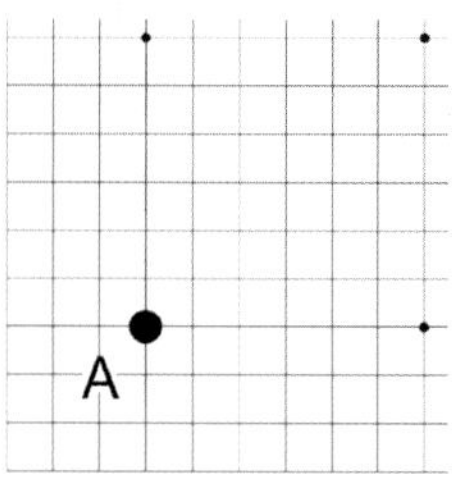


### 角上的简单攻防

在角处布子，比边、中腹要好，一局棋往往从占角开始。占角，占星位、三三、小目都比较常用。

占据星位，易于向中腹发展自己的棋子，或者在双方后面的交锋中，取得外势。但是，留空太多，对方可以在图的 A 点（也就是“三三”点）布子，将角夺去。

占据“三三”的话，比占据星位更加巩固坚实，因为这个角部基本已属于你了。但是也有不足，此处离中腹较远，再向中央发展时速度会减慢。“三三”相对于星位，要更重视“实地”。

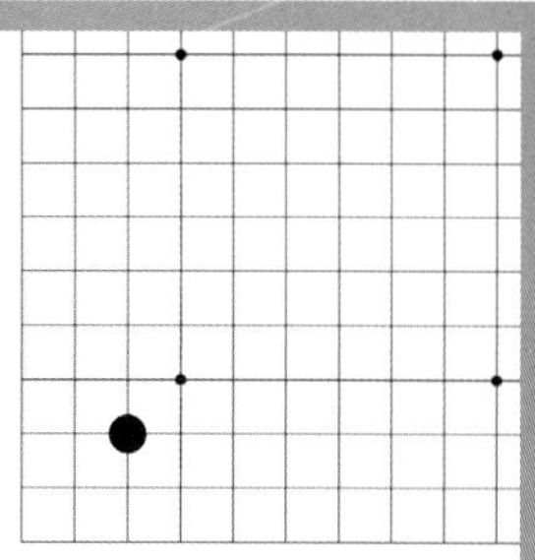

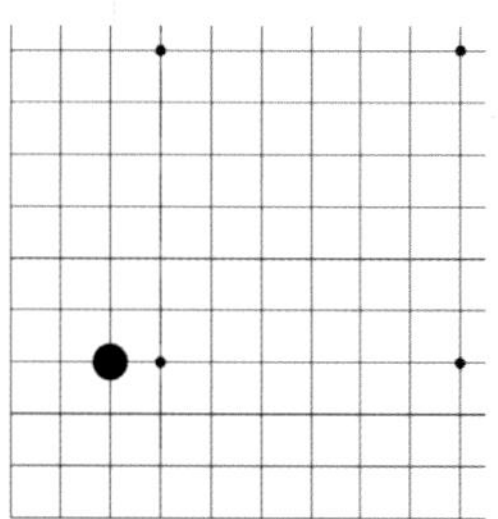

在星位和“三三”之间，兼有两者优缺点的，是小目。小目比星位重视实地，却不像“三三”那样拘泥于一个角。因此，后面还需要加上一子，守住角地。

高目或目外，完全注重外势，向中央发展，对方一旦在“三三”布子，角落的归属，就不可确知了。占角之后，就要守角。守角方法有小飞守角、大飞守角、单关守角等。下面以星位为例简单举例介绍一下。

小飞守角：小飞很像象棋的走“日”，后面在 A 位再补一子，则角空可以较好守住。

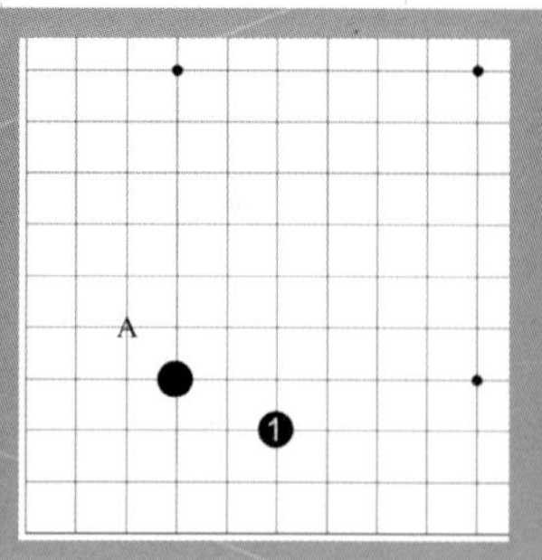

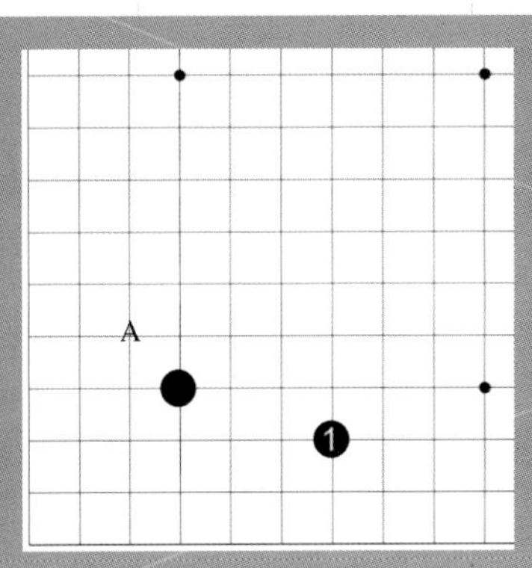


大飞守角：大飞走“目”，后面还应该在 A 位再补一子，以求稳住角。

单关守角：“关”指的是与己方原有棋子隔一路（隔一条线）行棋。图中黑 1 即和原本的黑子形成单关，将来也应在 A 位补一子。巩固的同时还有利于向中央和外发展。

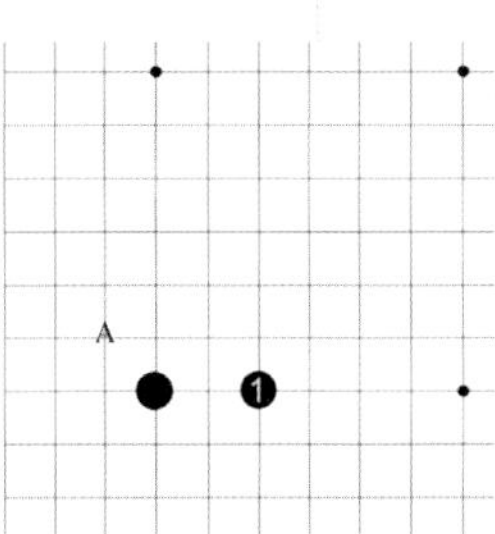


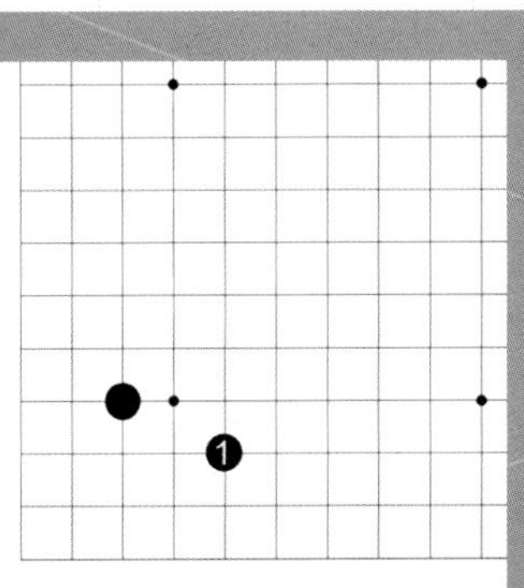


无忧角：黑 1 于目外小飞守角。此法守角，基本可以确保角部实地和自身安全，所以“无忧”。

实战之中，想彻底控制某个角是很难的。一方占角，另一方往往也会在附近落子，以防角被对方完全控制，这就叫“挂角”。

小飞挂角：白 1 挂角可防止黑方守角，也能与黑方平分秋色，分占角地。

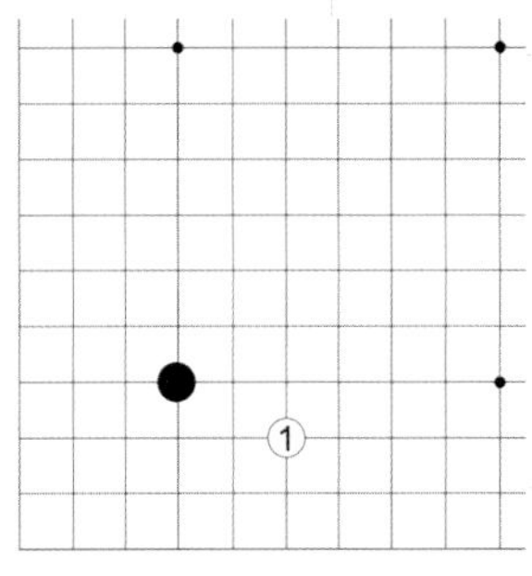


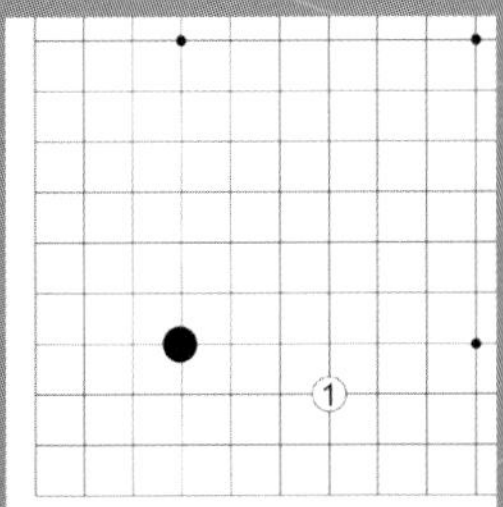


大飞挂：记住，大飞走“目”。此处白 1 除了争夺角，还有兼顾边上布置的意图。

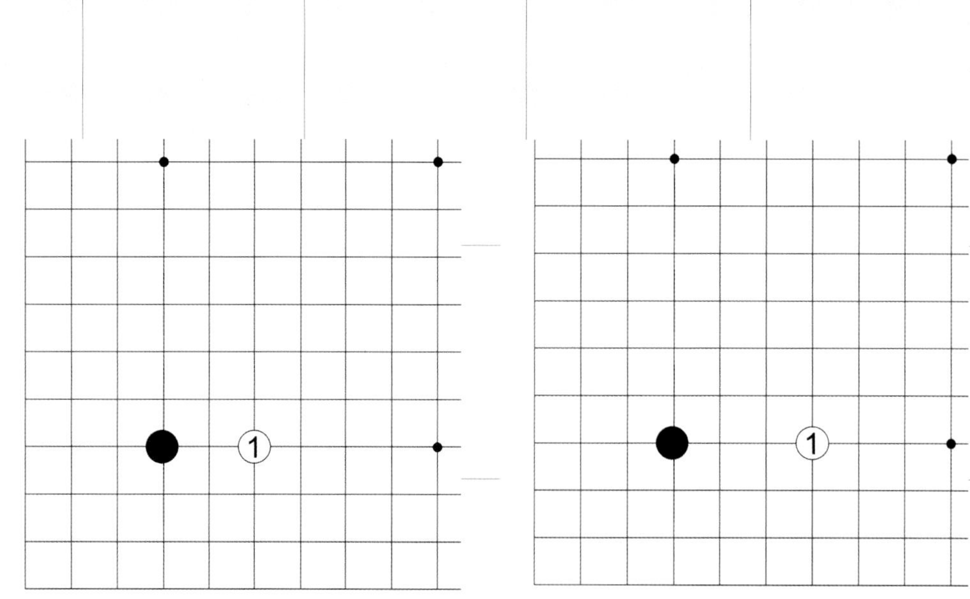

一间高挂、二间高挂：高挂相较于低挂，更重视限制对方角部未来的发展，此处落子，可以明显感觉到白子在拦截黑子向中央发展的趋势。

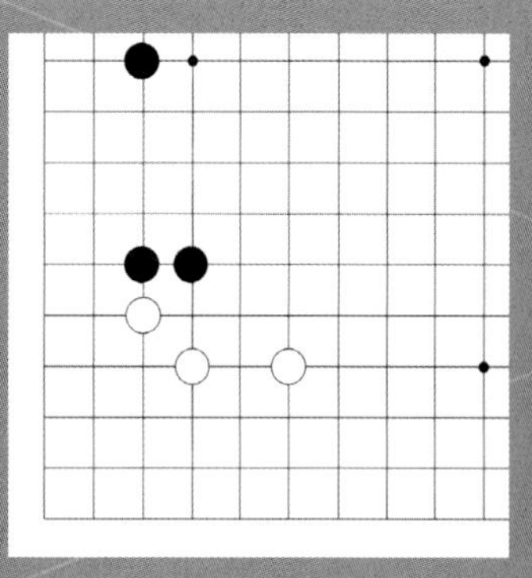

布局之中常用到“拆”字。“拆”指的是在己方势力背景下，顺着边路延伸。
图中是立二拆三。黑方已有二子，拆三指的是与已有的子距离三路（三条线）再下一子。

右图是立三拆四。 拆二（相距两条线）最常见，拆二只使用两手棋而阵型不容易受到冲击。

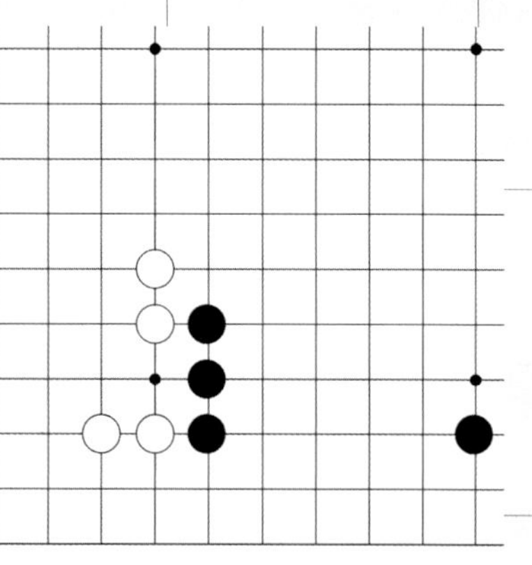

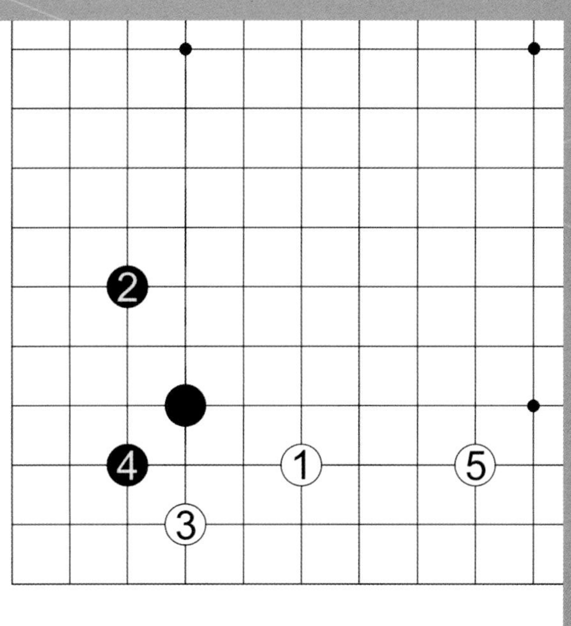

## 定式

定式，指的是对局双方布局时，在角部的正确应接，是双方互不吃亏的最佳常规变化，犹如武术之中的“套路”。定式的形成，有赖于历代棋手的经验的实践。按照定式行棋，双方局面大体上会势均力敌。围棋的各种定式及相关变化成百上千，关键是研究定式的时候要学会体会、研究其中的棋理。在此仅简单介绍星定式与小目定式，除此之外常见的还有“三三”定式和高目目外定式。

星定式，简而言之就是双方围绕星位的挂角攻防可以采用的常用着法。前面讲到“小飞挂角”时，其中的白 1 挂角就是小飞挂。面对星位，挂角方最常采用的是小飞挂，之后最常见的定式如上图。黑 2 在与来挂角的白 1 对称的位置下子，此为定式的一种形态，叫小飞应定式。

第二种，可称为单关应。右图为星定式下的一种，针对白子的小飞挂，黑 1 的单关虽然不如小飞坚实，但是比小飞的主动性更强，也更方便向中央发展。

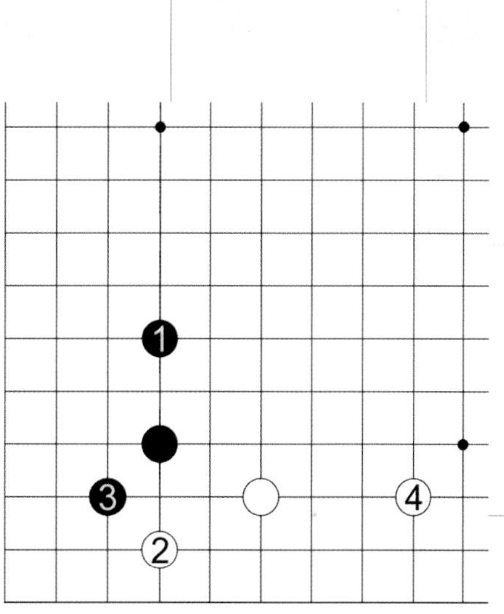

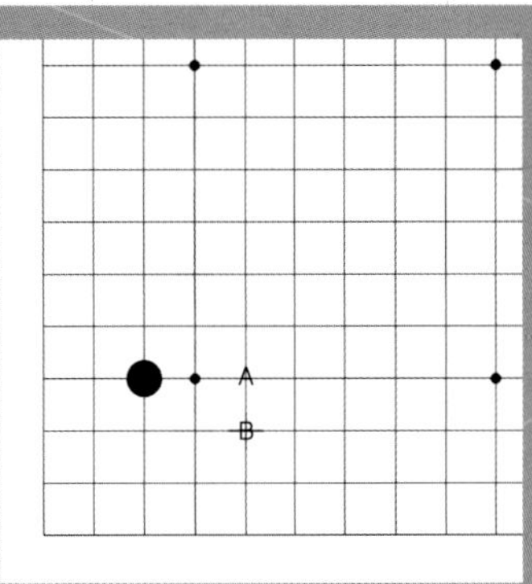


占角方式中，也有经典的小目占角。针对小目，最常见的挂角有两个，图中A位为一间高挂，在中央的发展方面更为有力，B位为小飞挂，则是更注重实地的下法。一般来说，三线可称为地线，在此处落子，比较注重实地，容易占地。四线可称为势线（从棋盘边沿数第四条线），在此处落子，对实地的控制不会很强，但是对未来向中央发展有好处。

## 布局

如上文所说，三线和四线分别为地线和势线，棋局开始的时候，几乎大部分的棋子都会在三四线上，这些起伏于势线和地线的棋子，它们争夺的阶段即为布局。

小目布局指的是，小目处占角，既能有“势”又能有“地”。相对于星位，小目更接近角，将来守角更为方便。

错向小目布局中，两个小目的方向彼此相错。黑 1、3 就是错向小目。

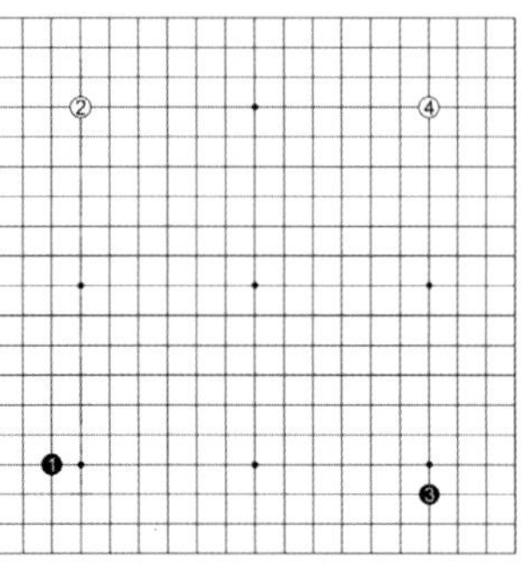

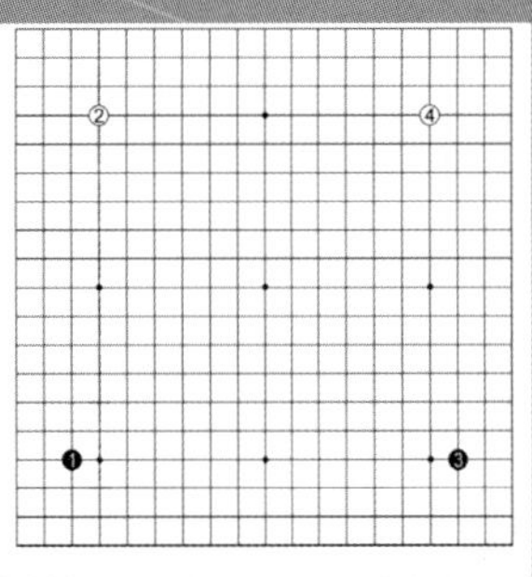

对向小目，是两个方向相对的小目构成的布局，该布局的好处在于，不管将来白方如何对黑方挂角，黑方都能对其进行夹击。

因武宫正树九段的大量使用而享有盛名，黑方在图中布局即为三连星，摆出阵型，引诱白方深入。白方通常来说不敢任其坐大，不然棋盘右侧就会尽由黑方控制，但贸然侵入阵型，又很可能遭到黑方的严厉攻击。

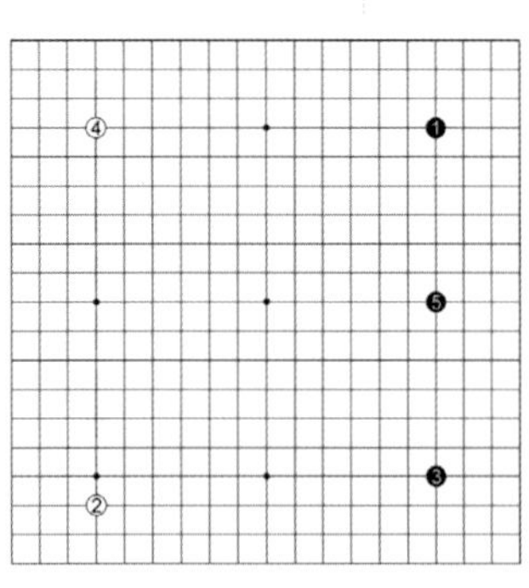

ZHI CHINA
知中

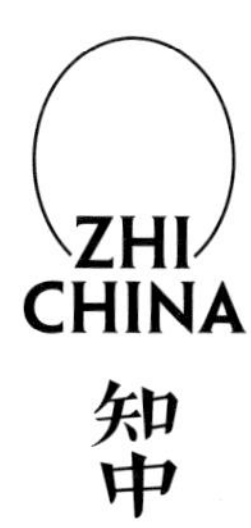

Supplement :Terms in the Game of Weiqi

# 别册 围棋基础术语小辞典

编：李腾蛟 edit: Li Tengjiao

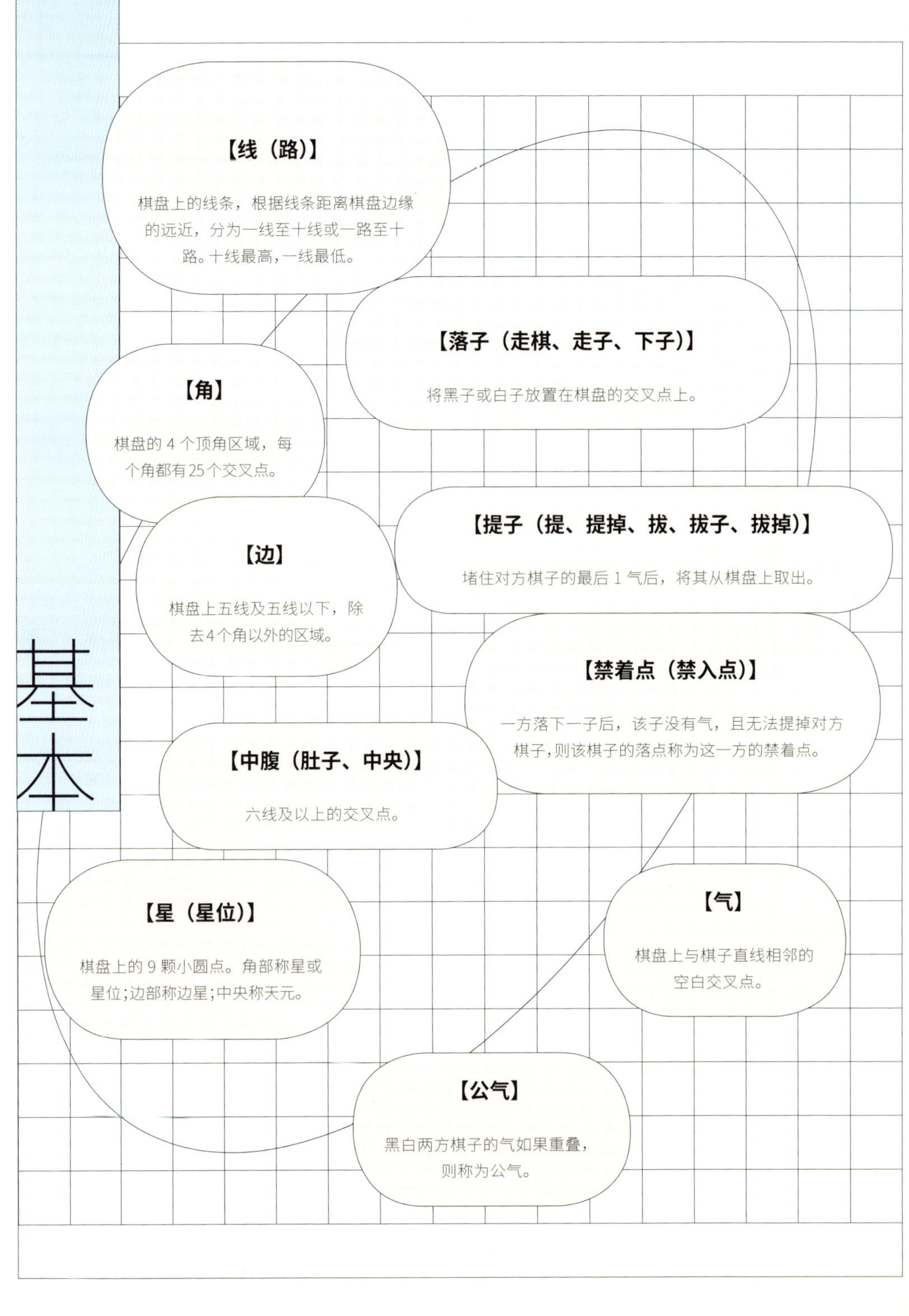
基本
【线（路）】
棋盘上的线条，根据线条距离棋盘边缘的远近，分为一线至十线或一路至十路。十线最高，一线最低。
【落子（走棋、走子、下子）】
将黑子或白子放置在棋盘的交叉点上。
【角】
棋盘的4个顶角区域，每个角都有25个交叉点。
【提子（提、提掉、拔、拔子、拔掉）】
堵住对方棋子的最后1气后，将其从棋盘上取出。
【边】
棋盘上五线及五线以下，除去4个角以外的区域。
【禁着点（禁入点）】
一方落下一子后，该子没有气，且无法提掉对方棋子，则该棋子的落点称为这一方的禁着点。
【中腹（肚子、中央）】
六线及以上的交叉点。
【星（星位）】
棋盘上的9颗小圆点。角部称星或星位；边部称边星；中央称天元。
【气】
棋盘上与棋子直线相邻的空白交叉点。
【公气】
黑白两方棋子的气如果重叠，则称为公气。

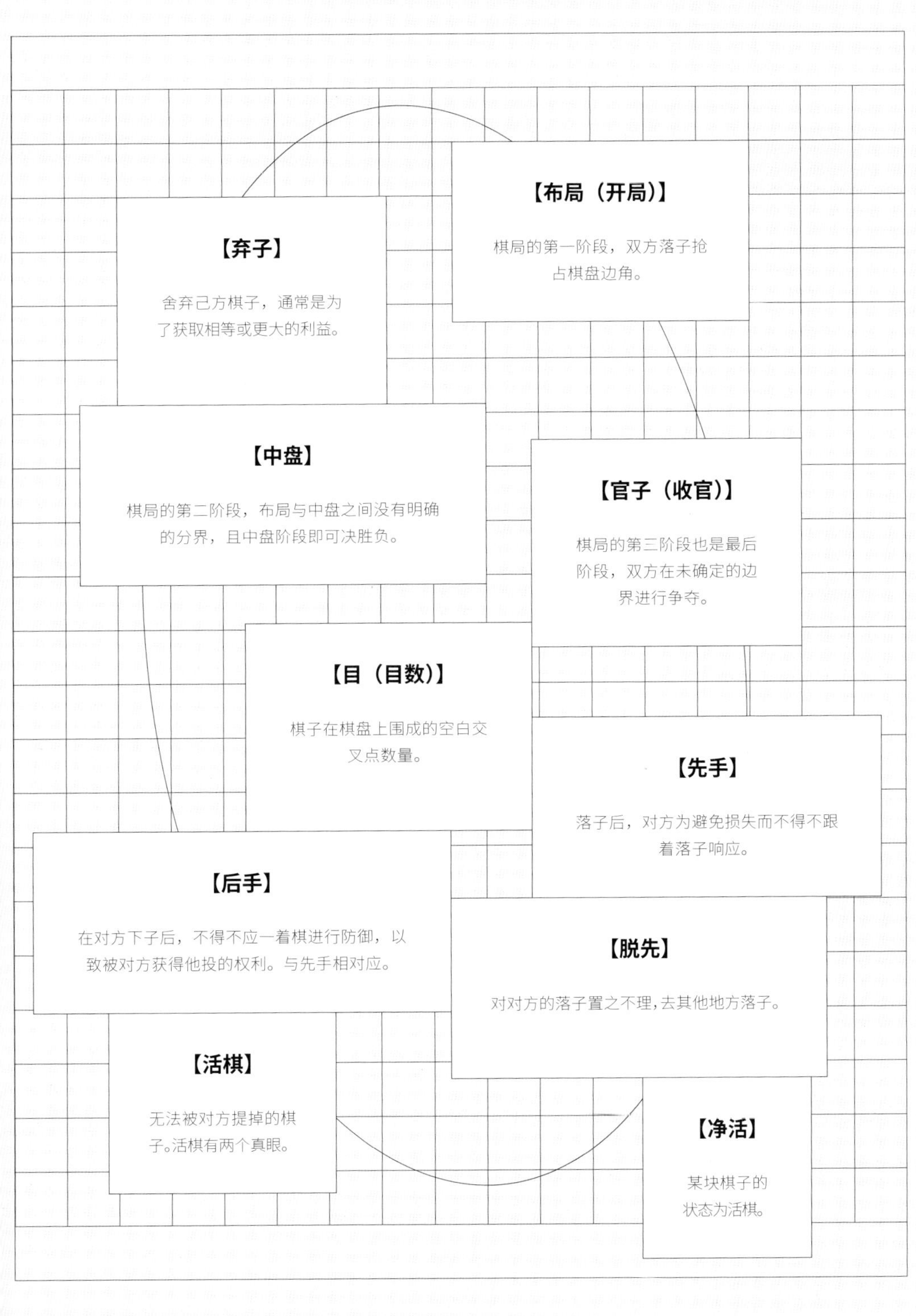
【布局（开局）】
棋局的第一阶段，双方落子抢占棋盘边角。
【弃子】
舍弃己方棋子，通常是为了获取相等或更大的利益。
【中盘】
棋局的第二阶段，布局与中盘之间没有明确的分界，且中盘阶段即可决胜负。
【官子（收官）】
棋局的第三阶段也是最后阶段，双方在未确定的边界进行争夺。
【目（目数）】
棋子在棋盘上围成的空白交叉点数量。
【先手】
落子后，对方为避免损失而不得不跟着落子响应。
【后手】
在对方下子后，不得不应一着棋进行防御，以致被对方获得他投的权利。与先手相对应。
【脱先】
对对方的落子置之不理，去其他地方落子。
【活棋】
无法被对方提掉的棋子。活棋有两个真眼。
【净活】
某块棋子的状态为活棋。

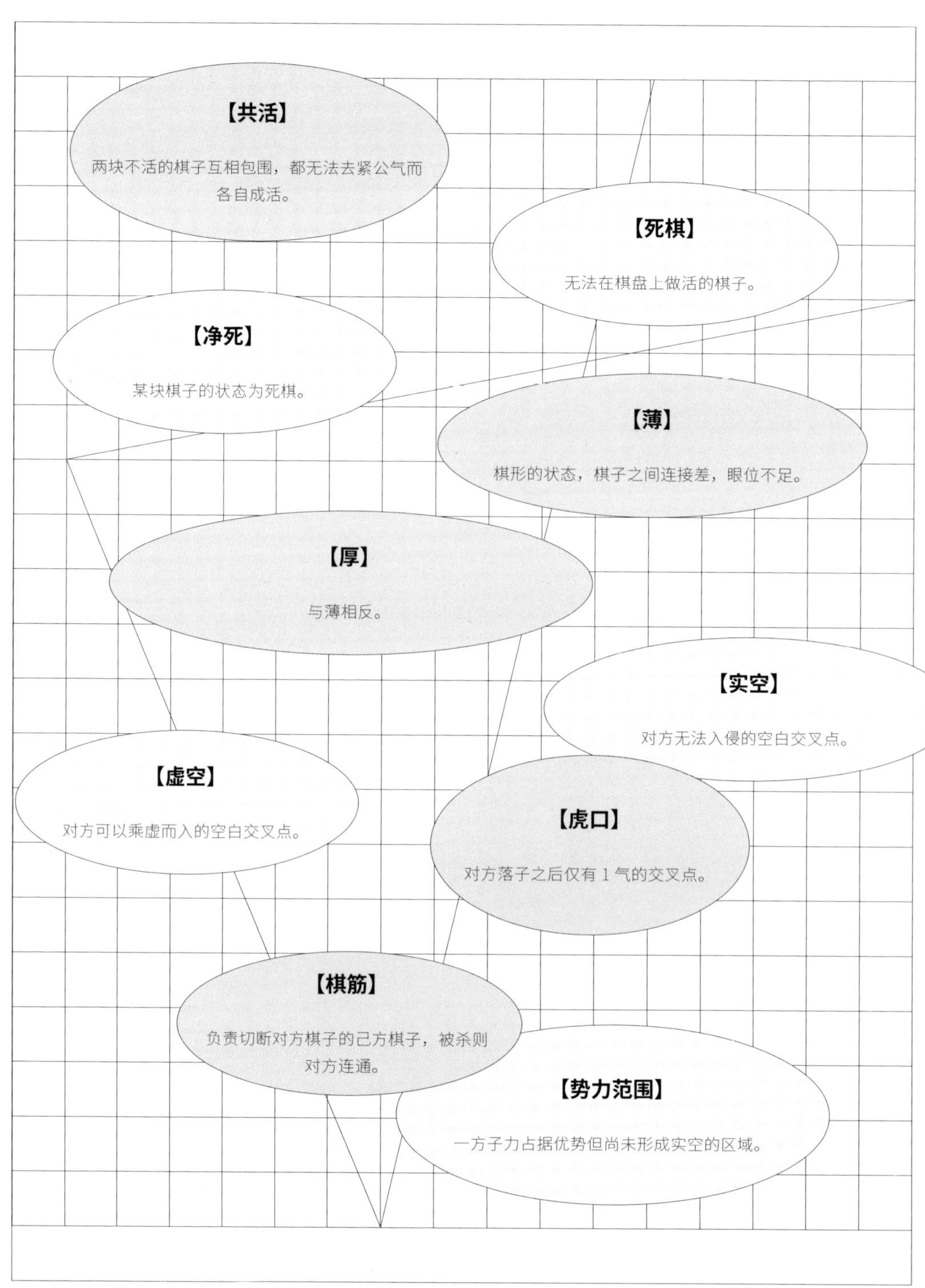
【共活】
两块不活的棋子互相包围，都无法去紧公气而各自成活。
【死棋】
无法在棋盘上做活的棋子。
【净死】
某块棋子的状态为死棋。
【薄】
棋形的状态，棋子之间连接差，眼位不足。
【厚】
与薄相反。
【实空】
对方无法入侵的空白交叉点。
【虚空】
对方可以乘虚而入的空白交叉点。
【虎口】
对方落子之后仅有1气的交叉点。
【棋筋】
负责切断对方棋子的己方棋子，被杀则对方连通。
【势力范围】
一方子力占据优势但尚未形成实空的区域。

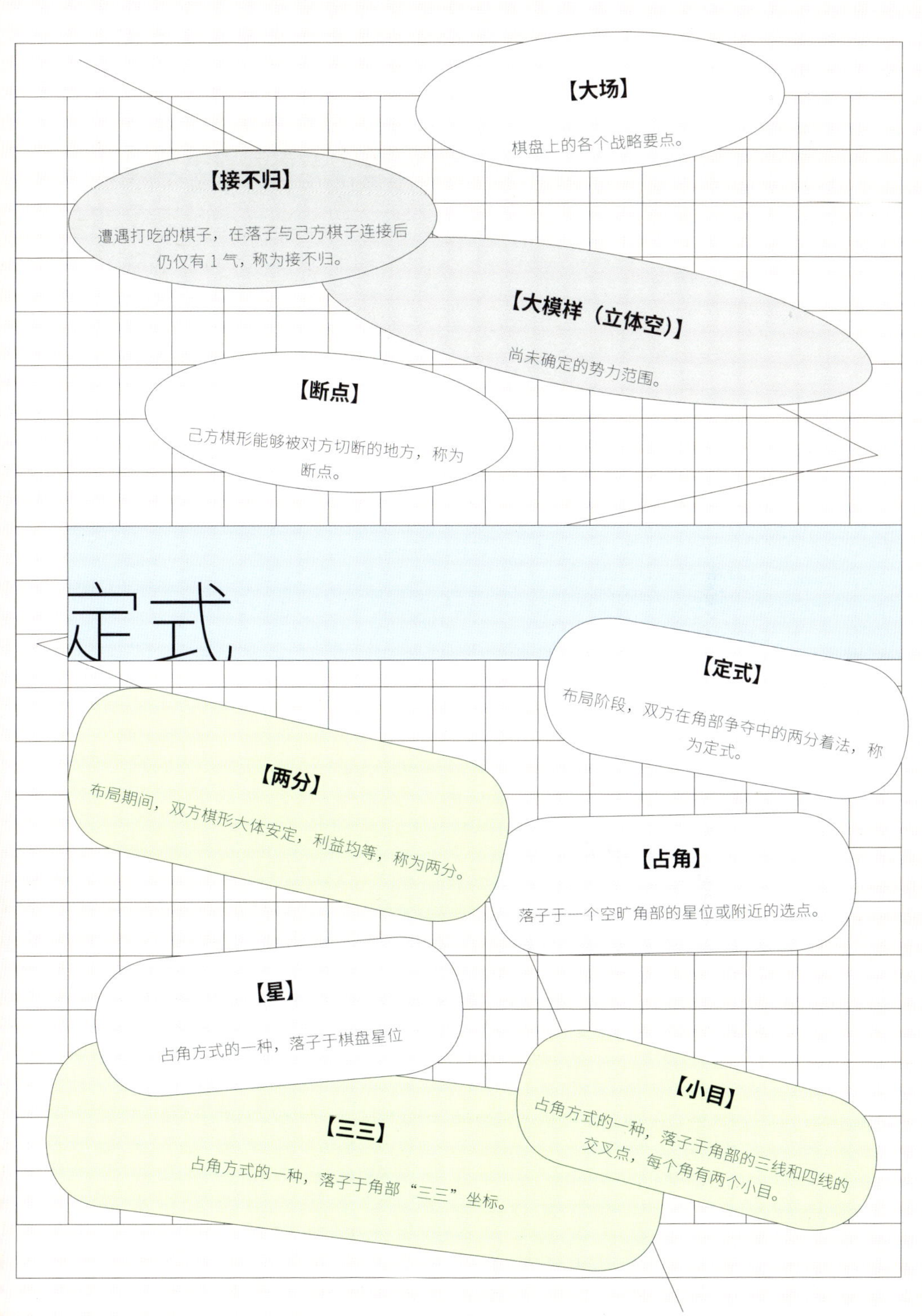
【大场】
棋盘上的各个战略要点。
【接不归】
遭遇打吃的棋子，在落子与己方棋子连接后仍仅有1气，称为接不归。
【大模样（立体空)】
尚未确定的势力范围。
【断点】
己方棋形能够被对方切断的地方，称为断点。
定式
【定式】
布局阶段，双方在角部争夺中的两分着法，称为定式。
【两分】
布局期间，双方棋形大体安定，利益均等，称为两分。
【占角】
落子于一个空旷角部的星位或附近的选点。
【星】
占角方式的一种，落子于棋盘星位
【小目】
占角方式的一种，落子于角部的三线和四线的交叉点，每个角有两个小目。
【三三】
占角方式的一种，落子于角部“三三”坐标。

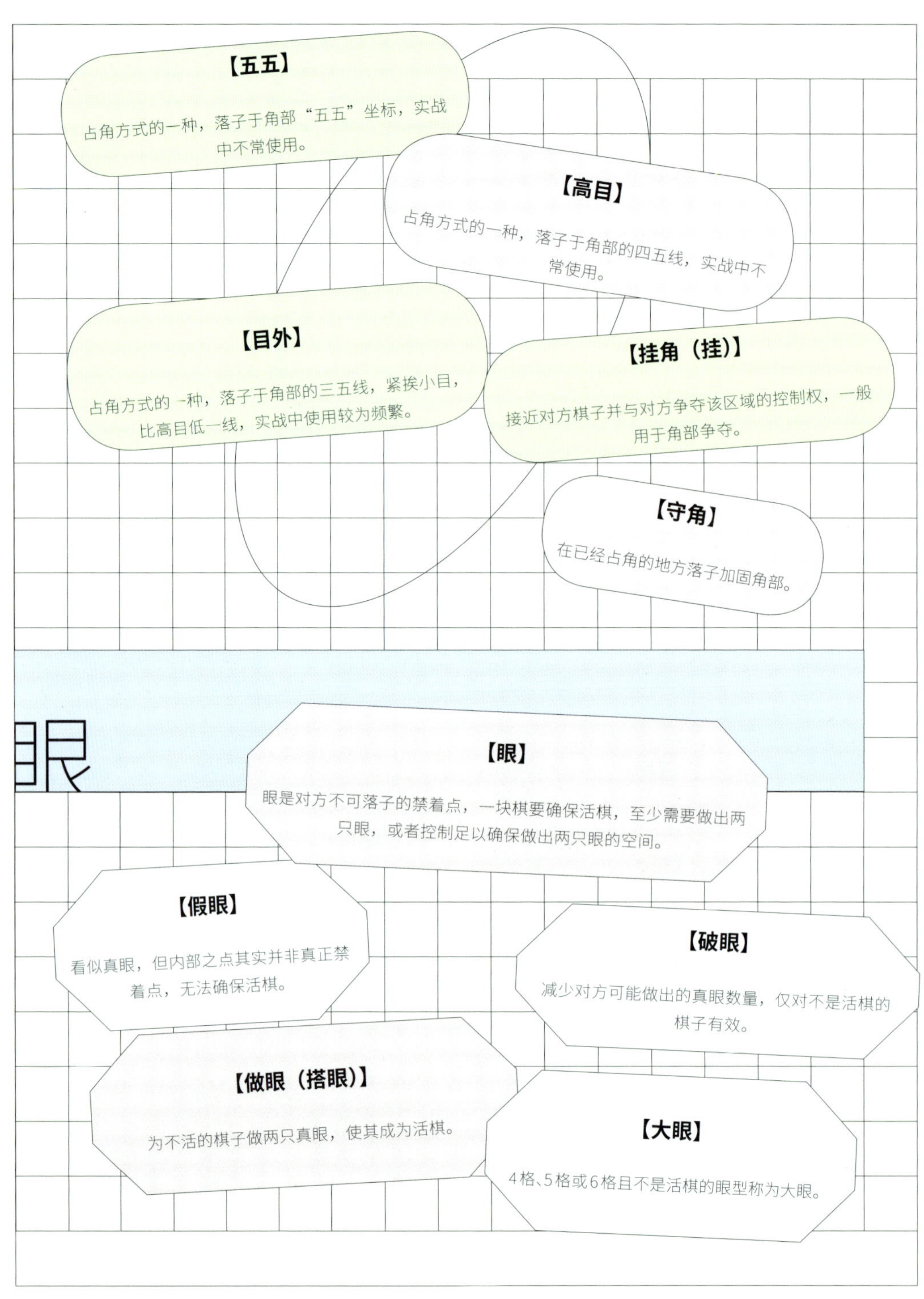
【五五】
占角方式的一种，落子于角部“五五”坐标，实战中不常使用。
【高目】
占角方式的一种，落子于角部的四五线，实战中不常使用。
【目外】
占角方式的一种，落子于角部的三五线，紧挨小目，比高目低一线，实战中使用较为频繁。
【挂角（挂）】
接近对方棋子并与对方争夺该区域的控制权，一般用于角部争夺。
【守角】
在已经占角的地方落子加固角部。
眼
【眼】
眼是对方不可落子的禁着点，一块棋要确保活棋，至少需要做出两只眼，或者控制足以确保做出两只眼的空间。
【假眼】
看似真眼，但内部之点其实并非真正禁着点，无法确保活棋。
【破眼】
减少对方可能做出的真眼数量，仅对不是活棋的棋子有效。
【做眼（搭眼）】
为不活的棋子做两只真眼，使其成为活棋。
【大眼】
4格、5格或6格且不是活棋的眼型称为大眼。

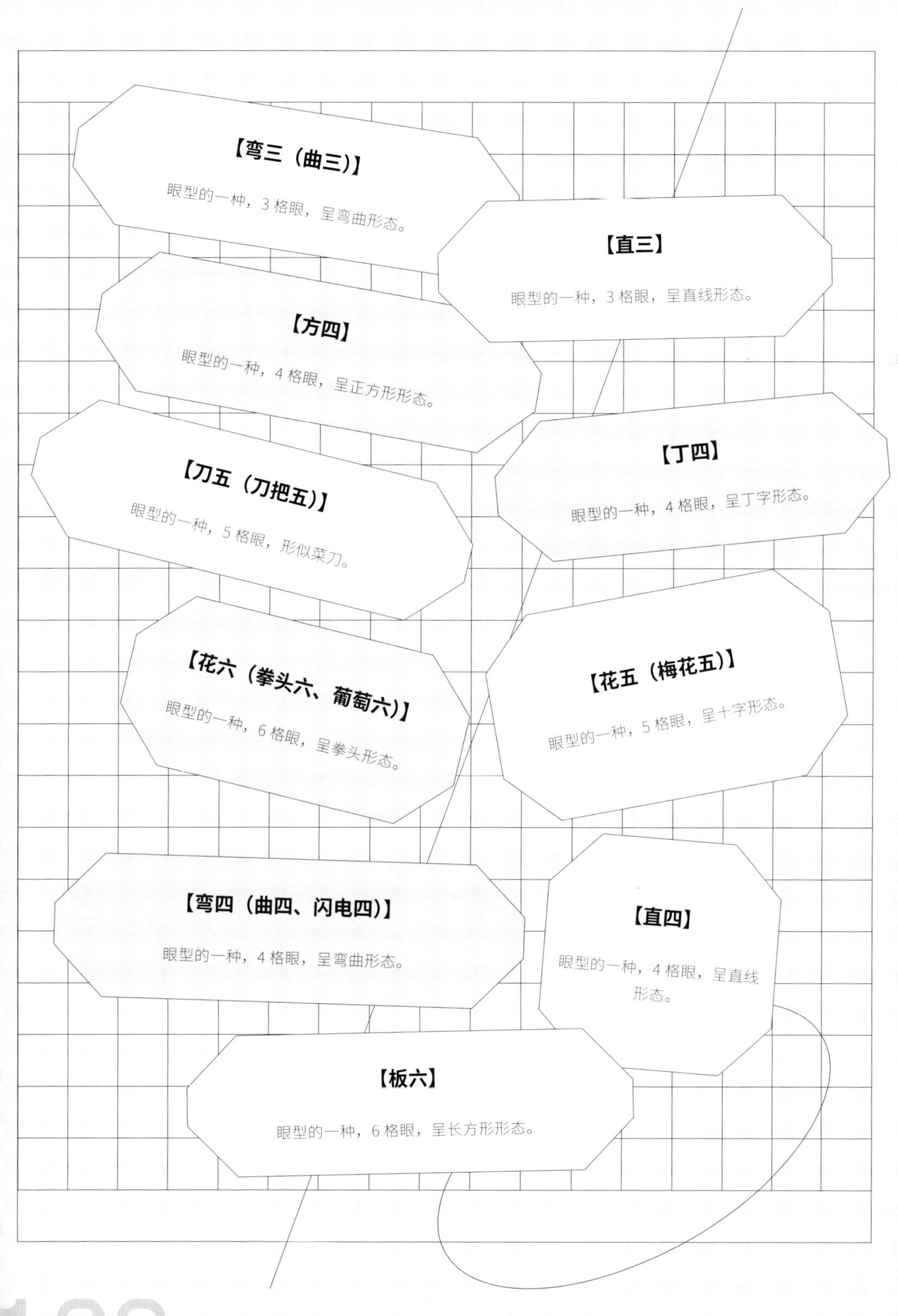
【弯三（曲三）】
眼型的一种，3 格眼，呈弯曲形态。
【直三】
眼型的一种，3 格眼，呈直线形态。
【方四】
眼型的一种，4 格眼，呈正方形形态。
【刀五（刀把五）】
眼型的一种，5 格眼，形似菜刀。
【丁四】
眼型的一种，4 格眼，呈丁字形态。
【花六（拳头六、葡萄六）】
眼型的一种，6 格眼，呈拳头形态。
【花五（梅花五）】
眼型的一种，5 格眼，呈十字形态。
【弯四（曲四、闪电四）】
眼型的一种，4 格眼，呈弯曲形态。
【直四】
眼型的一种，4 格眼，呈直线形态。
【板六】
眼型的一种，6 格眼，呈长方形形态。

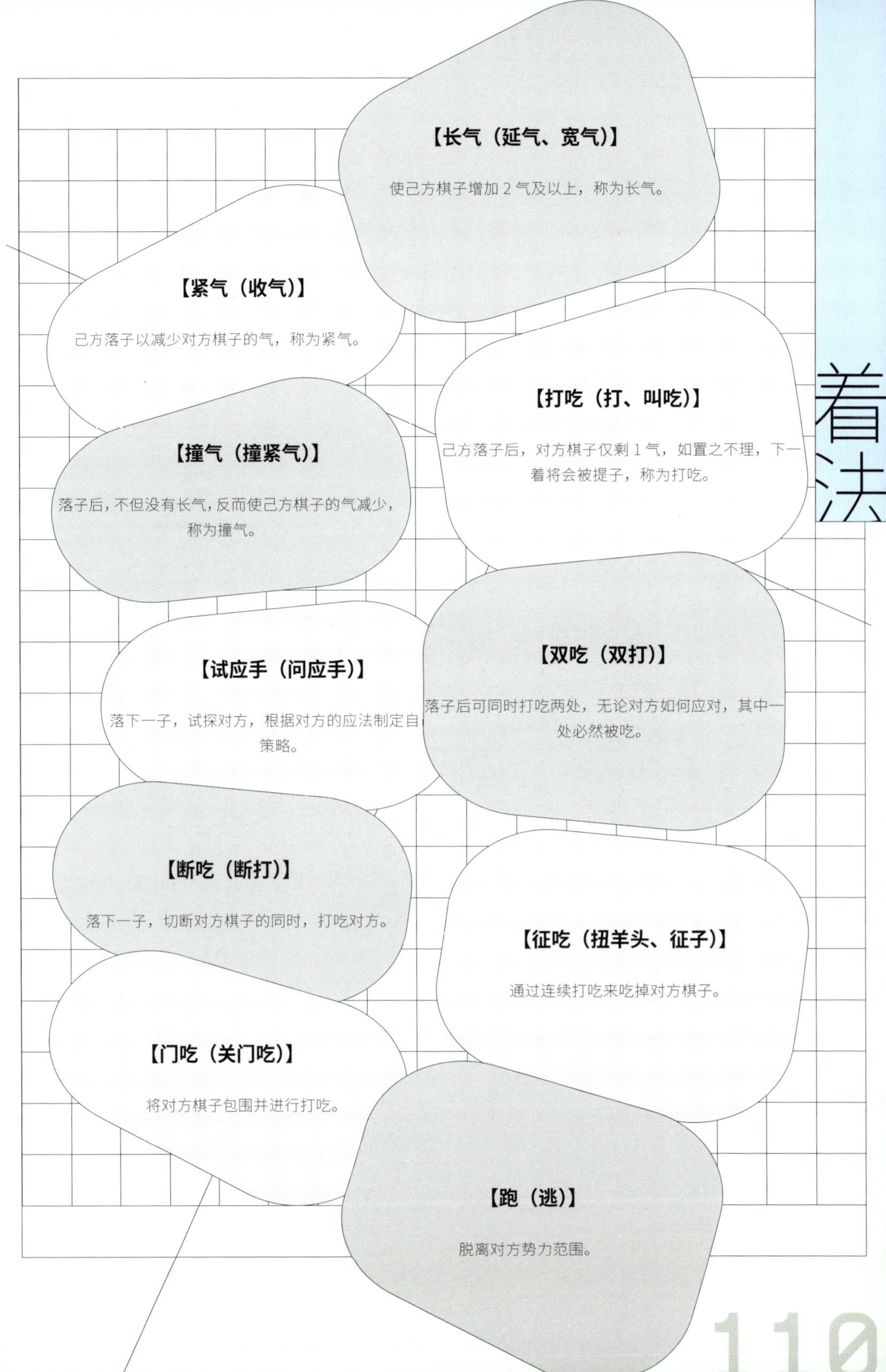

# 着法

**【长气（延气、宽气）】**

使己方棋子增加 2 气及以上，称为长气。

**【紧气（收气）】**

己方落子以减少对方棋子的气，称为紧气。

**【打吃（打、叫吃）】**

己方落子后，对方棋子仅剩 1 气，如置之不理，下一着将会被提子，称为打吃。

**【撞气（撞紧气）】**

落子后，不但没有长气，反而使己方棋子的气减少，称为撞气。

**【试应手（问应手）】**

落下一子，试探对方，根据对方的应法制定自己的策略。

**【双吃（双打）】**

落子后可同时打吃两处，无论对方如何应对，其中一处必然被吃。

**【断吃（断打）】**

落下一子，切断对方棋子的同时，打吃对方。

**【征吃（扭羊头、征子）】**

通过连续打吃来吃掉对方棋子。

**【门吃（关门吃）】**

将对方棋子包围并进行打吃。

**【跑（逃）】**

脱离对方势力范围。

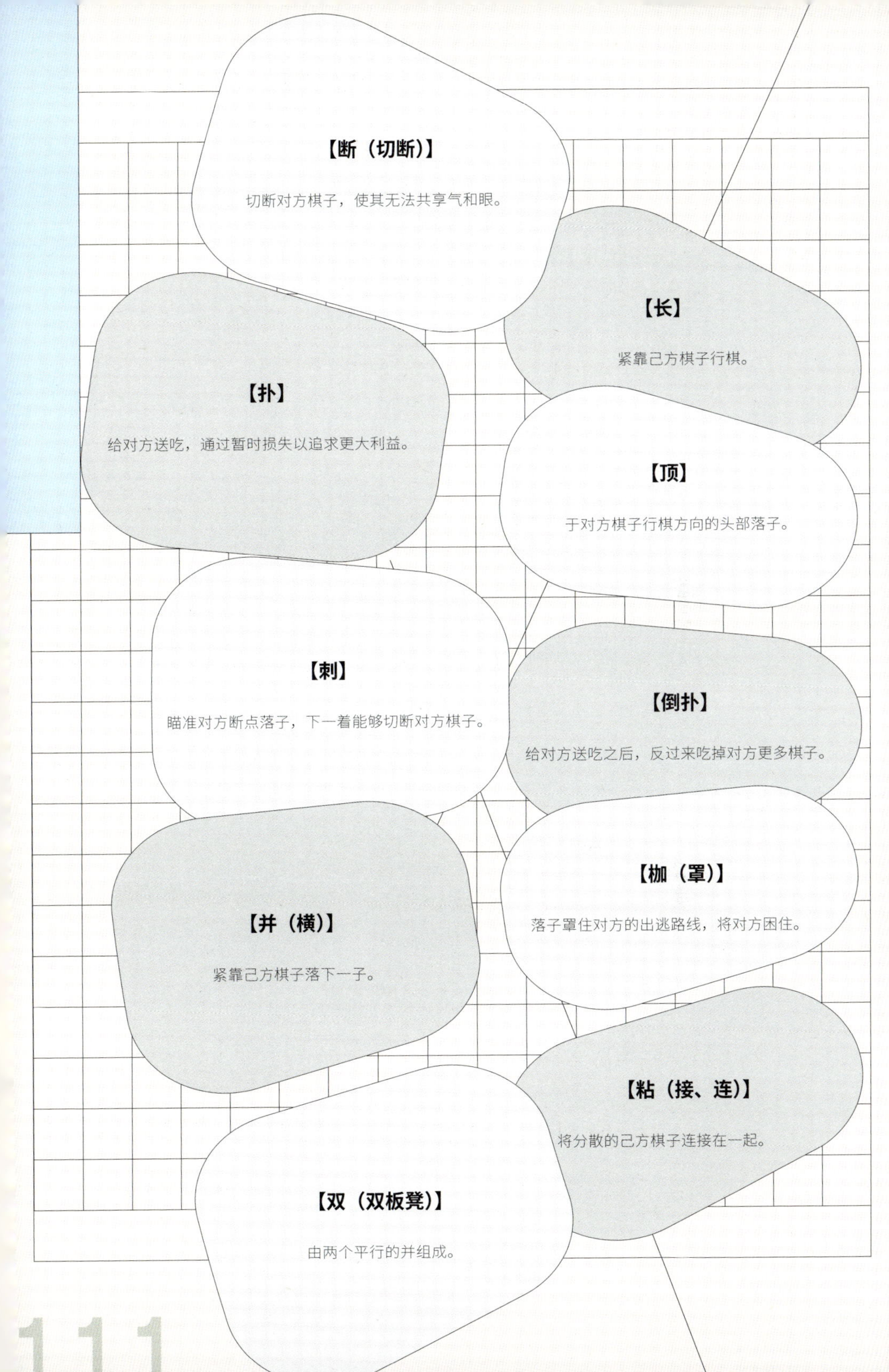
【断（切断）】
切断对方棋子，使其无法共享气和眼。
【长】
紧靠己方棋子行棋。
【扑】
给对方送吃，通过暂时损失以追求更大利益。
【顶】
于对方棋子行棋方向的头部落子。
【刺】
瞄准对方断点落子，下一着能够切断对方棋子。
【倒扑】
给对方送吃之后，反过来吃掉对方更多棋子。
【并（横）】
紧靠己方棋子落下一子。
【枷（罩）】
落子罩住对方的出逃路线，将对方困住。
【粘（接、连）】
将分散的己方棋子连接在一起。
【双（双板凳）】
由两个平行的并组成。

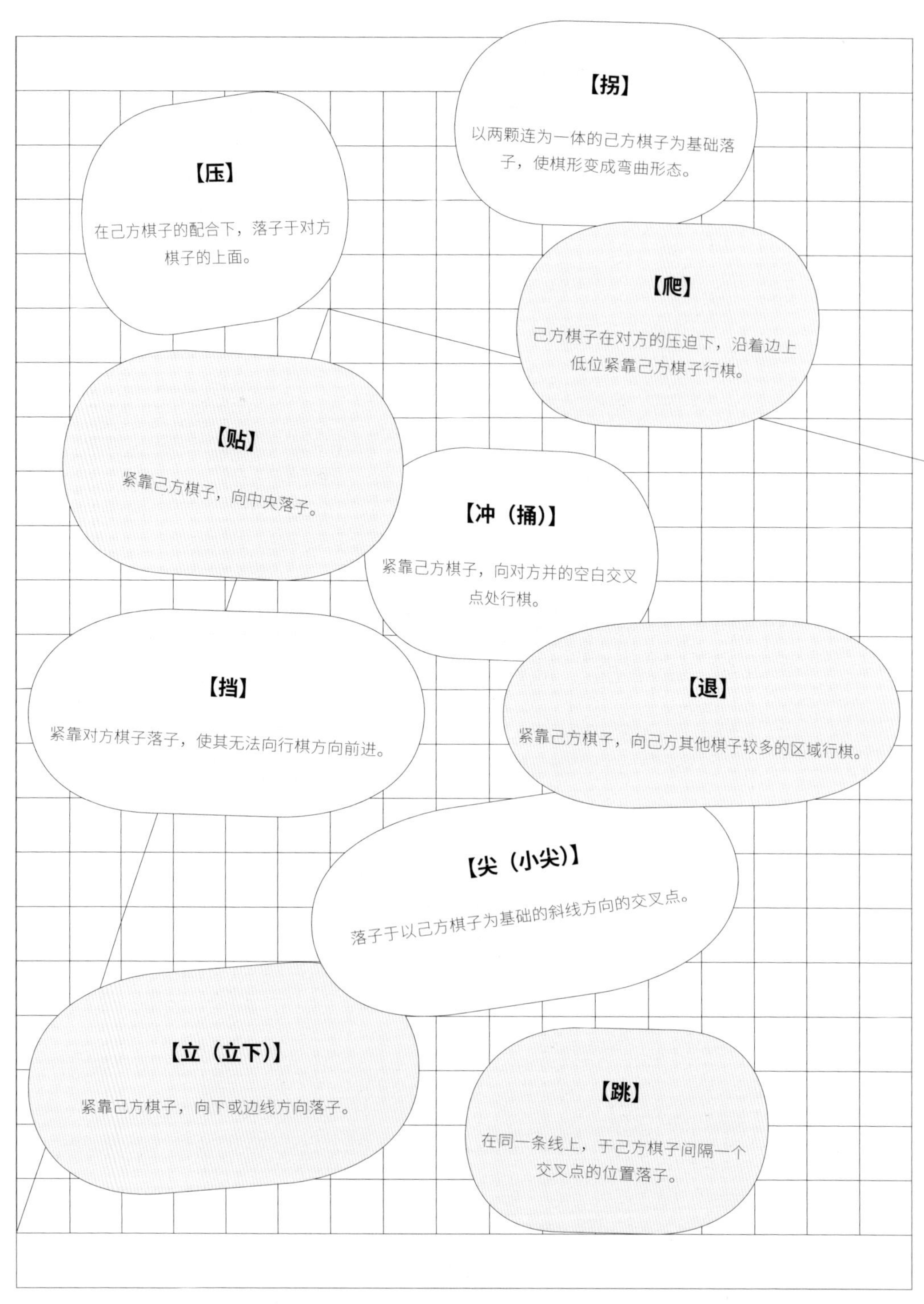
【拐】
以两颗连为一体的己方棋子为基础落子，使棋形变成弯曲形态。
【压】
在己方棋子的配合下，落子于对方棋子的上面。
【爬】
己方棋子在对方的压迫下，沿着边上低位紧靠己方棋子行棋。
【贴】
紧靠己方棋子，向中央落子。
【冲（捅）】
紧靠己方棋子，向对方并的空白交叉点处行棋。
【挡】
紧靠对方棋子落子，使其无法向行棋方向前进。
【退】
紧靠己方棋子，向己方其他棋子较多的区域行棋。
【尖（小尖）】
落子于以己方棋子为基础的斜线方向的交叉点。
【立（立下）】
紧靠己方棋子，向下或边线方向落子。
【跳】
在同一条线上，于己方棋子间隔一个交叉点的位置落子。

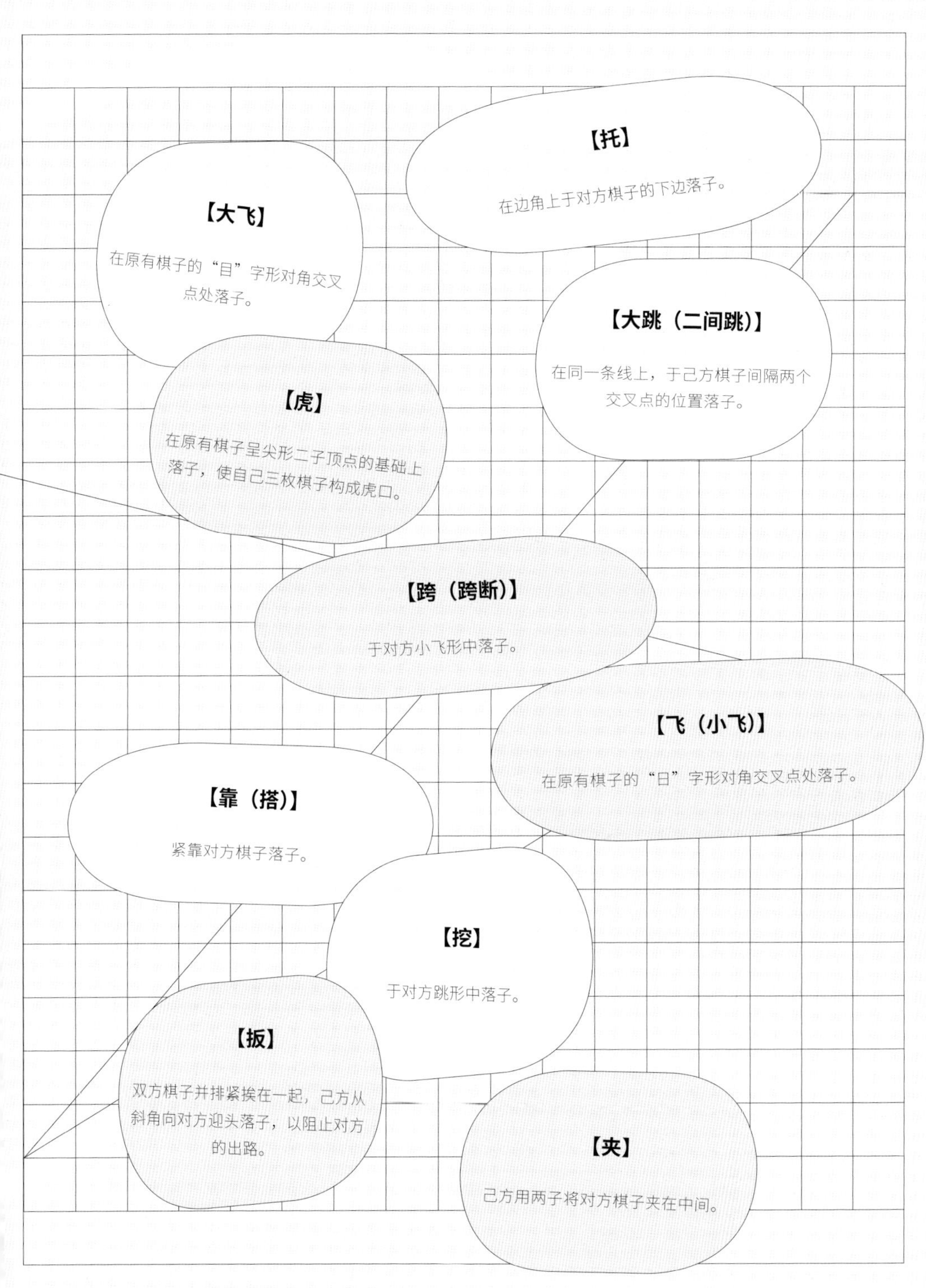
【托】
在边角上于对方棋子的下边落子。
【大飞】
在原有棋子的“目”字形对角交叉点处落子。
【大跳（二间跳）】
在同一条线上，于己方棋子间隔两个交叉点的位置落子。
【虎】
在原有棋子呈尖形二子顶点的基础上落子，使自己三枚棋子构成虎口。
【跨（跨断）】
于对方小飞形中落子。
【飞（小飞）】
在原有棋子的“日”字形对角交叉点处落子。
【靠（搭）】
紧靠对方棋子落子。
【挖】
于对方跳形中落子。
【扳】
双方棋子并排紧挨在一起，己方从斜角向对方迎头落子，以阻止对方的出路。
【夹】
己方用两子将对方棋子夹在中间。

01

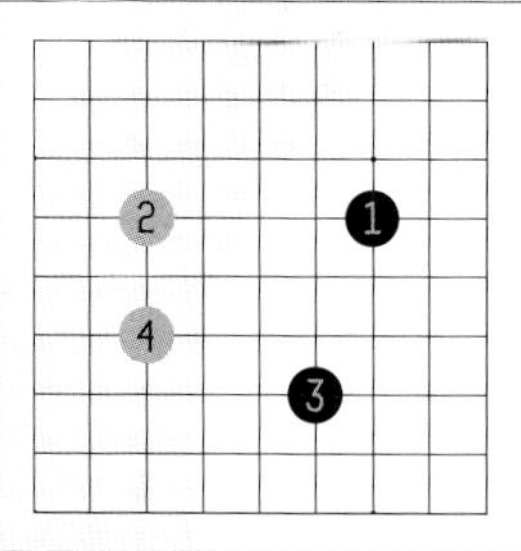

## 小目

图中4颗棋子均在小目位置，棋盘上每个角有两个小目。

02

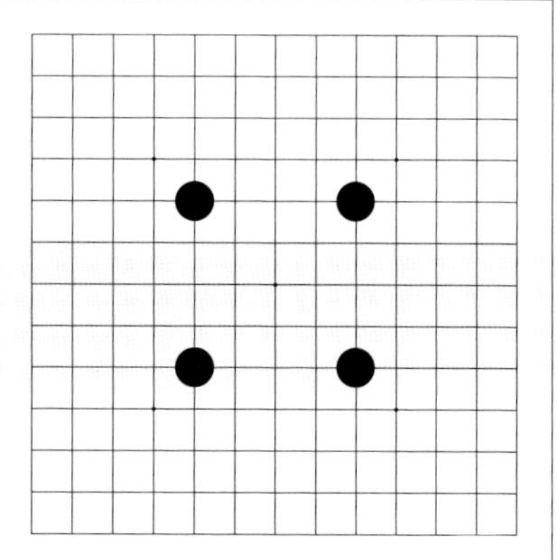

## 五五

4 颗棋子均在五五位置。

03

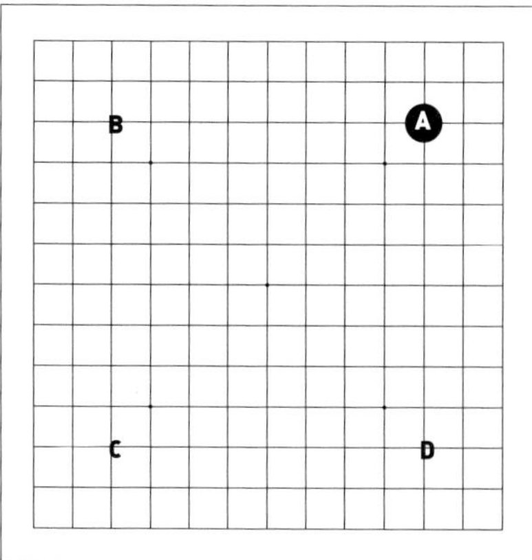


## 三三

A、B、C、D 均为三三位置。

## 04

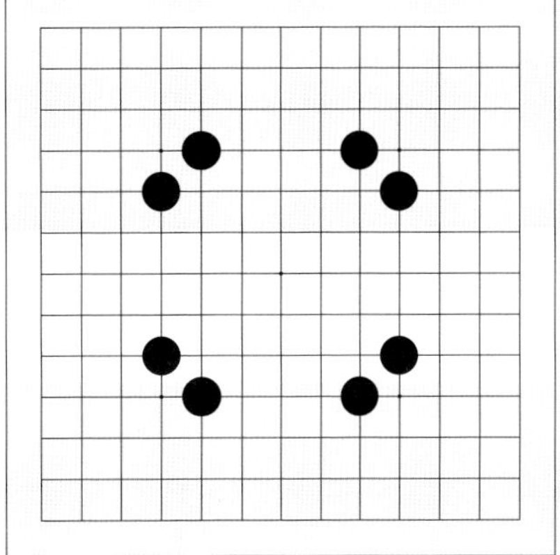

### 高目

8 颗棋子均在高目位置。

## 05

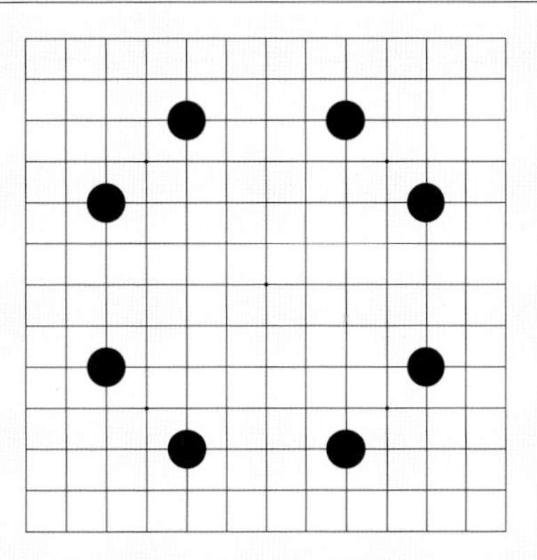

### 目外

8 颗棋子均在目外位置。

## 06

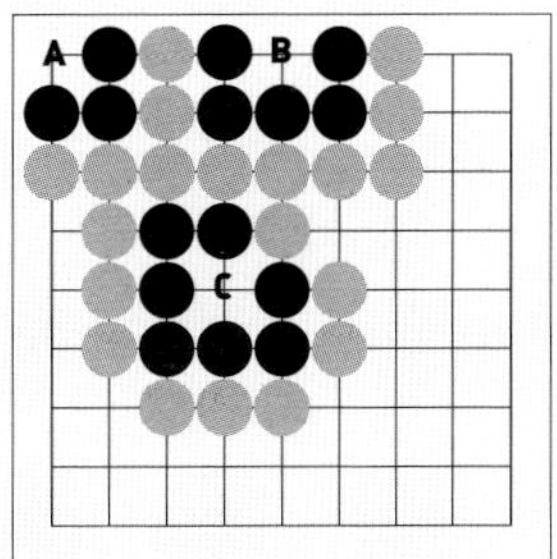


### 真眼

A、B、C 在角、边、中央形成真眼，只 1 个真眼无法活棋。

07

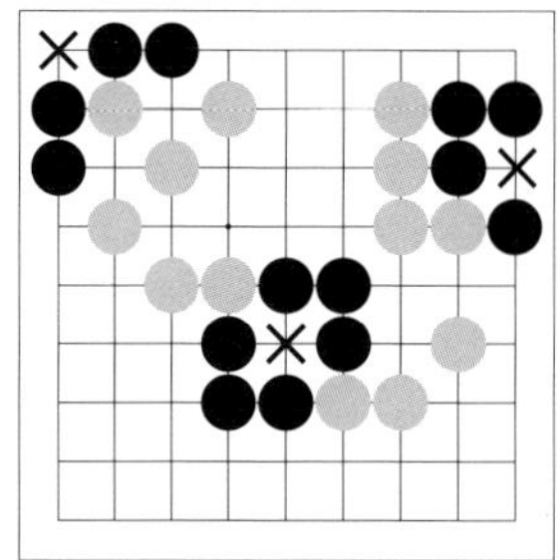

## 假眼

己方占据眼角数量低于真眼标准的眼，则为假眼。图中 X 为假眼。

08

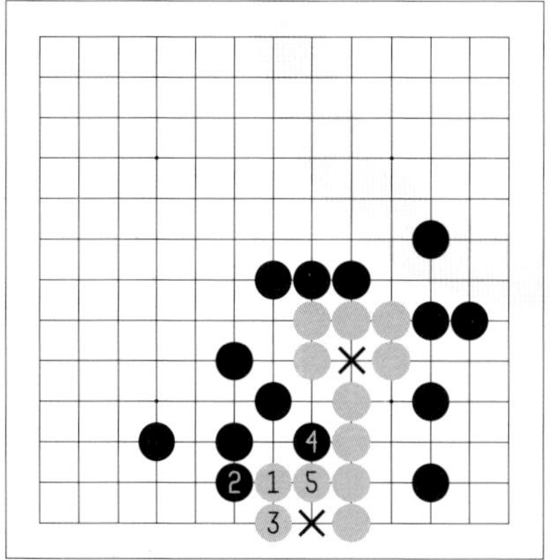

## 做眼

白 1 跳，使 × 成为白子的眼，白两眼成活。

09

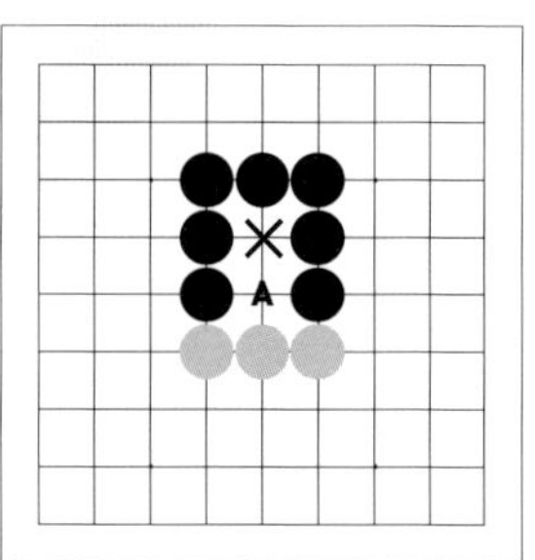

## 破眼

黑在 X 有半只眼，走 A 位则有一只眼；白走 A 时则黑无眼。白于 A 落子即为破眼。

## 10

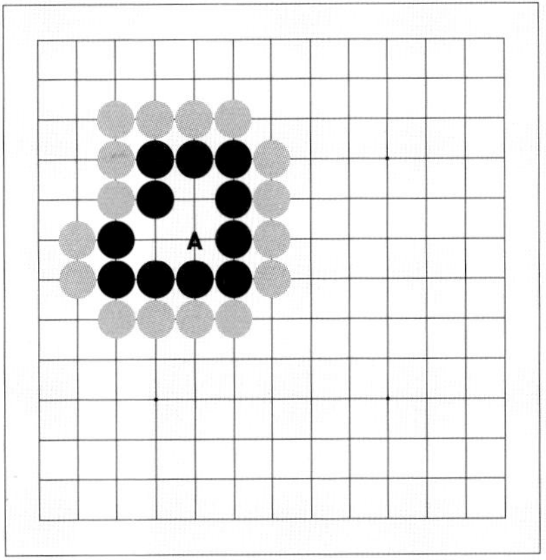


## 弯三

A 为双方必争之地。黑占则两只眼活，白占则黑一只眼不活。

## 11

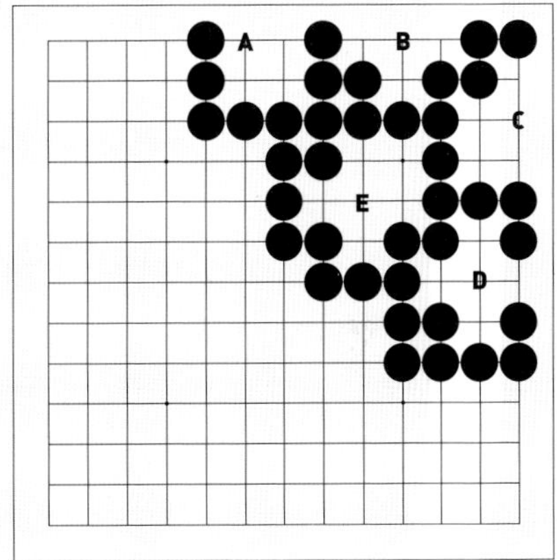


## 大眼

四格、五格或六格眼位，且不是活棋的眼型为大眼。图中 A、B、C、D、E 均为大眼。

## 12

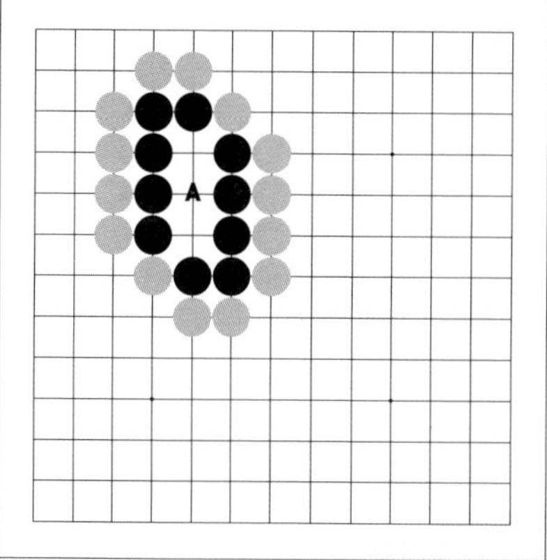


### 直三

呈直线形态的三格眼，为眼型的一种。图中 A 为双方必争之地，黑占则两只眼活，白占则黑一只眼不活。

## 13

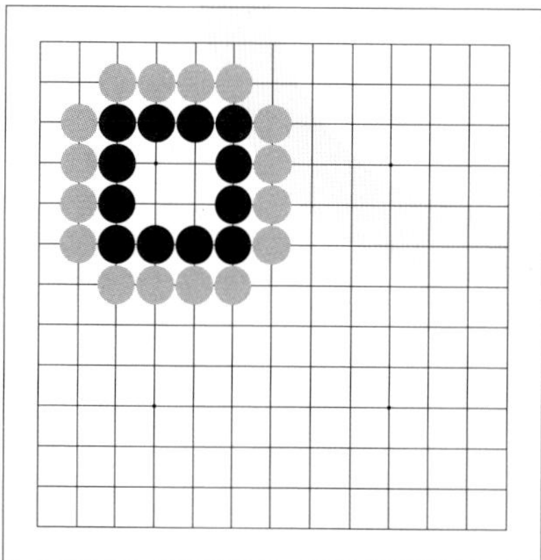

### 方四

呈正方形态的四格眼，为眼型的一种。图中黑无法形成两只眼活，落子只会形成弯三。

## 14

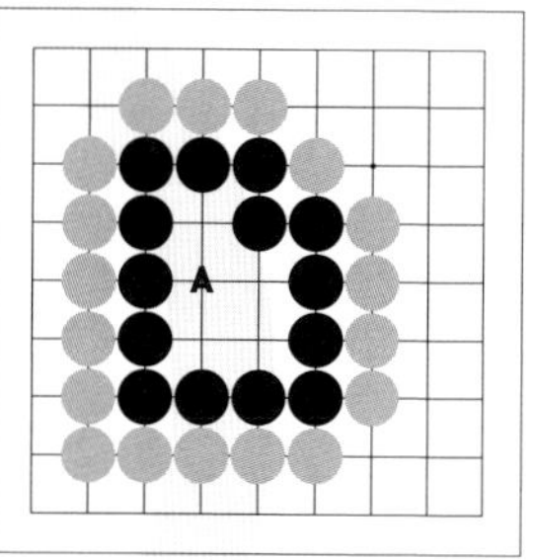


### 刀五

呈刀形的五格眼，为眼型的一种。图中 A 为双方必争之地，黑占成活，白占则黑被杀。

## 15

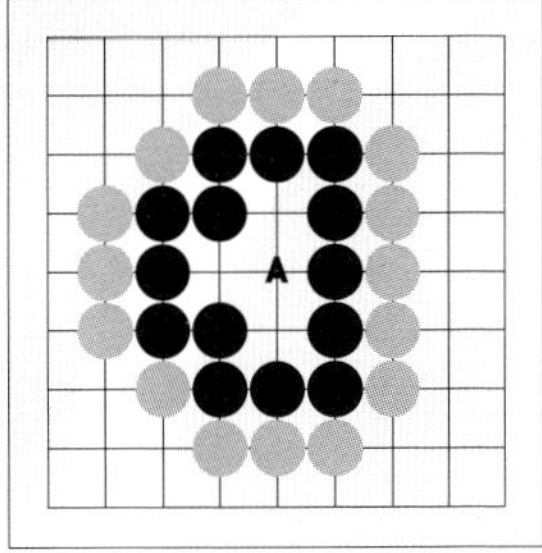


## 丁四

呈丁字形态的四格眼，为眼型的一种。图中 A 为双方必争之地，黑占则活棋，白占则黑一只眼不活。

## 16

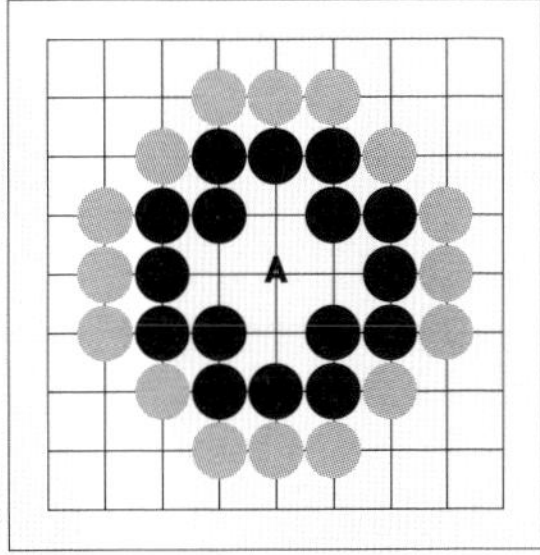


## 花五

呈十字形态的五格眼，为眼型的一种。图中 A 为双方必争之地，黑占则两只眼活，白占则黑一只眼不活。

## 17

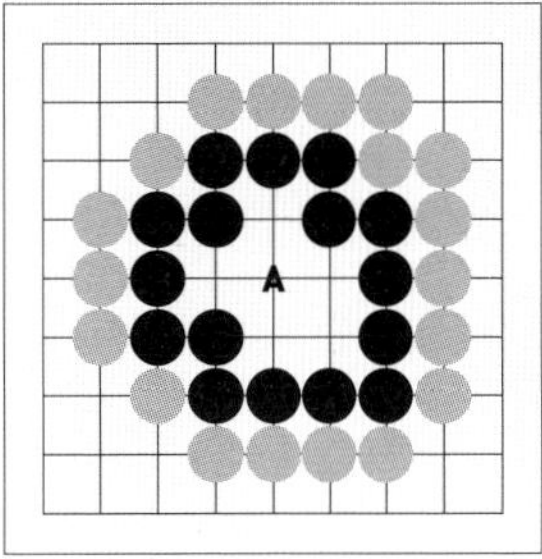


## 花六

呈拳形的六格眼，为眼型的一种。图中 A 为双方必争之地，黑占则两只眼活，白占则黑一只眼不活。

## 18

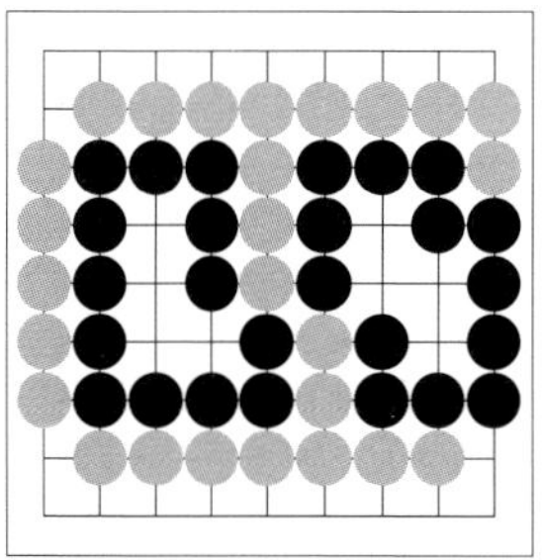

### 弯四

呈弯曲形态的四格眼，为眼型的一种。图中黑的两块眼位形态统称曲四，也有人称左边为曲四，称右边为弯四。

## 19

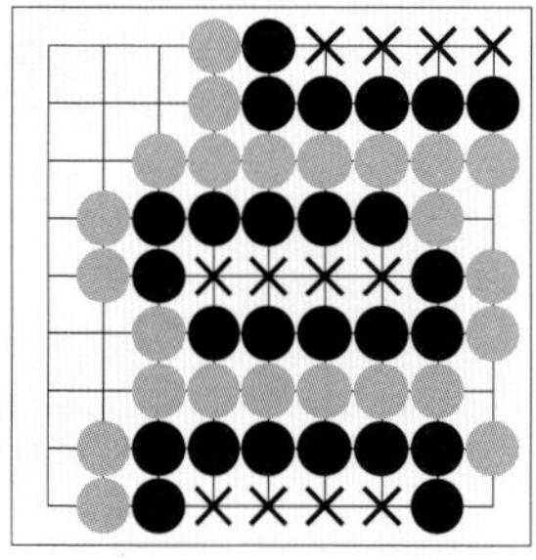

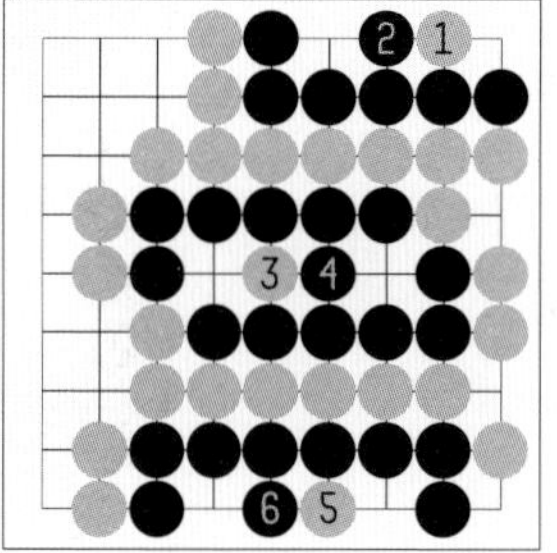


### 直四

呈直线型的四格眼，为眼型的一种。此分别为角直四、边直四和中央直四。在没有断口的情况下，无论白如何落子，黑均有两只眼活。

20

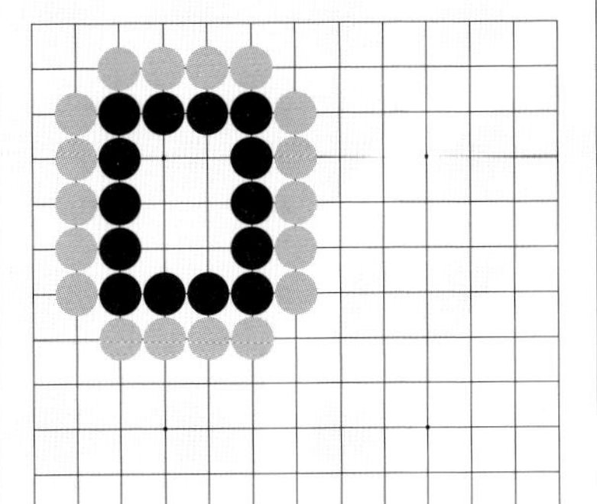

## 板六

呈长方形态的六格眼，为眼型的一种。图中为标准板六。板六是活棋形状，但在角部，板六并非牢固活棋形态。

21

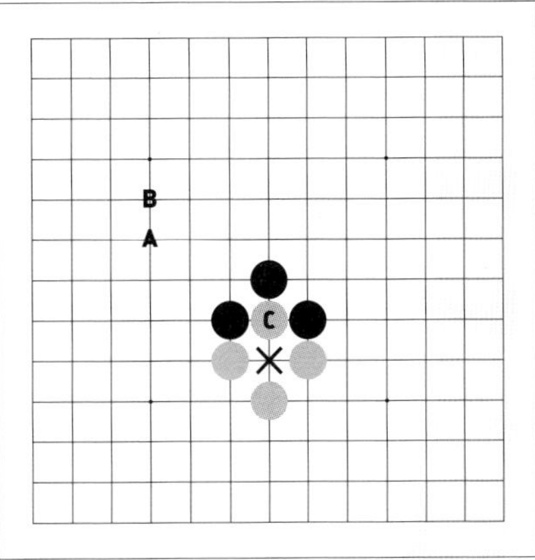


## 劫争

黑 × 提白 C，白 A 落子，黑若 B 落子，则白可在 C 回提；若黑不在 B 落子，可在 C 粘。白 A、黑 B 的交换称为找劫材。

22

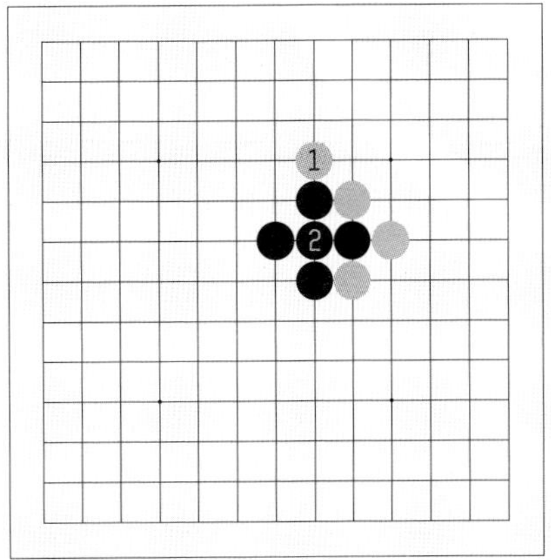


## 消劫

白 1 找劫材，黑 2 置之不理，解消劫争。

## 23

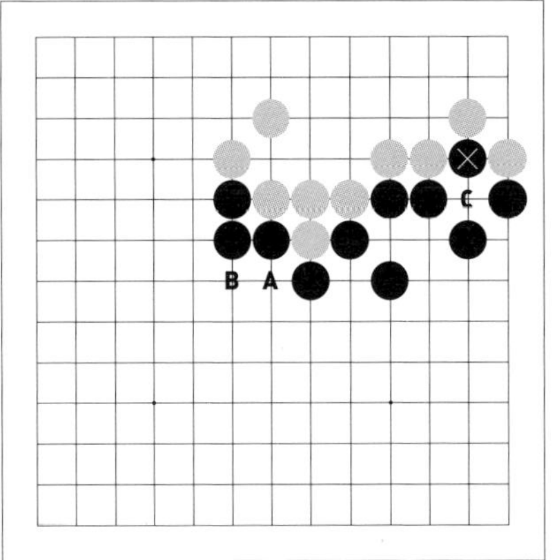


## 劫材

黑 × 提劫，白 A 断，黑 B 应对，白可在 C 提劫。A 是白的劫材。

## 24

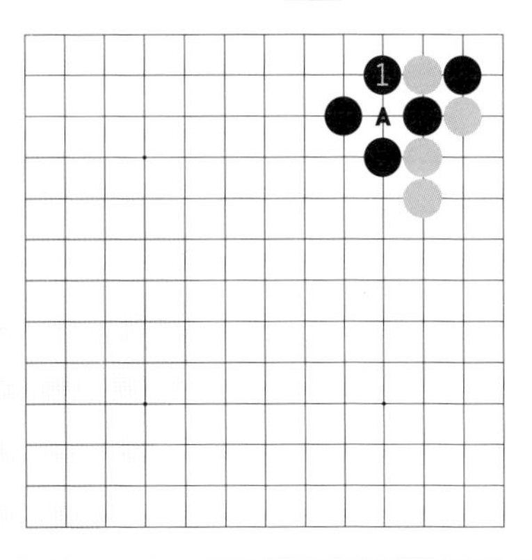


## 开劫

落子后，形成无法退缩的劫争状态，此时双方均需要争劫。图中黑 1 开劫，白只能在 A 提劫。

## 25

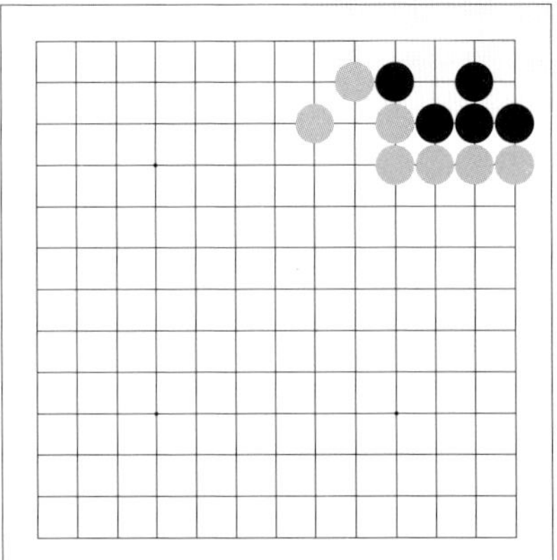

## 劫活

某块棋子的死活状态需通过劫争来决定。图中黑右上方的棋子，若黑先可净活，白先则劫活。

26

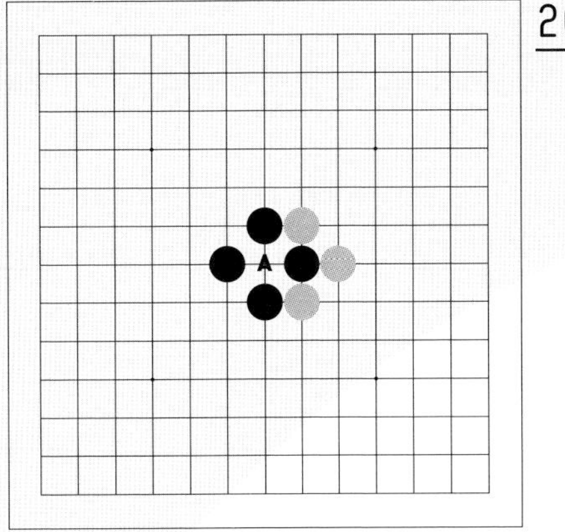


## 先手劫

开劫后，其中一方先提劫，由对方寻劫。图中，白 A 提劫，则称白先手劫。

27

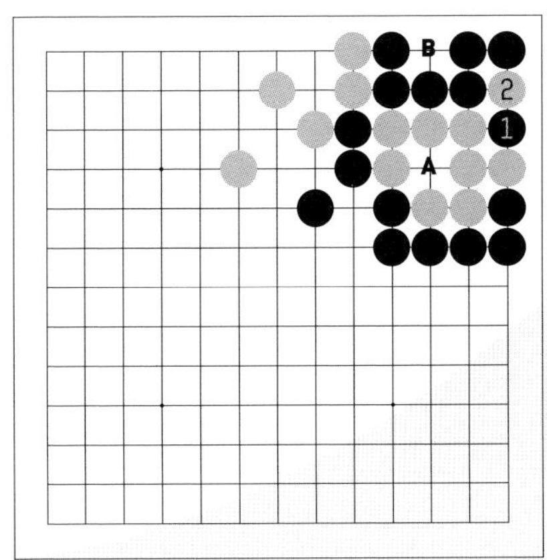


## 紧气劫

紧气劫，也称“紧劫”“一手劫”，即再花一手棋即可消劫。如图，黑 1 提白 2，下一手在 A 提即可劫胜；白 2 提劫后，下一手在 B 位提即可劫胜。

29

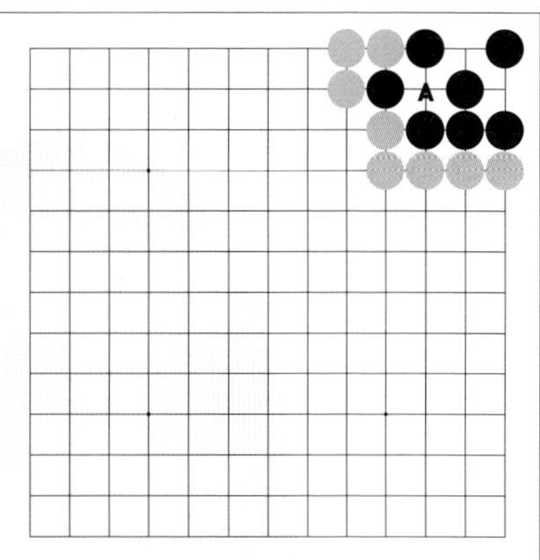


## 生死劫

A 劫争，涉及黑右上的死活，黑若赢则活，黑若输则死。

28

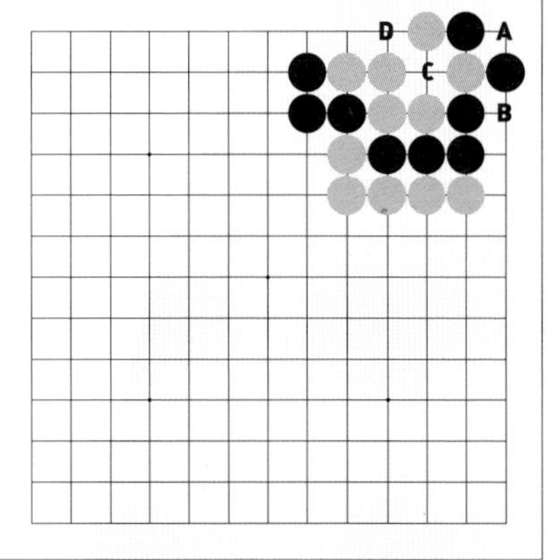


## 两手劫

若白先行，需A、B两着可吃掉黑；若黑先行，需C、D两着可吃掉白。置之不理，则双方均不会被一手吃净。

30

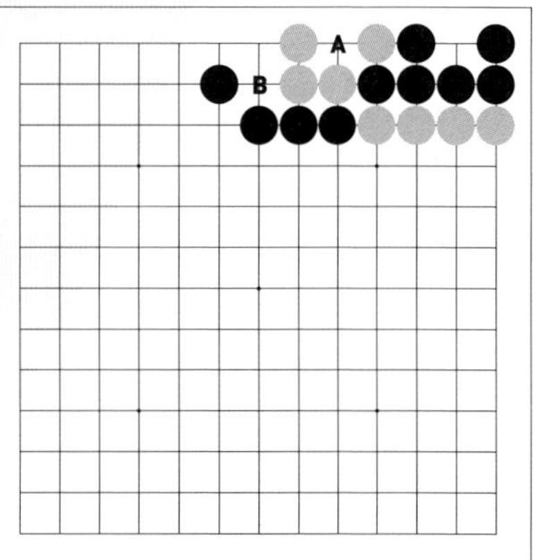


## 缓气劫

黑若先于A位提子，白置之不理，黑无法消劫，需在B紧1气，称为缓气劫。

32

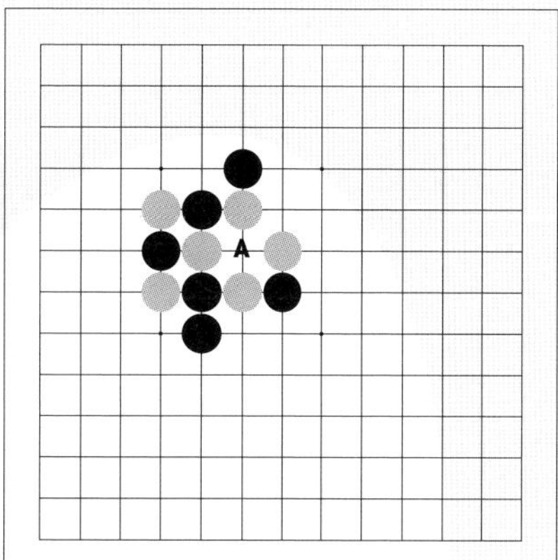


## 天下劫

A 位劫争，双方均无法退缩，因为一方劫败则损失巨大，甚至就此输掉整局。

31

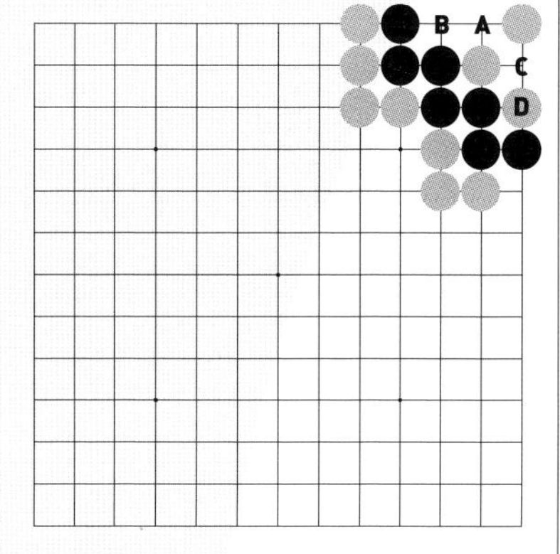


## 连环劫

两处打劫同时存在，始终保持一方提一个的循环状态。如图，黑在 A 扑，白 B 则黑 C，白出去找劫材再提 D 则黑 C，白无法将两个劫同时打赢。

33

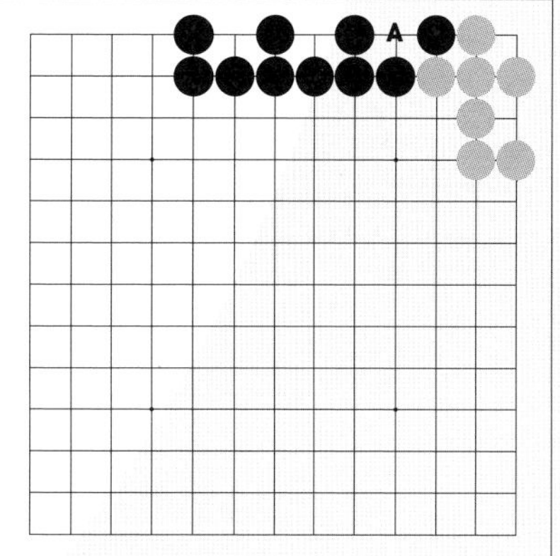


## 单片劫

A 劫争，即使打赢也只可获得 1 目，对其他区域无任何影响，即单片劫。

# 别册

围棋基础术语小辞典

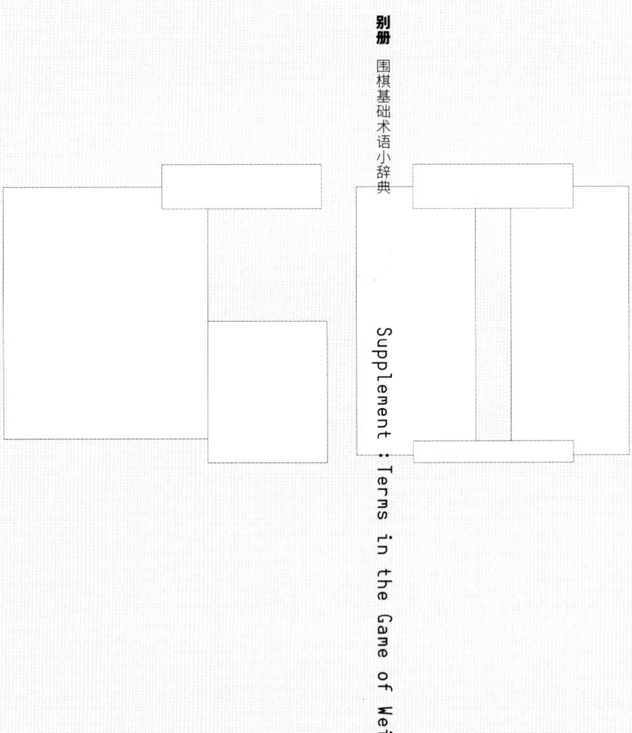

Supplement : Terms in the Game of Weiqi

____Get the Truth of____the Universe in Weiqi.../// ____Get the Truth of____the Universe in Weiqi.../// ____Get the Truth of____the Universe in Weiqi.../// ____Get the Truth of____the Universe in Weiqi.../// ____Get the Truth of____the Universe in Weiqi.../// ____Get the Truth of____the Universe in Weiqi.../// ____Get the Truth of____the Universe in Weiqi...///

# The Ranking System of the Game of Weiqi
# 围棋等级制度

文：李腾蛟 编：陆沉
text: Li Tengjiao edit: Yuki

**棋坛自古人才辈出，高手间的较量也不胜枚举。**
**对弈精彩纷呈，人们在为之兴奋的同时，自然会对双方的棋技进行比较和评估，**
**用以衡量棋者围棋水平的标尺也随之应运而生。**
**从我国魏晋时期的“九品制”，到日本幕府时代的“九段制”，**
**再到如今国际化的围棋段（级）位制，围棋等级的标尺，在历史的长河中，**
**随着时间与空间的不断转移，发生了许多微妙而有趣的变化。**

段位证书

## 围棋等级制度之始：围棋九品制

“九品”这个说法，最早出自《汉书·古今人表》，即上上、上中、上下、中上、中中、中下、下上、下中、下下共 9 个品位。

公元 220 年，曹丕推行九品中正制（又称九品官人法）作为选拔、评定官员的准则。品行良好的官员官品会得到提升，反之会被贬。[1] 该制度后来由政治领域逐渐向文化领域渗透，使得围棋也出现了类似“九品中正制”的评定标准。

围棋九品制沿袭了九品中正制的思想，将棋手按棋技从高到低依次分为入神、坐照、具体、通幽、用智、小巧、斗力、若愚、守拙[2] 共 9 个品位。

为方便评定棋手等级，朝廷还设置了专门机构，委派官员在赛后根据棋手的成绩评定品位，授予棋品称号，赛中淘汰者即未“登格”，因此不入格。并会根据棋手历次比赛成绩，确定其品位是否晋升。

1《通典》：“区别所管人物，定为九等。其有言行修著，则升进之，或以五升四，或以六升五；傥或道义亏阙，则降下之，或自五退六，自六退七矣。”
2《艺经·棋品》：“夫围棋之品有九。一曰入神，二曰坐照，三曰具体，四曰通幽，五曰用智，六曰小巧，七曰斗力，八曰若愚，九曰守拙。九品之外不可胜计，未能入格，今不复云。”

## 日本围棋等级制

日本、朝鲜（今韩国与朝鲜）自古与我国联系紧密，且受儒家思想影响，围棋也自然成为各自文化中重要的一部分。朝鲜围棋在其本土的发展情况与我国较为相似。而围棋传入日本后，受到了战国时代的三位“天下人”织田信长、丰臣秀吉、德川家康的影响，尤其江户幕府时代对围棋的重视及建制，使日本围棋逐渐与我国产生了较明显的差异。“本因坊”“名人”等围棋头衔，以及现如今国际使用的围棋段位制，皆源于日本。

江户幕府时代为围棋在日本的高速发展时期。丰臣秀吉掌权后，为算砂设立了掌管全国围棋事务的官方机构——棋所，又因棋所执掌者算砂被织田信长称为“名人”，“棋所”与“名人”称号便渐渐固定并有所相连。德川家康消灭丰臣氏建立江户幕府后，这一制度得以保留并完善，日本围棋开始向职业化方向发展。

算砂棋艺高妙，成为名人棋所的同时也开宗立派。算砂本为寂光寺塔头本因坊的僧人，其创建的围棋家元便也以此为名，称作本因坊家或本因坊门（坊门），当主也以本因坊为名号，如他之后的二世本因坊算悦、三世本因坊道悦等。所以“本因坊”既可以理解为门派，同时也是当主的称号。

在围棋职业化后，除了本因坊，日本棋坛还陆续形成了安井、井上、林三大家元，在幕府的

明代朱权编辑的围棋古谱集《烂柯经》中有语：“夫围棋之名有九，一曰入神，变化不测而能先知，精义入神，不战而屈人之棋，无与之敌者，厥品上上。二曰坐照，入神者饶半先，则不勉而中，不思而得坐照者，至虚善应，亚近入神，厥品上中。三曰具体，入神者饶一先，临局之际，造型则悟，具入神之体而微者也，厥品上下。四曰通幽，受高者两先，临局之际，见形阻能善应变，或战或否，意亦通幽，厥品中上。五曰用智，受饶三子，未能通幽，战则用智，以救其功，厥品中中。六曰小巧，小巧受饶四子，不务远图，好施小巧，厥品中下。七曰斗力，受饶五子，动则交战，与敌相抗，不用其智，而专斗力，厥品下上。八曰若愚。九曰守拙。”

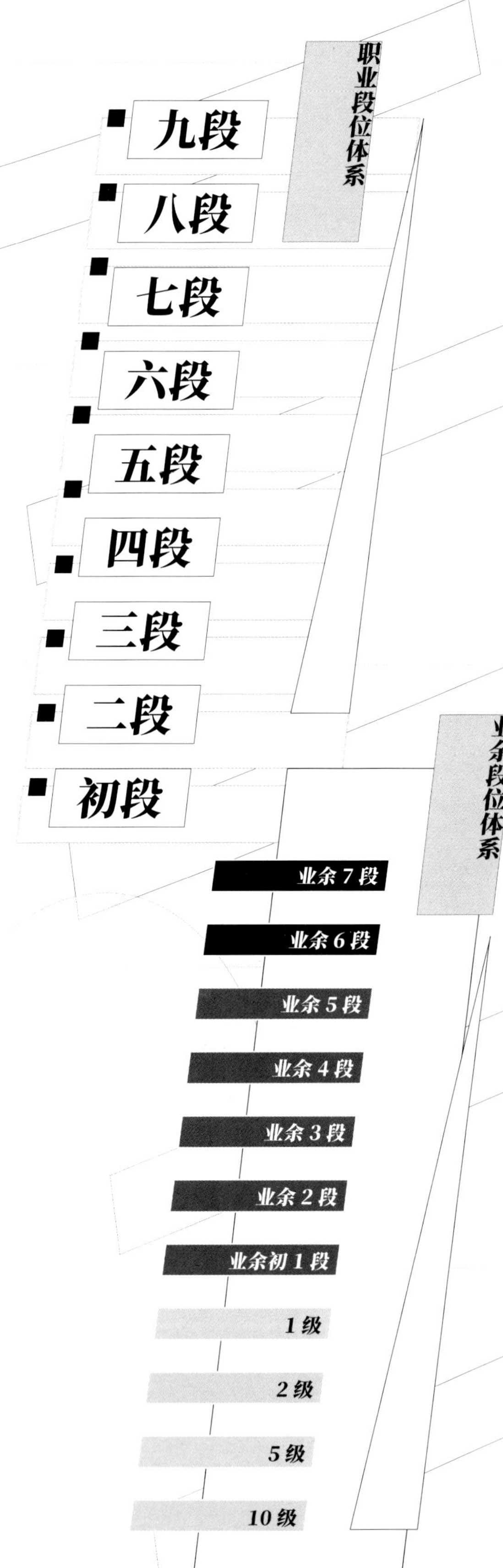


协调下，围棋段位的授予和名人的推举均由这四大家元共同决定。

我国围棋九品制在日本被本土化为九段制，评定需经过严格考察。古时日本的“名人”即是九段，为终身职位，代表棋界最高荣誉，也是全日本唯一的九段。八段又称准名人，在道策完善日本段位制之后，成为有志于名人大位者必须经历的台阶。七段又称上手，只有达到这一段位，才算是进入了一流高手的行列。七段以下，便只能算是普通棋手了。不同段位的棋手按照不同的棋份让先或者让子对局。明治维新之后，旧有体制的根基不复存在，段位系统也不得不做出调整，棋手的升段由之前的授予、推举、争棋获得并行，转为根据升段赛（大手合）的成绩确定。与此同时，在始于本因坊战的新一代头衔战中，所有棋手无论段位如何，都一律分先交手，日本的段位制进入了第二阶段。近年来，因应形势的变化，日本棋院已经正式终止升段赛，改行根据比赛胜局数、奖金数，以及一些特定的国内和国际比赛成绩来升段的新规定。韩国目前的升段方式，也与日本大致相同。

### 围棋等级制度的今天

围棋段位制诞生于日本，发展至今已趋向国际化，由低到高，可分为业余级位（K）、业余段位（D）与职业段位（P）3个层级。

业余级位为1级（1K）至业余18级（18K），1级为最高，标注为阿拉伯数字（有部分地方机构将业余级位设为1至25级甚至更多，这里不详细列举）。一般规定，3级以上的棋手即具备参加业余围棋定段赛的资格。

在中国，业余段位分7个等级，由低至高为业余1段（1D）至业余7段（7D），标注为阿拉伯数字。业余7段可由国内几大业余围棋比赛的冠军获得者申请授予。业余6段是此类比赛的前6名，或经顺延的前12名，一些跨5省以上的地方性大赛，在向中国棋院申请获批准后，也可向前6或前3授予。业余5段一般为升级业余强手，是可以通过省级业余段位赛逐渐晋升到的最高段位。

职业段位，又称专业段位，按水平从低到高依次为职业初段（1P）、职业二段（2P）至职业九段（9P），标注均为汉字。与业余段（级）位不同，职业段位在世界各国均采用统一授予标准。中国职业段位原本一般由专门的升段比赛获得或提升，升段方式及比赛组织与业余段位赛基本相同，但近年来将等级分比赛对局也纳入了升段责任局数计算，此外还有国际比赛奖励升段的特殊规定，如获世界大赛冠军可直升九段等。

16

# The Four Arts for Chinese Gentleman

# 君子四艺，琴棋书画

文：季怡雯 编：陆沉 绘：继琼
text: Ji Yiwen edit: Yuki illustrate: Ji Qiong

**中国文人所要掌握的四门艺术——琴、棋、书、画，**
**被称为“文人四艺”或“秀才四艺”，**
**即弹琴（多指古琴）、弈棋（多指围棋或象棋）、书法和绘画。**
**唐代张彦远编撰的《法书要录》有云：**
**“禅师年近百岁乃终，其遗书并付弟子辩才。**
**才俗姓袁氏，梁司空昂之玄孙。辩才博学工文，琴棋书画，皆得其妙。”**
**宋元词曲、元明清小说也有关于琴棋书画的记载。**
**在古代，不仅是文人，一些大家闺秀也以此为基本功课。**

钱穆在《先秦诸子系年考辨·墨翟非姓墨墨为刑徒之称考》中曾考证“艺”的由来——最早“艺”是孔子所提倡的“六艺”，即“礼（礼仪）、乐（音乐）、射（射箭）、御（驾车）、书（识字）、数（计算）”，是周朝时提倡贵族学习掌握的基本技艺。“儒”就是熟练掌握这“六艺”的“艺士”，也叫“术士”。秦始皇焚书坑儒，导致术士的传承被中断，于是六艺到了汉代就失传了。汉儒以《诗》《书》《礼》《乐》为四术，后逐渐形成了“四艺”。

## 琴

古琴，又称瑶琴、玉琴、丝桐、七弦琴，是中国传统乐器，也是历史上最早的弹拨乐器。演奏时，将琴置于桌上，右手拨弹琴弦，左手按弦取音。古琴技法甚多，古时有超过 1000 种，今常用指法仅有几十种。

琴的历史悠久，在周朝琴已是主要的拨弦乐器。东汉桓谭《新论》中记载，神农造琴之后，到了虞舜时改为五弦，后来周武王又将其改为七弦。关于琴的最早文字记载见于《诗经》，周朝时，古琴除用于郊庙祭祀、朝会、典礼等雅乐外，也盛兴于民间，如“窈窕淑女，琴瑟友之”（《诗经·周南·关雎》）。可见在民间，琴的流传相当广泛。

后来，随着西方音乐传入我国，为了与钢琴相区分，遂将其改称“古琴”，作为“四艺”之首。古琴是高雅的象征，也是文人吟唱时的伴奏乐器。古有伯牙子期“高山流水”的故事，因此琴也是友谊的象征。

## 围棋

围棋古称“弈”，意即“你投一子，我投一子”，使用格状棋盘及黑白两色棋子进行对弈，目前围棋流行于中国、日本和韩国等东亚国家。

四艺中的棋又可以指中国象棋，最早由六博棋演变而来，《楚辞·招魂》中记载“菎蔽象棋，有六博兮”。而西汉的刘向在《说苑·善说》中曾记载了战国孟尝君下象棋的事：“雍门周谓孟尝君，足下燕居，则斗象棋，亦战斗之事乎”，这都说明“象棋”在战国时期已经成为一项流传很广的活动。也有学者称象棋产生的时间甚至可上推到春秋时期，并认为象棋是模仿当时兵制而产生的。他们的依据是，象棋的“象”，并非来自“象”这种动物，而是取意“象征”。比如，象征战斗的舞蹈，即为“象舞”，以此类推象征战斗的棋，即为“象棋”。象棋各子的名称，也正是来自不同的兵种。

## 书法

书法是一种中国特有的传统艺术。传说仓颉造字前，人们以图画记事，经过几千年的发展后，最终演变出当今的中国汉字。从广义上来说，书法是指语言符号的书写法则。也就是说，书法是按照书体笔法、结构和章法进行书写，使写出的字富有艺术美感。

从书法史上说，赏鉴字体，最早可追溯到殷商的甲骨文、先秦的金文（青铜器上的铭文）等大篆体。秦代推行小篆，使得中国汉字有了统一的字体结构。汉以后，书法主要用毛笔书写，因此产生了“隶变”。此后又出现了隶书、魏碑、楷书、行书、草书、宋体等各类书写形式。

书圣王羲之尽管没有真迹传世，但是其对楷书脱离隶书的贡献巨大，所书《兰亭集序》在书法史上有着不可磨灭的影响。书法两大家柳公权与颜真卿出自盛唐，颜真卿书法的出现标志着唐楷的完成，颜、柳二人共同完善了唐楷的书写规范；宋有四大书法家，即苏轼、黄庭坚、米芾、蔡襄，因与晋书“尚韵”遥相呼应，因此被称为“尚意”；明代书法盛行大草，有祝允明、文徵明等代表；清代书法以嘉庆、道光为分水岭，清初盛行帖学，清末则盛行北碑。

### 绘画

中国绘画工艺十分古老，可上溯到新石器时代，距今至少有7000余年历史。与西洋画相比，中国画不讲究焦点透视，不强调光影色彩的变化，不强调客观相似，而是强调主观意趣。中国绘画，不仅有画，更是诗（诗文）、书（书法）、印（篆刻）等艺术形式的融合。这种艺术融合始于宋代，完善于明清，郑板桥是其中的集大成者。

最早的中国画可追溯到原始社会新石器时代的彩陶纹饰和岩画。先秦时期如周代宫、明堂、庙祠中的历史人物，战国漆器、青铜器纹饰，以及楚国出土帛画等都是早期中国画的代表。魏晋南北朝时期，画史、画论等相关著作开始出现，山水画、花鸟画开始萌芽，人物画逐渐成熟。隋代绘画风格细密而精致，是唐代灿烂之风的前奏。唐代时，山水花卉、鸟兽画等开始成为独立的画科。北宋以后，中国画渐趋注重笔墨情趣的形式主义，如明代的文徵明的画即意不在山水，而是借由山水来堆砌各种运笔的手法。到了明末清初时，画家则开始向表现自我方向转型，代表人物如八大山人、扬州八怪等。中华人民共和国成立以后，中国画则进入了新的繁荣时期。

___Get the Truth of___
GO!
GO!
GO!

17

# The Representative Weiqi Players in China

# 中国围棋的代表棋手

文：杨涛　编：陆沉　绘：杜婧媛
text: Yang Tao　edit: Yuki　illustrate: Du Jingyuan

**中国现当代围棋史，可以说是一部从弱到强的奋斗史。**
**中华人民共和国建立初期，中国棋手因实力不济，被日本棋手碾压。**
**此后，中国棋手知耻后勇，奋力追赶：陈祖德打破日本职业九段与人对弈不败的神话，**
**聂卫平在中日围棋擂台赛大放异彩，芮迺伟成为李昌镐的克星……**
**时至今日，新一代棋手柯洁又翻开了中国围棋新篇章。**
**这些棋手的事迹在让人感到振奋的同时，**
**也将中国围棋发展过程中的艰辛与成果一一反映了出来。**

## 陈祖德：创造历史第一人

陈祖德出生在一个知识分子家庭，父亲陈一冰酷爱围棋。在陈祖德7岁的时候，父亲便开始教他下棋。年幼的陈祖德很快就展现出了过人的围棋天赋。父亲在高兴之余也明白自己已无能力再教导他，于是开始为陈祖德寻觅名师。在朋友的引荐下，陈祖德拜围棋高手顾水如为师。

不过，升入初中后的陈祖德渐渐远离了围棋，高中时，他甚至梦想做一名油漆工，但老天并没有给他这个机会。1958年年底，上海市体委先后两次向陈祖德发出集训邀请，还发动学校的老师来帮忙劝说。陈祖德的父亲听到这个消息后，直接跑到学校把陈祖德的铺盖一卷，把他的日常生活用品往网兜里一塞，就拉着他走了。陈祖德就这样开始了自己的围棋生涯。

1960年，日本围棋代表团第一

陈祖德

次来华访问。阵容豪华到令人惊讶——代表团的团长为吴清源的老师濑越宪作，团员则包括桥本宇太郎九段、坂田荣男九段、濑川良雄七段和铃木五良六段等人。他们先是在北京与中国棋手下了 3 场 15 盘棋，结果大获全胜（只有 1 场为和棋）。此后代表团来到上海，16 岁的陈祖德披挂上阵，与之对弈，不过终因实力悬殊，3 场全输。这也是陈祖德第一次与日本棋手交锋。

正是这次失败，让陈祖德认识到了自己与日本棋手之间的差距。此后他刻苦钻研棋艺，研究日本棋手的棋谱与布局。1963 年 9 月 27 日，棋力渐长的陈祖德终于战胜日本棋手杉内雅男九段，成为第一个在中国击败日本九段棋手的中国人，打破了“日本九段不可战胜”的神话。

1965 年 10 月 25 日，陈祖德执黑以 2 又 1/2 子击败岩田达明，成为首位分先战胜日本九段的中国棋手。比赛过程中，陈祖德因采用了“中国流布局”，因此被称作“中国流创始人”。陈祖德的胜利不仅让日本围棋界收起了对中国棋手的轻视之心，也为中国围棋注入了一剂强心针，为中国围棋此后的发展奠定了良好的基础。

1992 年中国棋院成立，陈祖德担任首任院长，直至 2003 年卸任。任职期间，他创立了中国围棋等级分制度，建立了中国围棋甲级联赛体系，并与春兰集团合作举办了中国大陆首个世界围棋大赛“春兰杯世界职业围棋锦标赛”。可以说陈祖德把自己的一生都奉献给了他深爱的围棋事业。

## 聂卫平：席卷全国的聂旋风

聂卫平被尊称为“棋圣”，一生中名局无数，但真正让聂卫平名闻天下的，还是 1984 年举办的中日围棋擂台赛。在此之前虽有陈祖德成功击败岩田达明的先例，中国围棋也呈现出复苏之势，但整体来讲当时的中国围棋仍处在追赶日本的阶段。那时的中国棋手在与日本棋手对弈时，大多为接受指导性质的让子棋。

1984 年 10 月，首届中日围棋擂台赛开赛。当时的日本有六大超一流围棋高手，他们在日本乃至全世界都是最强的存在。开赛前，日本媒体曾在日本国内做过一项民意调查，有近 3000 名民众参与，其中仅有 27 人认为中国队会赢，这 27 人中还有 24 人是中国留学生。

此次比赛日本派出的 8 名选手中，除了小林光一和加藤正夫两位超一流选手外，还有日本围棋传奇终身名誉棋圣藤泽秀行作为主帅。赛前，很多日本人都认为，根本不需要这些高手出场，他们的前三位选手就可以结束掉比赛。中国队当时也很清楚两国之间的差距，所以目标定得很简单：能击败 5 人，让小林光一出战就算完成任务；击败小林光一，让加藤正夫出战就是胜利；如果能击败加藤正夫，让藤泽秀行出战，就是大胜。

让人意想不到的是，一开局中国队的江铸久竟然就取得了 5 连胜！直接将小林光一逼出，提前完成任务。日本队在惊讶之余也没有乱了阵脚，出战的小林光一没有辜负日本队的期望，一路披荆斩棘，以一波 6 连胜回应了江铸久的 5 连胜。这时，中国队只剩下主帅聂卫平一人，而日本队还有 3 位超一流选手。众人都为聂卫平捏了把汗。

谁知，聂卫平执黑以 3.5 目的优势赢下小林光一，随后，又势如破竹以 4.5 目和 3.5 目分别战胜加藤正夫和藤泽秀行，完成大逆转。最后中国队以 8：7 赢得了此届中日围棋擂台赛的胜利。

在第 2 届中日围棋擂台赛上，日方收起了轻敌之心，派出楠光子、森田道博、今村俊也、小林觉、片冈聪、山城宏、酒井猛、武宫正树、大竹英雄 9 人参赛，其中武宫正树和大竹英雄都是超一流高手。这一次，日本队仅用 4 人就将中国队的 8 人击败，也就是说最后聂卫平要一个人迎战 5 位日本棋手，其中还包括两位超一流棋手。在这种局面下，无论是日本棋迷还是中国棋迷都不看好聂卫平，觉得出现 5 连胜的概率太小。然而聂卫平再一次创造了奇迹，他以一敌五，将最终比分定格在了 9：8。

第 3 届中日围棋擂台赛时，中国的年轻棋手们已经渐渐成长起来。这一次聂卫平只是在决胜局中战胜了超一流棋手加藤正夫，便为中国队赢得了第三次胜利。至此，聂卫平完成了中日围棋擂台赛上的 9 连胜，其中 6 局还是对阵的日本超一流选手，这在国内掀起了一股学习围棋的风潮。从聂卫平的胜利开始，围棋界由日本一枝独大，进入到中日并驾齐驱的时代。

## 芮迺伟：巾帼何须让须眉

就在聂旋风席卷整个中国之时，一位女棋手却去了日本，她就是芮迺伟。1963年出生的芮迺伟，15岁就进入了集训队，师从著名教练邱百瑞。1982年，年仅19岁的芮迺伟成为职业围棋四段，1984年、1985年、1986年分别获中国围棋国手战第5、第4、第3名。当时的芮迺伟有着不逊于男棋手的棋力。

在第2届中日围棋擂台赛上，芮迺伟作为先锋第一个出战，在力克楠光子和森田道博后，败给了今村俊也。巧合的是，芮迺伟后来与第1届中日围棋擂台赛中亦是先锋的江铸久结为伉俪，因两人都为九段棋手，所以被人称为"十八段夫妇"。

1987年，芮迺伟迎来了自己人生的转折。适逢第4届中日围棋擂台赛在中国的长江之上举行，登船前，中国队领导规定：上船后女棋手不能到日本男棋手的房间里去。但是，满脑子都是围棋的芮迺伟却在船行至武汉时，与另一名女棋手张璇去了依田纪基房间切磋棋艺。此举引发轩然大波，中国队对芮迺伟、张璇进行了严厉批评，并要求她们做出深刻检查。

但两人只是去切磋棋艺，依田纪基的房门也一直处于打开状态，根本没有任何问题。芮迺伟感到委屈，检查写了好几遍才勉强通过。最终中国队将芮迺伟与张璇的行为定性为"行为不检点"，并取消了她们参加当年国手战的资格。

芮迺伟对这个处理结果感到不满，但也无济于事。她一心扑在围棋上，想通过提升棋艺来证明自己。1988年6月，芮迺伟成为围棋史上第一位女性九段棋手。1990年9月5日，芮迺伟离开中国国家队，远赴日本寻找下棋机会。

初到日本的芮迺伟生活并不顺遂。因为日本棋院没有接纳她，这也就意味着在日本的芮迺伟不能参加职业围棋赛事。但好在还有朋友的帮助和男友江铸久的支持。1992年，芮迺伟与江铸久登记结婚，同年，她以个人身份参加第2届应氏杯世界职业围棋锦标赛，并闯进四强，创造了女性围棋选手在世界大赛中的新高度。1993年，芮迺伟拜吴清源为师，成为昭和棋圣的关门弟子。即便如此，日本棋院仍拒绝接纳芮迺伟，这使她始终无法踏足日本职业围棋界。1996年，芮迺伟夫妇移居美国。

其后在旅美韩裔棋手车敏洙的联络下，1999年4月9日，芮迺伟夫妇来到韩国，并正式在韩国棋院注册，成为韩国棋院客座棋手，后转为正式棋手。芮迺伟的到来不仅带动了韩国女子围棋的发展，也让她迎来了事业的第二次辉煌。2000年，芮迺伟在韩国围棋国手战中一战成名，相继打败李昌镐和曹薰铉夺冠。此后芮迺伟与李昌镐的对决也胜多负少，被冠以"李昌镐克星"的称号。

常年在外漂泊的芮迺伟终抵不过思乡心切。2011年年底，芮迺伟衣锦还乡，回归中国棋院。回国后的芮迺伟希望自己能多陪陪父母，也希望自己能一直下棋。芮迺伟与围棋的故事并没有结束，她也将继续书写属于她的辉煌。

**柯洁：**
**弱冠少年，续写奇迹**

聂卫平在中日围棋擂台赛上的出色表现，成为当代中国围棋的转折点。中国围棋水平渐渐赶上日本，两者可谓旗鼓相当。随即，韩国队的崛起打破了这种格局，世界围棋形成三足鼎立之势。特别是在首届应氏杯中，韩国棋手曹薰铉战胜聂卫平夺冠。后来韩国又出现了李昌镐、李世石等一干实力强劲的棋手。韩国隐隐呈现出成为世界围棋霸主的趋势。

改变这个局面的是 1997 年出生的柯洁。2013 年，柯洁杀入 Go-Ratings 世界围棋等级分排名前 10，并于 2015 年成功登顶，结束了韩国棋手在榜单上长达 21 年的称霸。至今柯洁已连续 3 年稳居榜首。

不仅如此，在 2015 年 1 月到 2016 年 1 月的一年间，18 岁的柯洁连续拿到 3 个世界冠军，成为世界上最年轻的三冠王。从李昌镐到李世石再到朴廷桓，柯洁的围棋生涯目前一直都在与韩国棋手们抗争。正当人们认为“柯洁时代”已经来临的时候，一个强大的对手向柯洁发起了挑战。

2017 年，柯洁接受了这次挑战，只不过这一次的挑战对手不是韩国棋手，也不是日本棋手，而是人工智能 AlphaGo。之前在 2016 年，AlphaGo 以 4：1 的成绩战胜了韩国职业九段李世石，此后又在 2016 年末及 2017 年初，在中国棋类网站上与中日韩数十位围棋高手进行快棋对决，连续 60 局无败绩。这也在围棋界引起了一场轩然大波，此时人们都在关心一个问题：AlphaGo 与柯洁到底谁更强？

2017 年 5 月，在中国乌镇围棋峰会上，柯洁与 AlphaGo 对弈。第 1 局柯洁执黑先行，与 AlphaGo 一直下到终盘结束，最后以 1/4 子惜败。第 2 局 AlphaGo 执黑先行，柯洁在 155 手中盘认输。赛后，AlphaGo 的评价算法认定柯洁在这一局的布局达到完美水平。第 3 局，执黑先行的 AlphaGo 没有给柯洁反转的机会，柯洁在中盘 209 手投子认输。人机大战后，谷歌宣布 AlphaGo 退役，今后 AlphaGo 会被更多地应用于医疗方面。而柯洁则以新一轮的 22 连胜（与人类棋手）来向世人宣告，自己已经走出了人机对战的阴霾。

18

# History of Japanese Weiqi

# 日本围棋小史

文：杨涛 编：陆沉 绘：大雷
text: Yang Tao edit: Yuki illustrate: Da Lei

**名人、本因坊、段位制……**
**这一个个围棋领域里的专有名词，都源自日本。**
**作为一个与围棋有着密不可分关系的国家，**
**日本有着独特的围棋文化。**
**到底是什么造就了日本的围棋文化呢？**
**我们不妨从日本围棋的历史之中来探寻答案。**

**圣武天皇与光仁天皇**
日本历史上两位酷爱围棋的天皇，将围棋变成了一种朝仪。

## 传入日本

日本国内皆承认围棋源自中国，但其究竟是何时传到日本的，却众说纷纭。其中一种说法是：遣唐使吉备真备将围棋从中国带入日本。不过，据日本史料记载，吉备真备返回日本时已是圣武天皇天平七年（735），在此之前，史书记载，686 年天武天皇在位时，日本宫廷中就有了围棋活动，689 年，持统天皇因许多人过于沉迷围棋而一度予以禁止[1]。由此看来，此说并不准确。一般认为，围棋是在约 1500 年前的中国南北朝时期，即日本大和朝初期由中国直接传入日本，或经朝鲜半岛间接传入日本的。亦有学者认为，围棋传入日本，或许可以追溯到应神天皇时代，即 200 年神宫皇后伐三韩之际，根据此说，则日本围棋史可达 1800 年以上。到了日本平安时代（794—1192），围棋与琴、书、画并称“四艺”，并流行于贵族阶级中。

1 天皇下诏“弈棋与赌博同禁”。

日莲上人
日本现存最古老的棋谱，为日莲上人与弟子对弈时的棋谱。

围棋传入日本也称得上是一件幸事。在日本，天皇是所谓的“万世一系”，虽然也存在阶级间的斗争，但整体上要比古代的中国太平一些。而且从圣武天皇到光仁天皇都很喜欢围棋，到后来，围棋在日本甚至发展成了一种朝仪，做官者必须会下。在这样的社会环境下，日本的棋风日盛，也为后来棋坛高手的涌现埋下了根基。

日本历史上的第一位棋圣名叫橘良利，出身自剃头匠。他后来在仁和寺出家为僧，法号宽莲。宽莲每日诵经礼佛完毕后，都会沉浸于围棋之中。由于刻苦钻研，他的棋力猛增。到后来，日本上下无人能与其对子，于是被推崇为棋圣。宽莲之后的日莲，棋力也甚是了得，日本现存最古老的棋谱，便是日莲跟弟子对弈时的棋谱。

## 算砂出世

日莲之后，日本国内 300 多年间都没有出类拔萃的棋手出现。直到 16 世纪中叶，一个对日本围棋有着重要意义的人物出生了——本因坊算砂，他是本因坊的第一代当主。算砂本名加纳与三郎。当时正值日本战国时代，家人把他送入寂光寺出家，法号日海。日海从小便表现出过人的天赋，他出家之时 8 岁，仅用一年便把寺庙内的功课全都学会了。闲暇之中，日海对围棋也产生了巨大的兴趣。当时日本棋坛的第一高手是仙也，住处离日海所在寺庙不远，日海便经常前去讨教。不出数年，日海的棋力便已超越仙也，经常让仙也输得心服口服，一时间日海名声大噪。

当日海崭露头角之时，日本历史上的另一位重要人物也登上了历史舞台，他便是织田信长。织田信长也很爱围棋，他经常跟日海手谈。日海常常让他五子还是将他杀败。织田信长甚为叹服，便借用“名物”一词造出“名人”称谓来赞誉日海。这就是日本围棋头衔名人的由来。本能寺之变后，日海为报织田信长的知遇之恩，不顾当时叛军的威胁和亲朋的反对，毅然决然为织田信长做水陆

本因坊算砂
寂光寺二代住持日海法师，号本因坊算砂，其棋艺在当时（安土桃山时代末期）无人能敌，是公认的日本第一。

**木谷实与吴清源**
吴清源与木谷实的十番棋比赛。图左为吴清源，图右为木谷实。

道场，之后更是闭门不出，为织田信长祈冥福。丰臣秀吉在平定叛军后，听闻日海的义举，很是感动。加之丰臣秀吉本身也很喜爱围棋，于是便大力提倡围棋，还拜日海为师。后来日海在丰臣秀吉的帮助下，修缮了寂光寺，并改号本因坊算砂。

## 德川幕府时代的日本围棋

丰臣秀吉去世后，德川家康执政。当时的本因坊算砂不仅跟德川家康私交甚好，还经常跟当时的天皇——后阳成天皇下棋。后阳成天皇是个“棋痴”，跟本因坊算砂讨论起围棋来常常废寝忘食，颇有把围棋立为“国技”的打算。本因坊算砂明白天皇的心意后，干脆也辞去了寺院主持一职，改为专心收徒教棋。

德川家康创立幕府后，还设立了棋所[2]——这是围棋界的管理机构——并任命本因坊算砂为第一届“棋所”[3]。棋所中以本因坊算砂为首的 7 名棋手，都享有丰厚的俸禄，并且所享俸禄为世袭制。除本因坊算砂成立了本因坊家外，其他棋手也相继成立了井上、安井、林 3 家。这 4 大家元被称作“棋院四家”。

德川家康对围棋的贡献还不只于此。宽永三年（1626），德川家康确立了“御城棋”制度。每年十一月十七日，棋士聚集于江户城，并在统治者面前举行“御前比赛”。之后“御城棋”也成为“棋院四家”比拼棋力的主要舞台。元禄时代（1688—1704），在本因坊道策的主持下，又最终完备了围棋的段位制，从初段到九段，不同段位的棋手按照相应的棋份对弈。在等级森严、权力与财富被贵族和武家垄断的日本古代，棋界是下层出身的人才进入社会上层的仅存通道之一，而各家元为广大本门，争夺棋界至高地位，也倾心招揽和培育英才，推动日本围棋走向了繁荣。

## 日本围棋的转折点

自德川家康之后，日本的围棋开始走向真正的职业化、标准化道路。棋院四家为了获得“名人”头衔，并坐上“棋所”位置[4]，可以说是阴谋阳谋齐用，明争暗夺不停。

棋院的好日子结束于明治维新时。幕府时代，棋院棋手多能领取俸禄，但明治维新后，国家不再发放俸禄。棋手们没有了生活来源，大多选择弃棋

2 另一说是丰臣秀吉创建棋所。
3 职务，官职，与前一个棋所不同。
4 当时九段为最高段位，只能有一人，即为“名人”，同时代只能有一位名人。一旦成为名人，就随时可能被任命为“棋所”。

**算砂旧迹**
位于京都寂光寺门口。寂光寺属于显本法华宗，开山祖师为“日渊上人”。

**名人引退赛**
本局是日本二十一世本因坊秀哉名人的引退棋，对局时秀哉已经 64 岁。黑方木谷实是当时屈指可数的青年棋杰，他在名人引退棋挑战者选拔赛中高居榜首，获得向名人挑战的资格，时年 29 岁。对局规定为双方各 40 小时，每隔四日对局一次，但因秀哉名人健康状况不佳，全局前后打挂 4 次，历时半年始告结束。图左为木谷实，图右为本因坊秀哉。

院而去，另谋生计，至此棋院四家分崩离析。林家最先断绝，安井家和井上家也衰落下去，日益边缘化，传统家元中只剩下坊门一脉苦苦支撑。

面对日渐衰微的日本围棋，一批有志之士站了出来。为了围棋的延续，他们积极组织棋艺研究会。明治十二年（1879），“方圆社”成立。它独自举办比赛，发放段位证书，公然与本因坊家展开对抗。后来，在政经界要人斡旋下，原本就是本因坊家出身的方圆社社长秀甫成为坊门当主，方圆社与坊门握手言和，但遗憾的是，秀甫很快就急病身亡，本因坊家与方圆社再度分道扬镳。之后两家再度合作建立中央棋院，但不久后又告分裂。大正时代，新闻媒体的介入也为围棋带来了一片生机。大正十一年（1923），“裨圣会”[5]成立，并将之前两家本因坊、方圆社对立的局面打破，形成了三足鼎立的局面。

本以为日本围棋就此可以恢复元气，但上天却给了它又一次打击。1923 年 9 月 1 日，关东大地震爆发，三家院社元气大伤。为获得当时大仓财阀的支持，三家摒弃前嫌精诚合作。1924 年 12 月，集三家之力的日本棋院宣告成立。这成为日本围棋史上重要的转折点。

## 日本新围棋时代来临

1938 年，本因坊秀哉做出了一个跨时代的决定，他将“本因坊”的称号转让给了日本棋院。本因坊成为日本第一个现代意义上的头衔战冠军的名称，拥有 300 多年历史的世袭制本因坊宣告结束，实力制本因坊的新时代拉开帷幕。后世将棋圣、名人、本因坊、王座、天元、碁圣和十段合称“日本七大头衔战”，一直延续至今。

在日本围棋重焕新生之际，昭和三年（1928），一位中国少年的到来，开启了日本围棋的新篇章，

**本因坊秀哉**
最后一位世袭本因坊。 秀哉生前将“本因坊”名号转让给了日本棋院。

5 由雁金准一、铃木为次郎、高部道平、濑越宪作脱离方圆社成立。

第 7 期本因坊战第 5 局，桥本昭宇本因坊和对局中的高川格。

歌川国芳绘。

他便是后来成为 20 世纪最伟大棋手的吴清源。初到日本的吴清源在定段试验对局中因战胜篠原正美和本因坊秀哉[6]而声名大噪；后来又和好友木谷实一起研究新布局，挑战日本围棋传习百年的旧布局。在 1933 年秋的大手合当中，吴清源和木谷实运用新布局，分获第 1 名与第 2 名，轰动了整个日本围棋界。昭和十三年（1938），木谷实战胜了拥有“不败之名人”之称的秀哉。1939 年至 1956 年间，在十番棋擂台上，吴清源击败了日本当时的所有超一流棋手，被人们尊称为“昭和棋圣”。

昭和十五年（1940），秀哉去世，享年 67 岁。至此日本围棋结束了明治、大正时代，进入昭和时代。

## 近现代的日本围棋

昭和时代，日本围棋界风气开放，注重围棋的传承。其中，濑越宪作为中国、日本、韩国各调教出了一位绝世高手——“昭和棋圣”吴清源、“不死鸟”桥本宇太郎和“围棋皇帝”曹熏铉。而木谷实在与吴清源研究出“新布局”后，于 1937 年从东京移居平塚，开设木谷道场，培养出了大竹英雄、石田芳夫、赵治勋、加藤正夫、武宫正树、小林光一、小林觉等诸多围棋一流高手。此时排在世界围棋前列的几乎全为日本棋手。

20 世纪 90 年代中期之后，日本围棋界开始出现青黄不接的问题，而中韩两国则渐渐开始注重围棋的发展，实力倍增。2017 年 7 月，GoRatings 公布了最新一期的世界围棋等级分排名，前 30 名中仅有井山裕太一名日本棋手。在新的时代背景下，日本围棋的未来依然任重而道远。

6 篠原正美中盘认输，在让三子棋和让二子棋中皆输。

## 头衔累积统计

列出累积获得七大棋战头衔五次以上之棋士，背景黄色者表示已获得名誉称号资格。

| | 棋士名 | 合计 | 棋圣 | 名人 | 本因坊 | 十段 | 天元 | 王座 | 碁圣 |
|---|---|---|---|---|---|---|---|---|---|
| 1 | 赵治勋 | 42 | 8 | 9 | 12 | 6 | 2 | 3 | 2 |
| 2 | 小林光一 | 35 | 8 | 8 | 0 | 5 | 5 | 0 | 9 |
| 3 | 井山裕太 | 34 | 5 | 5 | 6 | 4 | 5 | 4 | 5 |
| 4 | 加藤正夫 | 31 | 0 | 2 | 4 | 7 | 4 | 11 | 3 |
| 5 | 张栩 | 23 | 3 | 4 | 2 | 2 | 1 | 7 | 4 |
| 6 | 林海峰 | 21 | 0 | 8 | 5 | 1 | 5 | 1 | 1 |
| 6 | 坂田荣男 | 21 | 0 | 2 | 7 | 5 | 0 | 7 | 0 |
| 8 | 大竹英雄 | 17 | 0 | 4 | 0 | 5 | 0 | 1 | 7 |
| 9 | 藤泽秀行 | 14 | 6 | 2 | 0 | 0 | 1 | 5 | 0 |
| 9 | 山下敬吾 | 14 | 5 | 2 | 2 | 0 | 2 | 2 | 1 |
| 11 | 高川格 | 12 | 0 | 1 | 9 | 1 | 0 | 1 | 0 |
| 11 | 依田纪基 | 12 | 0 | 4 | 0 | 2 | 0 | 0 | 6 |
| 13 | 王立诚 | 11 | 3 | 0 | 0 | 4 | 0 | 4 | 0 |
| 14 | 武宫正树 | 10 | 0 | 1 | 6 | 3 | 0 | 0 | 0 |
| 15 | 石田芳夫 | 9 | 0 | 1 | 5 | 0 | 1 | 2 | 0 |
| 16 | 桥本宇太郎 | 8 | 0 | 0 | 3 | 2 | 0 | 3 | 0 |
| 16 | 羽根直树 | 8 | 2 | 0 | 2 | 0 | 3 | 0 | 1 |
| 16 | 高尾绅路 | 8 | 0 | 2 | 3 | 2 | 1 | 0 | 0 |
| 19 | 柳时熏 | 5 | 0 | 0 | 0 | 0 | 4 | 1 | 0 |

统计时间：2017.6.16

## 家元传承时期

| | | |
|---|---|---|
| 一世名人 | 本因坊算砂 | 1578 年— 1623 年 |
| 二世名人 | 中村道硕 | 1623 年— 1630 年 |
| 三世名人 | 安井算知 | 1668 年— 1676 年退休 |
| 四世名人 | 本因坊道策 | 1677 年— 1702 年 |
| 五世名人 | 井上道节因硕 | 1708 年— 1719 年 |
| 六世名人 | 本因坊道知 | 1721 年— 1727 年 |
| 七世名人 | 本因坊察元 | 1767 年— 1788 年 |
| 八世名人 | 本因坊丈和 | 1831 年— 1839 年退休 |
| 九世名人 | 本因坊秀荣 | 1906 年— 1907 年 |
| 十世名人 | 本因坊秀哉 | 1914 年— 1939 年 |

## 旧名人战

| 届 | 年度 | 名人 |
|---|---|---|
| 1 | 1962 年 | 藤泽秀行 |
| 2 | 1963 年 | 坂田荣男 |
| 3 | 1964 年 | 坂田荣男 |
| 4 | 1965 年 | 林海峰 |
| 5 | 1966 年 | 林海峰 |
| 6 | 1967 年 | 林海峰 |
| 7 | 1968 年 | 高川格 |
| 8 | 1969 年 | 林海峰 |
| 9 | 1970 年 | 藤泽秀行 |
| 10 | 1971 年 | 林海峰 |
| 11 | 1972 年 | 林海峰 |
| 12 | 1973 年 | 林海峰 |
| 13 | 1974 年 | 石田芳夫 |
| 14 | 1975 年 | 大竹英雄 |

## 名人战

| 届 | 年度 | 名人 |
|---|---|---|
| 1 | 1976 年 | 大竹英雄 |
| 2 | 1977 年 | 林海峰 |
| 3 | 1978 年 | 大竹英雄 |
| 4 | 1979 年 | 大竹英雄 |
| 5 | 1980 年 | 赵治勋 |
| 6 | 1981 年 | 赵治勋 |
| 7 | 1982 年 | 赵治勋 |
| 8 | 1983 年 | 赵治勋 |
| 9 | 1984 年 | 赵治勋 |
| 10 | 1985 年 | 小林光一 |
| 11 | 1986 年 | 加藤正夫 |
| 12 | 1987 年 | 加藤正夫 |
| 13 | 1988 年 | 小林光一 |
| 14 | 1989 年 | 小林光一 |
| 15 | 1990 年 | 小林光一 |
| 16 | 1991 年 | 小林光一 |
| 17 | 1992 年 | 小林光一 |
| 18 | 1993 年 | 小林光一 |
| 19 | 1994 年 | 小林光一 |
| 20 | 1995 年 | 武宫正树 |
| 21 | 1996 年 | 赵治勋 |
| 22 | 1997 年 | 赵治勋 |
| 23 | 1998 年 | 赵治勋 |
| 24 | 1999 年 | 赵治勋 |
| 25 | 2000 年 | 依田纪基 |
| 26 | 2001 年 | 依田纪基 |
| 27 | 2002 年 | 依田纪基 |
| 28 | 2003 年 | 依田纪基 |
| 29 | 2004 年 | 张栩 |
| 30 | 2005 年 | 张栩 |
| 31 | 2006 年 | 高尾绅路 |
| 32 | 2007 年 | 张栩 |
| 33 | 2008 年 | 张栩 |
| 34 | 2009 年 | 井山裕太 |
| 35 | 2010 年 | 井山裕太 |
| 36 | 2011 年 | 山下敬吾 |
| 37 | 2012 年 | 山下敬吾 |
| 38 | 2013 年 | 井山裕太 |
| 39 | 2014 年 | 井山裕太 |
| 40 | 2015 年 | 井山裕太 |
| 41 | 2016 年 | 高尾绅路 |

## 名誉名人

| | | |
|---|---|---|
| 赵治勋 | 1984 年获得 | 2016 年使用 |
| 小林光一 | 1991 年获得 | 2012 年使用 |

| 名称 | 棋圣 |
| --- | --- |
| 比赛日期 | 1~3 月 |
| 创办时间 | 1977 |
| 主办单位 | 读卖新闻社、日本棋院、关西棋院 |
| 奖金（万日元） | 4500 |

**备注** 每年棋圣战最终的获胜者可获得棋圣头衔，连续 5 次或累计 10 次获得棋圣头衔的棋士可在退休后或年满 60 岁之后使用名誉棋圣的头衔。

| 名称 | 十段 |
| --- | --- |
| 比赛日期 | 3~4 月 |
| 创办时间 | 1962 |
| 主办单位 | 产经新闻社、日本棋院、关西棋院 |
| 奖金（万日元） | 700 |

**备注** 每年十段战最终的获胜者可获得十段头衔，连续 5 次或累计 10 次获得十段头衔者可在退休后或年满 60 岁之后使用名誉十段的头衔。

| 名称 | 本因坊 |
| --- | --- |
| 比赛日期 | 5~7 月 |
| 创办时间 | 1941 |
| 主办单位 | 每日新闻社 |
| 奖金（万日元） | 3000 |

**备注** 连续 5 年获得本因坊头衔者，或是生涯累积获得 10 次头衔的棋手，将另外获得本因坊世袭的称号“第 XX 世本因坊”。

| 名称 | 碁圣 |
| --- | --- |
| 比赛日期 | 6~8 月 |
| 创办时间 | 1976 |
| 主办单位 | 新闻围棋联盟、日本棋院、关西棋院 |
| 奖金（万日元） | 800 |

**备注** 又译小棋圣战。每年碁圣战最终的获胜者可获得碁圣头衔，连续 5 年或累积 10 次获得碁圣头衔的棋士可在退休后或年满 60 岁之后使用名誉碁圣的头衔。

| 名称 | 名人 |
| --- | --- |
| 比赛日期 | 9~11 月 |
| 创办时间 | 1962 |
| 主办单位 | 朝日新闻社、日本棋院、关西棋院 |
| 奖金（万日元） | 3300 |

**备注** 由读卖新闻社自 1962 年开始举办，1976 年起改由朝日新闻社主办；后来为了区别，将过去由读卖新闻社主办时期的比赛称为“旧名人战”。每年名人战最终的获胜者可获得名人头衔，连续 5 年获得名人头衔者，或是生涯累计获得 10 次以上头衔者，可在退休后或年满 60 岁之后使用名誉名人的头衔。

| 名称 | 天元 |
| --- | --- |
| 比赛日期 | 10~12 月 |
| 创办时间 | 1976 |
| 主办单位 | 北海道新闻社、中日新闻社、西日本新闻社、日本棋院、关西棋院 |
| 奖金（万日元） | 1430 |

**备注** 每年天元战最终的获胜者可获得天元头衔，连续 5 次或累计 10 次获得天元头衔之棋士，可在退休后或年满 60 岁之后使用名誉天元的头衔。

| 名称 | 王座 |
| --- | --- |
| 比赛日期 | 10~12 月 |
| 创办时间 | 1953 |
| 主办单位 | 日本经济新闻社、日本棋院、关西棋院 |
| 奖金（万日元） | 1400 |

**备注** 每年王座战最终的获胜者可获得王座头衔，连续 5 年获得头衔，或是生涯累积获得 10 次头衔者，可以在退休后或年满 60 岁之后使用名誉王座的头衔。

19

# The Representative Weiqi Players in Japan

# 日本围棋的代表棋手

文：季怡雯 编：陆沉 绘：杜婧媛
text: Ji Yiwen edit: Yuki illustrate：Du Jingyuan

**7 世纪时，围棋就已经被日本人广泛接受。**
**及至近代，日本围棋更是发展迅速，高水平棋手如云。**
**本文选取了木谷实、坂田荣男和藤泽秀行 3 位代表性棋手，**
**从他们的个人棋手生涯来展现近代日本围棋的截面。**

## 木谷实

1933 年，24 岁的木谷实与 19 岁的吴清源在信州地狱谷温泉共创“新布局”，打破了以往呆板守旧的围棋布局，为 20 世纪的日本围棋界注入了新的活力，二人也因此被称为“棋界双璧”。

木谷实出身于日本神户一个理发师家庭，是家中长子。6 岁开始先后拜师久保松胜喜代、铃木为次郎学习围棋技艺，15 岁即成为专业初段。1926 年，在棋正社向日本棋院挑战的“院社对抗战”中，木谷实一战成名，一口气连胜 10 场，因此被称为“怪童丸”。与本因坊秀哉下“引退棋”的指定棋手即为木谷实七段。不过，虽然在这次对战中战胜了本因坊秀哉九段，但“悲情棋士”木谷实一生几乎未夺得过重大头衔。1939 年在镰仓十番棋中，更是被吴清源以 5 胜 1 负的战绩从分先交手棋份降为“先相先”。

1937 年，28 岁的木谷实从东京移居平冢，开设木谷道场。1970 年，木谷道场旗下弟子的总段数突破 200 段。2004 年 3 月 28 日，木谷一门突破 500 段，被称为世界棋坛第一大门派，世界仅此一家。木谷道场培养了大竹英雄、石田芳夫、赵治勋、加藤正夫、武宫正树、小林光一、小林觉等诸多一流围棋选手。他的 60 位弟子都是“入室弟子”，吃住都与自己的孩子在一起，其妻木谷美春则是支持道场与家庭的幕后中坚。在棋术上几乎未逢敌手的“昭和棋圣”吴清源曾说过，木谷实是他唯一钦佩的人。

# 坂田荣男

坂田荣男是日本著名围棋手，第二十三世本因坊，也是日本历史上第一位名人本因坊。1964 年，坂田荣获名人、本因坊、日本棋院选手权、职业十杰战、王座、日本棋院第一位、NHK 杯 7 项头衔，成为集名人、本因坊于一身的第一人。他在 1963 年创下职业棋战 29 连胜的纪录，至今无人打破。坂田荣男一生共获 64 个比赛冠军，14 次日本棋院选手权战冠军，11 次 NHK 杯冠军。

1920 年 2 月 15 日，坂田荣男生于东京，9 岁时拜入女棋手增渊辰子门下。他的围棋生涯中，首个重量级对手就是吴清源。吴清源在自传《天外有天：一代棋圣吴清源传》中记录了坂田与他在十番棋中的 8 局对战，最终吴清源以 6 胜 2 败的成绩将当时的坂田八段降格到定先。

坂田荣男棋风犀利，战斗力旺盛，好胜心强，有“剃刀坂田”之称。他的口头禅是“只要下棋就想要全胜”，即使防守也会盯着对方的弱点。直到 2000 年 2 月生日那天，80 岁的坂田荣男才正式宣布退役。在他 65 年的职业生涯中，总战绩为 1117 胜 654 负 16 和。

## 藤泽秀行

藤泽秀行曾说过："人生，要活得潇洒、豪爽和侠义。男人的价值不是金钱、名誉，比起女人来，更由'人生哲学'来决定。"

藤泽秀行 1925 年生于横滨市，本名保，是家中长子。1934 年，9 岁的他成为日本棋院院生，随福田正义五段学习围棋。1963 年获九段段位，成为日本八大超一流棋手之一。1992 年，藤泽以 67 岁高龄卫冕"日本围棋王座战"，成为史上年龄最大的围棋锦标赛获得者。1998 年 10 月 13 日藤泽秀行退役，于 2009 年 5 月 8 日逝世。

藤泽拥有大批弟子，包括天野雅文五段、高尾绅路九段、森田道博九段、三村智保九段、仓桥正行九段、金泽真二段和藤泽里菜初段等人。另外，他还培育了依田纪基、结城聪、坂井秀至等年轻棋手，并对他们进行集训。1981 年起，藤泽组织了 14 次"秀行军团"，他背负巨额债务自费组团到中国访问。中国著名的棋手聂卫平、马晓春、常昊等皆受其影响。秀行军团的到来对中国围棋的发展做出了巨大贡献，因此藤泽在 2006 年荣获"中日围棋交流功劳奖"。

藤泽秀行的一生传奇曲折，1999 年，他认为日本棋院颁发段位证书收费过高，于是自己给业余初段棋手颁发证书时，只收取相当于棋院一半的费用，因此被棋院除名。直到 2003 年承诺今后将不再颁发证书才获准重新加入日本棋院。2003 年，角川书店出版了其妻元子所著《胜负师之妻》一书。在书中，秀行是一个好赌之人，他随心所欲办事业，对赛马、证券、地产均有涉足，但最终事业失败，连家产也被他给全部抵押掉了。他三次罹患癌症，与病魔抗争，可谓是一生都在与命运抗争。

# 日本棋坛高手谱



**本因坊秀哉（1874—1940）**

日本明治、昭和时代围棋棋士，终身名人制最后一位名人，棋风雄肆奔放，被誉为“不败之名人”。

**高部道平（1882—1951）**

17 岁入方圆社，1909 年后漫游中国、朝鲜。跟我国棋手有大量交流，对我国废除座子制、了解学习日本棋艺起了很大作用。

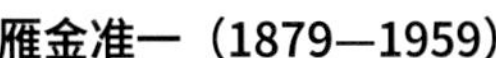

**雁金准一（1879—1959）**

原姓岩濑，日本明治、昭和时期围棋棋士，九段。被日本棋院开除后另立棋正社，在棋正社与日本棋院对抗赛中任棋正社统帅，是本因坊秀哉名人的竞争对手。后创立琼韵社。

**濑越宪作（1888—1972）**

日本围棋大家，门下学生有吴清源、桥本宇太郎等。主要著作有《御城棋谱》(10 卷)、《明治棋谱》，1972 年自杀身亡。

**井上孝平（1876—1941）**

六段。日本职业棋手中有大学文凭的第一人，后在方圆社发展，并组织了“六华会”，在日本棋院组建过程中起着重要作用，并促成了吴清源赴日发展。

**岩本薰（1902—1999）**

生于日本岛根。1913 年加入广濑平治郎八段门下，获 1935 年大手合赛冠军。

**桥本宇太郎（1907—1994）**

本因坊昭宇。获本因坊 3 次、王座 3 次、十段 2 次、专业十杰战优胜 1 次，经历过“核爆下的对局”。

**高川格（1915—1986）**

号秀格，九段，第二十二世名誉本因坊。他凭借本因坊九连霸在“选手权制”时代捷足先登，并以其儒雅平实的棋风开创了贴目制下“合理性胜利”的先河。

**大竹英雄（1942—）**

生于日本福冈，木谷实弟子，棋风厚实，注重棋形美感，被称为“美学棋士”，与林海峰一起开创了日本围棋的“竹林时代”。

**林海峰（1942—）**

九段，台湾旅日棋士，吴清源弟子。他棋风厚实均衡，韧性极强，不易被击倒。棋界称他为“不死鸟”或“常青树”。

**加藤正夫（1947—2004）**

九段，木谷实弟子。一生荣获 47 个大小头衔，胜局在日本历史上位列第二，2004 年出任日本棋院理事长。

**石田芳夫（1948—）**

号秀芳，创下 11 年升为九段的最快纪录。有“人间电脑”的称号。

**武宫正树（1951—）**

九段，木谷实弟子。棋风被称为“宇宙流”，不惜放弃边角，以中腹为目标，用黑棋时几乎全部用三连星开局。

**小林光一（1952—）**

九段，木谷实弟子，日本超一流棋手。以进攻犀利、形势判断准确著称，创有流行一时的“小林流布局”。

**赵治勋（1956—）**

九段，韩国旅日超一流的“日本棋院职业棋手”。赵治勋作为一个外国人，在围棋强国日本获得 74 次冠军，成为获日本棋战头衔次数最多的棋手，同时还创造了多项纪录。

**张栩（1980—）**

台湾旅日棋士，日本棋院职业棋手，林海峰弟子。2008 年成为史上第 4 个同时获得名人、天元、王座、碁圣头衔的棋士。

20

# The History of Korean Weiqi

# 韩国棋坛小史

文：绪颖 编：陆沉 绘：大雷
text: Sui Wing edit: Yuki illustrate: Da Lei

**围棋源自中国，约 4 世纪时传入朝鲜半岛。**
**韩国围棋在经历了三国时代、高丽时代、**
**朝鲜时代以及日治时代之后，**
**进入了现代围棋发展时期。从历史发展进程看，**
**韩国围棋与中日围棋的融合一刻未停。**
**韩国围棋的发展和演变，也反映着世界围棋的走向。**

金玉均，韩国历史上的“三日皇帝”，酷爱围棋，流放日本后与十七世本因坊秀荣情谊深厚。

## 古典时期：20 世纪之前

围棋究竟是在何时传入朝鲜半岛的，目前尚无明确的史料记载，只有大致推测。围棋第一次在朝鲜半岛正史中出现，是在《三国史记 · 百济本纪》中，时间约为 475 年，也就是中国的南朝刘宋末年。当中记载了高句丽王派围棋高手道琳僧人潜入百济，成功扰乱百济朝纲的故事。

中国南北朝时期，围棋在朝鲜半岛已经十分兴盛。李延寿在《北史 · 百济传》中记载了百济的风俗以及医药、科技等，称其“尤尚弈棋”。到了唐代，新罗与我国棋手之间开始有了直接对话。《旧唐书》和《三国史记》均记载了新罗王兴光去世的时候，唐玄宗派围棋高手杨季膺前去吊唁，并与新罗棋手较量的故事。这是有史料记载的最早的一次两国棋手之间的较量，也从侧面反映出，新罗人对围棋的喜爱程度。

与此同时，新罗不断派遣留学生到大唐学习。唐末，新罗棋手朴球到唐学棋，并凭借自身实力，担任了数年的棋待诏。朴球与当时的进士张乔关系密切，归国时，张乔还曾作诗《送棋待诏朴球归新罗》相送。

此后，围棋在朝鲜半岛一直盛行于宫廷间。直到我国的明清之际，才彻底平民化，并出现了大量关于围棋的文字记载，尤以个人文集为多。高峰奇大升、正祖李祘等都在自己的文集里面记载了诸多有关围棋的事情，可谓“言必称围棋”。

与中国古代围棋一样，朝鲜古代围棋也有座子的规则，不同之处在于，中国的座子是 4 个，韩国的则是 16 个，也就是双

赵南哲，被称为“韩国现代围棋之父”。

方开始对局前先在盘上按照固定方位摆放黑白各8枚棋子，且黑方第一手必须下在天元，因此说是17枚座子也可以。据推测，在古代时，朝鲜半岛以“顺丈围棋”为主。韩国古代时并无棋谱保留下来，现存最早的棋谱是1927年9月27日尹敬文和孙得俊的对局，刊于《每日申报》，其中仍保留有古代时的座子制。

但是从其他史料记载来看，当时的朝鲜半岛应当是顺丈围棋与中国围棋并存。《朝鲜实录》和《承政院日记》均大量记载了中朝两国棋手之间对弈的故事。若说在古代的朝鲜半岛上只存在顺丈围棋，应当不太可能。

## 20世纪的转型

韩国围棋由古代向现代转型，主要受日本影响。在20世纪之前，“围棋三国”中以中国历史最悠久并且实力最强。但中国围棋到了清末民初时，已然衰落，而日本围棋却在这时突飞猛进，成为国际棋坛的佼佼者。韩国便迅速将学习的目标转向日本。

日本围棋对韩国围棋的影响，事实上从19世纪末就已经开始了。随着日本围棋的崛起，没有座子的日式围棋像潮水一样涌向韩国。当时的朝鲜半岛正处于政权交替时期，还未形成统一的政治格局。当韩国围棋文化的长期推崇者宫廷贵族即将下台，财阀意欲取而代之时，经日本改良后的围棋便正好迎合了这一局势。在韩国古代的相当长一段时期里，围棋主要流行于贵族间，普通人是接触不到的。而财阀依靠工商业起家，兴趣爱好跟原来的贵族阶级不同，他们大力兴办“棋会所”，并对所有阶层的人开放。经过一段时期的演化，20世纪初，日式围棋已经成为韩国普通民众的爱好了。

值得一提的是，在日占时期，韩国的围棋高手为了与日本对抗而刻意坚持韩国围棋，即有座子的顺丈围棋。他们宣称“顺丈围棋是韩国固有的围棋”，并以“保护顺丈围棋”的名义积极开展活动。从1934年开始，他们陆续在《朝鲜日报》刊登倡议书和对局棋谱等。但是3年之后，却又联名宣布废除顺丈围棋。

20世纪30年代，韩国围棋界出现了留学日本的潮流，此为韩国正式向日本学习围棋的开端。当时的日本，围棋制度完备，棋院、道场、研究所都已十分成熟，以濑越宪作、木谷实等为代表的日本一流高手吸引了大量的韩国棋手前去拜师学艺。赵南哲便是最早留学日本的韩国棋手之一。

**韩国棋盘 ©韩国首尔历史博物馆藏**

韩国棋盘的特点是空心，内置钢线，下棋时能引起很好听的共鸣。

对弈中的韩国人（1910—1920）。

1937 年，不满 15 岁的赵南哲在日本拜木谷实为师，成为他的入室弟子。1943 年，赵南哲回国，成为当时韩国围棋实力最强的人。回国后的赵南哲不遗余力地普及现代围棋。他将日本的围棋制度悉数引入，创办汉城棋院（即现在的韩国棋院）、举办现代围棋定段赛（职业棋士制度）和挑战制棋战、创办《围棋》杂志、出版围棋相关著作等。在赵南哲的不懈努力之下，韩国围棋迎来了向现代围棋的转型。赵南哲也因此被称为“韩国现代围棋之父”。

在赵南哲之后，更多棋手接连奔赴日本。较早的一批有金寅、河灿锡、金熙中等，晚一些的有赵治勋、曹薰铉等人。留学日本的浪潮，彻底改变了韩国围棋的历史。它预示着韩国围棋正式进入现代阶段。1962 年，金寅亦师从木谷实。金寅返韩之时，正好是韩国棋战的创始时期。从 1956 年第 1 届国手战开始，赵南哲逐渐成为韩国棋坛霸主，开创了韩国第一个个人时代——赵南哲时代。通过挑战赵南哲，金寅随后开创了属于自己的金寅时代。

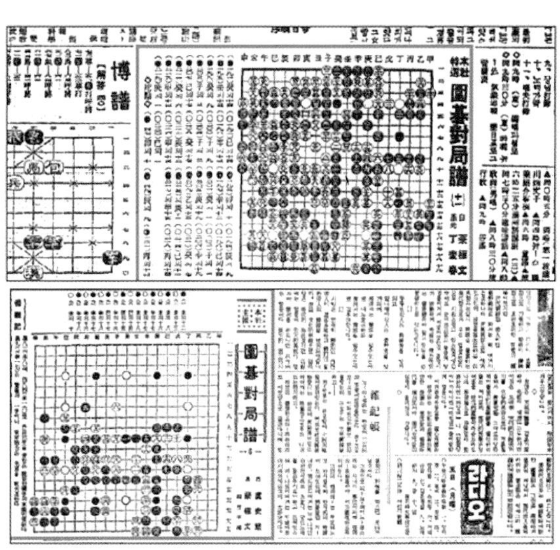
博譜

圍碁對局譜

圍碁對局譜

韩国现存最早的棋谱，为 1927 年 9 月 27 日尹敬文与孙得俊的对局，刊登于《每日申报》。

正在下围棋的韩国女性（1904）。

韩国棋院

而后崛起的"围棋皇帝"曹薰铉，因为偶然的机缘，并没有拜在木谷实门下，而是成为有着日本围棋界老师之称的濑越宪作的入室弟子。回国之后，曹薰铉开创了韩国围棋界的第3个个人时代——曹薰铉时代，并统治韩国棋坛长达20年。与之几乎同一时期留学日本并最后留在日本的赵治勋，亦因夺取棋圣、名人和本因坊头衔而成为当时的日本围棋第一人。

这些去日本学习的韩国棋手，纷纷成为一代棋坛霸主，同时也提升了韩国围棋在世界棋坛的影响力。韩国对日本围棋的学习，一直持续到20世纪90年代。

## 今天的韩国流

1989年，曹薰铉在第1届应氏杯世界职业围棋锦标赛中，战胜日本围棋高手小林光一和中国围棋高手聂卫平，夺得世界冠军。这是韩国职业棋手第一次获得世界冠军。以此为开端，韩国本土棋手迅速崛起，以一股"韩国流"席卷了国际围棋界。

曹薰铉、徐奉洙、刘昌赫、李昌镐，被并称为韩国围棋界的"四大天王"。自曹薰铉夺得第1届应氏杯冠军之后，徐奉洙、刘昌赫、李昌镐先后在接下来的3届应氏杯夺冠。此后，富士通杯、东洋证券杯、三星杯、LG杯、春兰杯等世界大赛纷纷成为韩国棋手纵横驰骋的舞台。"四大天王"在整个20世纪90年代的表现令人称奇，韩国因此取代日本称霸世界围棋坛。

要说韩国围棋的"流派"的话，应该就是一切从实战出发，突破了固有条条框框的束缚。他们更重视实地，不那么在意均衡和大局，他们更喜欢战斗，风格趋向极端，他们追求实用，不管棋形的"美丑"。其中，在10年左右时间里一直身为世界棋坛第一人的李昌镐，棋风又迥然有别于其他韩国棋手，将官子的重要性提到了前所未有的高度，引发了一场围棋观念的革命。

随后数年，李世石、崔哲瀚、朴永训、元晟溱等棋手纷纷崛起，并在世界棋战中叱咤风云，随意叫板中日一流棋手。

2013年以来，韩国围棋在中国的倒逼之下，陷入回落。但不得不承认，韩国围棋仍走出了自己的一条道路。说韩国围棋陷入没落，恐为时尚早。

21

# The Representative Weiqi Players in Korea

# 韩国围棋的代表棋手

文：罗灿 编：陆沉 绘：杜婧媛
text: Luo Can edit: Yuki illustrate: Du Jingyuan

**围棋的历史，是以后来者战胜前者的方式进行推进的，就像浪潮一样，从不停止。**

**1956 年，韩国创办了国内最早的正式职业棋战——国手一位战。**

**以 1956 年的第 1 届国手一位战为开端，**

**赵南哲实现了“九连霸”，从而确立了韩国棋坛的第一个个人时代。**

**韩国棋坛现代史，是韩国围棋从低迷到辉煌，从边缘到中心的发展历程。**

## 曹薰铉

4 岁开始崭露围棋天分，9 岁入段，10 岁师从日本棋手濑越宪作，21 岁拿下国内第一个冠军，25 岁在国内的正式对局中取得前无古人的 35 连胜，27 岁包揽国内全部冠军头衔，成为“全冠王”，36 岁获得韩国有史以来第一个围棋世界冠军，被封为“围棋皇帝”的曹薰铉，其个人时代的确立，来得异常迅猛。他个人的棋坛轨迹，是由层出不穷的挑战者们铺就的。

远赴日本木谷道场门下学棋 7 年的河灿锡，一回国便以强者姿态夺得了国手和王位。不幸的是，不久曹薰铉便迅速摘得他的头衔。为了重回宝座，河灿锡与曹薰铉约定进行 20 局大会战，名为“曹 · 河的 20 番棋”。但最后因为河灿锡一路惨败，原定 20 局的会战，进行了 12 局便结束了，河灿锡从此隐遁伽耶山。

徐奉洙曾经以二段身份战胜赵南哲，夺得名人头衔，可在与曹薰铉持续 20 年的对战中，成绩却不甚理想。据统计，1973—1992 年间，加上预赛，二人对战超过 300 局，这在围棋史上是空前的。在二人之间的冠军争夺战中，曹薰铉 55 胜 13 负。

在国内没有人能撼动其围棋第一人地位的情况之下，曹薰铉更希望能与日本棋坛高手一决高下。赵治勋这时候成了曹薰铉的一个重要威胁。二人大致于同一时期赴日本留学，赵治勋投身木谷门下，曹薰铉投身濑越门下。而后赵治勋留在日本，曹薰铉则回到了韩国。

1980 年，曹薰铉第一次成为“全冠王”，却被赵治勋登顶日本名人战的新闻盖过；1983 年，曹薰铉第二次成为“全冠王”，但却再次被赵治勋获得日本“大三冠”（棋圣、名人、本因坊）的新闻完全盖过。而在 1980 年末和 1981 年初的两次电视对局中，曹薰铉也都败给了赵治勋。曹薰铉因此备受打击。不过自此之后，但凡国际大赛对局，赵治勋再没有赢过曹薰铉。

曹薰铉统治韩国棋坛的 20 年，也是韩国棋坛对“永远的第一人”不断挑战的 20 年。在层出不穷的激烈对战中，韩国棋手的实力也水涨船高。而随着曹薰铉成为世界第一人，韩国围棋也就此摆脱劣势，一荣俱荣。

# 李昌镐

9 岁成为韩国围棋第一人曹薰铉的入室弟子，11 岁入段，同年获得职业生涯第一项冠军，15 岁在韩国各大棋战连胜 41 场，成为韩国围棋第一人，23 岁独揽世界大赛冠军，成为世界大赛“全冠王”。李昌镐因其沉稳的棋风，被棋坛人士称为“石佛”。

1984 年，在田永善的再三引荐之下，曹薰铉终于与李昌镐下了一盘测试棋，并最终决定收他为徒。在曹薰铉家中的 6 年，师徒之间并不经常对局。给予李昌镐围棋养分的，是曹薰铉研究室中的大量藏书。在阅读的过程中，李昌镐开始摸索自己的棋风，沉稳的个性，是其棋风形成的基础。

1989 年，曹薰铉在第 1 届应氏杯比赛中凭一人之力扭转局势，战胜了中国围棋第一人聂卫平，夺得冠军。同一年，年仅 14 岁的李昌镐在第 8 届 KBS 围棋王战中战胜金秀壮七段，创下了最小年龄夺取职业冠军的世界纪录。次年，李昌镐在第 29 届最高位战中以 3：2 的成绩战胜恩师曹薰铉。对恩师的挑战，拉开了李昌镐时代的序幕。

1990 年 9 月的国手战，李昌镐摘取曹薰铉连膺 15 年的国手称号；1991 年 1 月，李昌镐摘取曹薰铉大王头衔；1991 年 3 月，在王位战中，李昌镐再次战胜曹薰铉；1991 年 8 月，李昌镐摘取曹薰铉名人头衔……直到 1995 年，曹薰铉彻底失去所有头衔。韩国围棋界形容这是一场“政变”。通过战胜自己的老师曹薰铉，李昌镐成为韩国棋坛第一人。

1993 年至 1994 年，韩国棋手在国际棋坛大爆发。曹薰铉、徐奉洙、刘昌赫等接连在国际赛场夺冠。但是与此同时，李昌镐在国际比赛的表现却不尽人意，胜率非常低，这与他在国内的气势极为不符。国内外开始出现质疑的声音，甚至有了“内战内行，外战外行”的说法。从 1995 年开始，对于国内的比赛，李昌镐有所取舍，转而把更多精力集中在了国际比赛上。1996 年，形势逆转，在世界男子围棋八大赛事中，韩国获得 7 项冠军，李昌镐独揽其中 6 项。1998 年，李昌镐独揽世界大赛冠军，成为世界大赛的“全冠王”。至此，李昌镐彻底打破质疑，成为名副其实的“世界最强者”。

然而，最能体现李昌镐神话的，还是在韩国日刊体育社主办的农心杯。在前 6 届农心杯世界围棋团体锦标赛中，李昌镐不仅自己创造了 30 连胜的纪录，并且帮助韩国队 6 次蝉联冠军。其中在 2005 年的第 6 届农心杯中，李昌镐更是将中日一流高手一一击败，创造了 14 连胜的纪录。

# 李世石

与曹薰铉和李昌镐相比，从全罗南道新安郡的飞禽岛走出来的李世石更像是一座孤岛，他的围棋成长之路也充满了孤独之感，并无众多师友的环绕。除了父亲的指导，李世石的启蒙读物仅为每月一期的《围棋》月刊上的实战对局解说。

1994 年，当李昌镐夺走曹薰铉最后一个头衔，登上韩国棋坛第一人的宝座之时，年满 11 岁的李世石刚刚成为韩国棋院的研究生。第二年，李世石入段。由于入段的年龄仅次于曹薰铉和李昌镐，李世石获得“天才少年棋手”的称号。然而，生性自由散漫的李世石，在棋坛的表现也起起伏伏、飘忽不定。李世石时代的最终确立,也是一波三折。

入段之后的李世石并不能很好地安排自己的学习，而是开始沉迷于游戏。这种状态一直持续到 1996 年，这一年，李世石的父亲去世。这件事情刺痛了李世石，他开始有意要求自己赢棋，并且将当时的棋坛第一人李昌镐作为目标。

2000 年，李世石获得两项冠军，并战胜李昌镐的竞争对手刘昌赫。2001 年,李世石进入世界棋战的决赛，决赛中与李昌镐对战，却在稳操胜券的时候,因求胜心过强惜败。2002 年，李世石获得棋坛生涯中的第一个世界冠军。此后，他便在各项比赛中势如破竹，因而这一年也被称作李世石的起飞年。2003 年，李世石在世界棋战中再次对战李昌镐，并最终夺冠。几个月后，又在第 16 届富士通杯世界围棋锦标赛中实现卫冕。李世石的气势一时无人能挡。

然而他在每一次辉煌过后似乎都会迎来急剧的转折。在 2003 年夺取富士通杯冠军之后，他的职业生涯陷入停滞期，整整一年的时间里，李世石的成绩乏善可陈。直到半年后，他参加中国的围棋甲级联赛，才终于打破了这种态势。

从 2005 年开始,李世石渐入佳境，以 6 个世界冠军的成绩赶上了当年的李昌镐。2007 年是李世石在棋坛大爆发的一年。他获得了丰田杯世界围棋王座战、亚洲杯电视围棋快棋赛、名人战等 7 项冠军，分别占据胜率榜、多冠榜、连胜榜的第一名，达到职业生涯的巅峰。这一年也被称为李世石年。与此同时,李昌镐在国内的头衔被一个个摘掉。

2009 年的休职风波，让李世石突然有了很多空闲时间。他开始思考输与赢的真正意义，他的目标不再是取得什么样的成绩，而是留下什么样的棋谱。这样的围棋观，反而让李世石再一次连创佳绩。复职以后，李世石创造了 24 连胜的个人第 2 个连胜纪录。

**赵南哲（1923—2006）**
韩国现代围棋之父，在日本木谷道场学棋归来后，极大地推动韩国近代围棋的发展。确立了韩国围棋第一个个人时代。

**金寅（1943—）**
继承了赵南哲的衣钵，成为韩国第二位代表棋手，统治了20世纪60年代中后期至70年代中期的韩国棋坛。

**睦镇硕（1980—）**
绰号“木木”，说着一口流利的汉语，被称为韩国棋界的“中国通”。

**河灿锡（1948—2010）**
5岁入日本木谷道场学棋7年，回国后曾短暂登上韩国第一人的宝座。后因与曹薰铉在“曹·河的20番棋”大会战中败北而隐遁伽耶山。

**崔哲瀚（1985—）**
与李昌镐、李世石和朴永训并称为“新四大天王”。

**朴永训（1985—）**
从六段火箭般蹿升至九段，创造了韩国有史以来从初段到九段升段最快的纪录（4年零7个月）。

**徐奉洙（1953—）**
17岁时以二段身份战胜赵南哲，夺得名人头衔。与“围棋皇帝”曹薰铉大战20年，被称为“永远的第二人”。20世纪90年代，与曹薰铉、李昌镐、刘昌赫并称为韩国围棋“四大天王”。

**元晟溱（1985—）**
与朴永训、崔哲瀚同为1985年出生，属牛，故三人合称“牛犊三人帮”。

**刘昌赫（1966—）**
外号“玉面杀手”，有世界第一攻击手的美称。20世纪90年代，与曹薰铉、徐奉洙、李昌镐并称为韩国围棋“四大天王”。

**许映皓（1986—）**
韩国近年炙手可热的围棋选手，与中国的棋手古力交锋之后，为更多的中国棋迷所熟悉。

**崔明勋（1975—）**
创造了凭借升段分数而晋升为九段的最短纪录。

**李映九（1987—）**
2008年汶川地震后他是第一个向地震灾区捐款的职业棋手，因而深受四川棋迷的喜爱。

**朴廷桓（1993—）**
接班李世石的韩国围棋第一人，被韩国媒体封为“韩国围棋第四代守护神”。

# Four Folk Stories about Weiqi

# 民间围棋故事中的历史名局

文：元美 编：陆沉
text: Yuan Mei edit: Yuki

**围棋曾在我国清初出现过一次高潮。**
**其时，民间的一批棋手崭露头角，大放异彩。**
**这些人中，尤以黄龙士、范西屏、施襄夏三位名声最盛，**
**他们并称为“清代三大棋圣”，**
**有好事后人还为他们编了许多传奇故事，流传至今。**

## 血泪十局

生于清顺治八年（1651）的黄龙士，11 岁便因善弈而闻名四乡邻里。时人评其棋法独特，不拘泥于古法，着子看似平淡无奇，却往往能够出奇制胜。18 岁时，黄龙士与驰骋棋坛 50 多年的老将盛大有对弈 7 局，获得全胜。后又与棋路古怪多变的前辈大家周东侯在扬州弈乐园激争 30 局，在围棋史上留下了“黄龙周虎”的千古佳话。

黄龙士最负盛名的对局是让徐星友 3 子的十局棋，因此十局棋下得异常激烈，故有“血泪篇”之称。徐星友学棋时间较晚，师从黄龙士。起初，黄龙士让徐星友 4 子，继而 3 子，此时两人的水平差距仅有 2 子。黄为提携后辈殚精竭虑，徐亦是精勤努力钻研棋艺，双方各出奇招，令观者大开眼界。结果徐星友以 8：2 大胜（一说 6：4），成为继黄龙士之后称霸棋坛 40 余年的棋手。黄龙士虽然输了，但他所表现出的极为精湛的棋艺，以及指导后辈倾尽全力毫无保留的品格，同样为世人所赞叹。对局双方先后光耀棋坛，成一代棋坛名家。

遗憾的是，黄龙士中年早逝，而据不少清代野史记载，这与他曾倾力提携的徐星友不无关系。谭其文在《弈选诸家小传》说：“星友受龙士三子后，足不下楼者三年。由是深忌龙士，因延龙士至家，供奉备至，阴使恣情声色。不数年，龙士以瘵卒，而星友遂为第一。”

裘毓麟所著《清代轶闻》中记有一则关于徐星友下棋赚官的民间传闻：徐比黄年长七八岁，两人私交甚密，黄龙士为人诚朴坦荡，徐星友则善于交际，某日皇帝召二人入宫对弈。行前，徐星友对黄龙士说：“你的棋艺的确比我强，在皇上面前赢过我多回，这次让我一回可好？”黄龙士听后笑道：“这有何难？”便一口答应。下棋前，皇帝指着一边的匣子说：“今天的获胜者可以取走匣中之物。”此前黄龙士进宫下棋，多少会获得些皇帝的赏赐，因此并没有太在意。对弈结束时，黄恰好输徐 1 子。众人这时候打开匣子，看到里面是一张知府委任状。黄直到这时才知道自己上了当，但也已经无法反悔。原来徐早就从太监那里打听到匣中为何物，因此故意说服黄让他一局。然而野史终归是野史，不足为据。徐星友晚年遂归故里，著《兼山堂弈谱》，在里面对黄龙士的棋艺推崇备至。

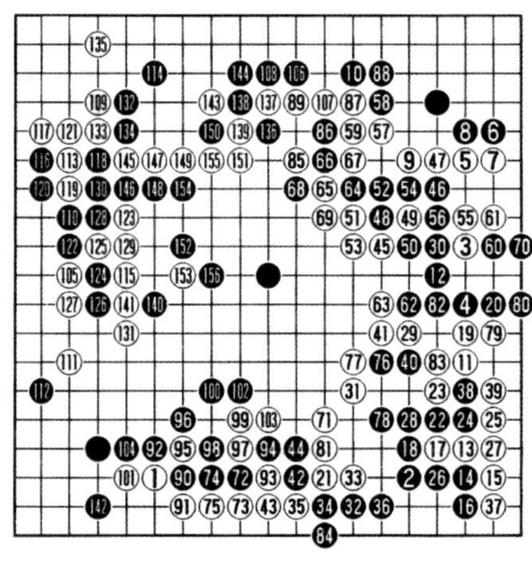

**“血泪篇”对局选**
白方为黄龙士，黑方为徐星友（受3子），　共156手。

## 当湖十局

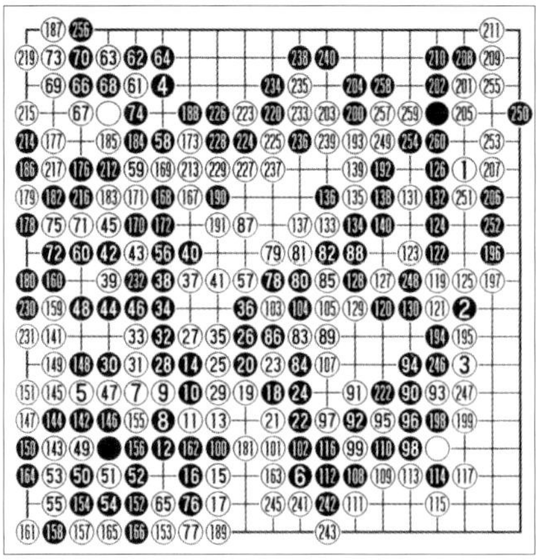

与黄龙士并称为“清代三大棋圣”的范西屏、施襄夏同样擅下让子棋。范、施两人都出生在浙江海宁，施襄夏只比范西屏小一岁。15 岁那年，范西屏与老师俞长候对局 10 局获全胜，此后便“以第一手名天下”。施襄夏对范西屏的成就十分羡慕，于是在 16 岁时也拜在俞长候的门下。两人一同学棋期间，还得到了徐星友本人的悉心指点，获赠《兼山堂弈谱》。

范、施“当湖十局”之一

白方为施襄夏，黑方为范西屏，共260手， 黑胜7子。

虽同为乡里，年纪相仿，又受教于同一位老师，范、施两人的棋艺却各有千秋。范西屏为人豪放不羁，棋风潇洒飘逸，变化多端，堪称棋界之李白；施襄夏出身于书香门第，幼年便从父学习诗文和下棋，沉稳喜静，棋风稳健持重、深谋远虑。

清乾隆四年（1739），31 岁的范西屏和 30 岁的施襄夏应当湖（现浙江省平湖市）豪绅张永年邀请对弈，人称“当湖十局”。“当湖十局”以攻杀为主，双方在这 10 局中将各自的棋风发挥得淋漓尽致。范西屏落子快捷，有气吞江河之势，施襄夏则严谨缜密，稳如泰山。十番棋下来，双方弈得盘盘精彩，各胜 5 局打了个平手，令观者叹为观止。不仅如此，两人在对弈过程中，凭着对棋艺的执着追求，表现出超越胜负的平和心态，正是自古以来棋道的精要，而这亦是“当湖十局”得以名垂千古的重要原因。钱保塘在《范施十局·序》中写道：“昔《抱朴子》言：‘善围棋者，世谓之棋圣。’若两先生者，真无愧棋圣之名，虽寥寥十局，妙绝今古。”

## 本能寺三劫无胜负

三劫局，又称“金井劫”“三劫循环”，指围棋对局中棋盘上同时存在 3 处劫争，且双方均不肯求变或退让，此局面在围棋比赛中非常罕见，出现时一般判作无胜负。

在日本的围棋历史上，最著名的三劫局莫过于僧人日海（初代本因坊算砂）与鹿盐利玄在本能寺织田信长面前的对弈。本棋局因与重大政治事变相关而成名局，也被称为“本能寺三劫之局”。

初代本因坊算砂天资聪颖，十几岁时围棋造诣就已很高，众棋手难与之抗衡。22 岁时，战国名将织田信长闻其大名，四处攻伐之余仍不忘抽出时间约见他。经过几局对弈，在让织田信长 5 子的情况下，日海仍旧走得游刃有余，令织田信长佩服至极，遂获赐“名人”称号。

日本天正十年（1582），织田信长已控制了以京都为中心的半个日本，以其势力和威望，统一天下指日可待。六月一日，织田信长为支援负责中国（日本地名）地区的大将丰臣秀吉（当时还叫羽柴秀吉），率百余名士兵从安土城出发，当晚临时驻扎在京都本能寺举行茶会，并召来日海与另一位围棋高手鹿盐利玄在他面前对弈。令包括信长在内的众人感到惊奇的是，当晚棋局变化莫测，惊现罕见的三劫局，循环不止，最终只能判作和棋。弈毕，信长返回就寝，不料次日凌晨，家臣明智光秀谋反，杀奔本能寺讨伐信长，一代枭雄就这样死于乱军之中。从此，日本棋坛便流传着“三劫不吉”的说法。

织田信长死后不久，丰臣秀吉在山崎之战中击败明智光秀替主报仇。丰臣秀吉本身也爱好下棋，听闻日海因缅怀将军的知遇之恩日夜为其祈求冥福，十分钦佩，遂召见并拜他为师。后因日海棋艺突出，秀吉授予其“棋所”名誉，同时资助他扩建寂光寺。1598 年，日海接任寂光寺住持，正式改名为“本因坊算砂”，成为日本围棋名家本因坊的开山鼻祖。

## “名人棋所”之六番争棋

1623年，做了21年“名人棋所”的一代本因坊算砂辞世。算砂一手奠定了江户三百年围棋盛世的根基，除了他创建的本因坊家之外，井上家和安井家的初祖也都是算砂的弟子，算砂无愧为日本围棋史，乃至世界围棋史上的一代巨人。

算砂离世前，将名人棋所的位置指定给得意弟子中村道硕（此时的中村道硕已自立门户），并将唯一的后嗣、当时只有13岁的算悦托付给他，希望他可以摒弃门户之见，对算悦加以教导，为本因坊延存一脉。算砂死后，中村道硕为培养算悦尽职尽责，算悦20岁时就已经取得了七段资格。

宽永七年（1630），达成师命的中村道硕在担任名人7年后离世。在此之后，因为没有棋力和人品都足以服众的人选，名人棋所之位长期虚悬，直至1646年，幕府才决定由算悦和安井家当主、年龄比他小6岁的安井算知进行六局对弈，两人之间的六番棋将决定名人棋所的归属，因而备受瞩目。这也是日本古代围棋史上的第一次争棋，由此创下先例，引出了后来那些荡气回肠的著名争棋。

算知是安井家开山祖师算哲的得意门徒，自幼天资聪颖，且受到幕府政要南光坊天海等人的喜爱。因背景和年龄都与算悦相仿，自然也成了名家眼中继承名人位置的最佳人选之一。算知深知技不如人，为不辜负先师和门派的厚望，他加倍用功，因此棋艺大增，在正保二年(1645)对弈的第一局就执黑中盘击败算悦。此后，两人一年一弈，最终局因将军家光去世引发的“由井正雪之乱”而推迟3年。六番棋两人用了整整9年时间下完，结果打成三对三的平局。因此，棋所的位置依然空缺。

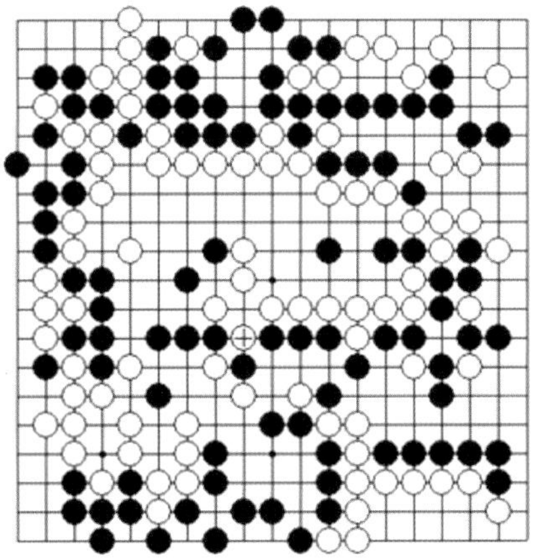

历史上最早的三劫无胜负棋局是本因坊算砂对鹿盐利玄的“本能寺三劫之局”。图为第5期日本名人战决赛第4局中，赵治勋与大竹英雄的对局中出现的三劫循环和棋。

算悦在9年争夺无果后便元气大伤，一直为当不成棋所而郁郁寡欢，在对弈结束后的第5年即含恨去世，享年47岁，令人不胜唏嘘。算悦虽然未能在有生之年当上名人棋所，但作为本因坊的继承人，他的棋艺无愧于家族期望。而较其棋艺，算悦耿直的性格和端正的棋品更为后人所称道。某次，在与算知的对弈过程中，幕府政要松平肥后守也到现场观棋，两人下至中盘时，松平肥后守在一旁评论：“此局本因坊要输了吧。”松平后守的这句话犯了“观棋不语”的忌讳，算悦听到后，从棋局前站起身来，向着空荡荡的将军御座行了个礼，说“既然如此，那这盘棋就到此为止吧”，做出准备离场的样子。负责主持御城棋的官员害怕出大乱子，急忙劝说他继续对局，算悦娓娓而谈：“我将毕生的心血都注入到了围棋之中，就像武士对武道的态度一样，无论胜负必尽其力，绝不允许任何人妄加评判，何况我被授予了七段资格。阁下既然已经评判了胜负，那此局就到此为止吧。”松平肥后守此刻也意识到闯下了祸端，不得不承认自己失言，并向算悦道歉，才将一场风波消弭下来。

本因坊算悦离世10年后，安井算知得益于松平肥后守等人的帮忙，终于当上了名人棋所，但因为是幕后运作，旋即受到了算悦传人本因坊道悦的质疑和挑战，又一场六十番大争棋就此拉开序幕，而算悦的弟子、一代棋圣道策也即将就此登上历史舞台。

# The Types of Weiqi Openings

# 围棋布局流派

文：王亮　编：陆沉　绘：大雷
text: Wang Liang　edit: Yuki　illustrate: Da Lei

古代中国围棋施行“座子制”，后因囿于“座子制”而失色。
围棋传入日本后，在江户时代逐步废除了“座子制”，
而将黑棋的第一手下在小目的位置，这便是小目布局的雏形，
小目布局当中最著名的，当属秀策流布局。
昭和时代，吴清源和木谷实打破了小目开局的惯例，
尝试以星位和三三开局，史称“新布局”。
后来，武宫正树又开创了完全以星位开局（三连星）、以中腹围空为目的的“宇宙流”。
近年来，陈祖德等中国棋手研究开发出“中国流”，
以及变形后的“迷你中国流”，这一布局也被韩国、日本的许多棋手所采用。

## 中国流　陈祖德

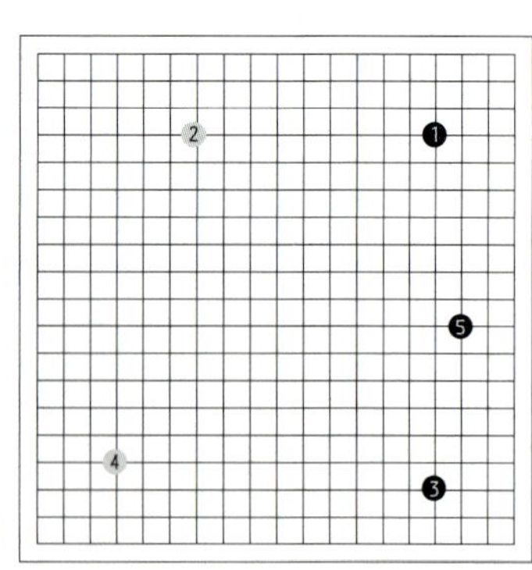


1965年7月18日，在东京举行的中日围棋友谊赛第一场中，以陈祖德为代表的5名中国棋手都不约而同地使用了一种特殊的布局。翌日，日本新闻界纷纷以“中国人的新武器”为题，报道了这一异乎寻常的现象。1970年后，日本棋手也开始采用这一布局，并称之为“中国流”，这里的中国流一般指“低中国流”。

在中国流布局诞生之前，日本“旧布局”强调走小目占实地，“新布局”强调走星位取势。中国流布局则重视星与小目的结合，布局构思不偏不倚，符合中国传统的文化观念。中国流布局从星小布局中来，却以全新的结构和卓越的思想，确立了自己独特的地位。

## 迷你中国流 曹薰铉

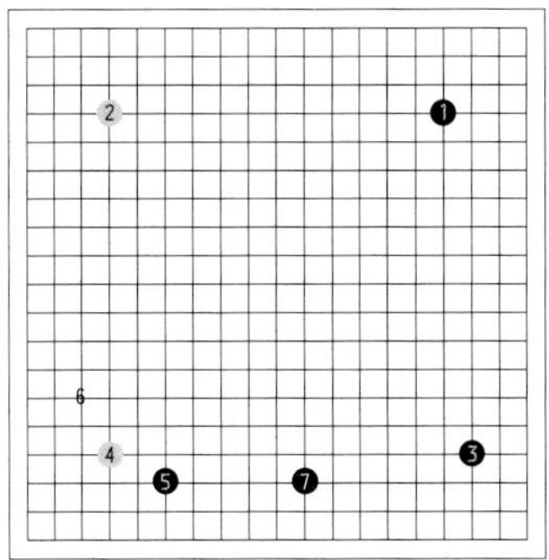

迷你中国流，因其形似小版的中国流而得名，是 20 世纪 90 年代至今最流行的围棋布局之一。它在形态上与中国流相似，主要行棋方式和目的与中国流相同。速度快、效率高是迷你中国流的最大特点。

因多为韩国棋手所用，所以被认为是韩国人发明的。但实际上，早在棋圣道策时代，道策下让子棋时就经常使用这种布局。酒井猛九段在《玄妙道策》中写道："道策流是道策持白让对手使两子的情况下，为了不使局势落后而宽大构阵，等待对手侵入再加以修理的战法。三百年前道策流的战法，正是中国流的前身。"

从 17 世纪后半叶到 20 世纪 90 年代初，一直鲜有人采用这种布局。直到以曹薰铉、徐奉洙为代表的韩国棋手活跃在世界围棋舞台，充分发挥出了迷你中国流的精髓，这种布局才又重新得到重视与发展，并被总结出种种理论，成为近 20 多年来世界上最流行的布局体系之一，并多次出现在世界重大比赛中。迷你中国流布局的特点除了速度快、效率高外，还在于敏于实地、易于定型。随着棋局的进行，还有可能构筑成大模样，并以此为背景进行战斗，变化非常多端。

## 高中国流 羽根泰正

相对于低中国流来说，高中国流更为重视向中央的发展，羽根泰正是这一派的代表人物之一。由于"文化大革命"，中国围棋发展有过一段时期的停滞。此时，日本棋手经过对中国流布局的深入研究，发明了"高中国流"布局。其特点是布局速度快、注重向中腹挺进，主要以小目为发展方向。羽根泰正师从岛村俊广九段，1958 年入段，1981 年升为九段。他棋风强硬，以高中国流为得意布局，有"中京大钻石"的美称。

## 秀策流

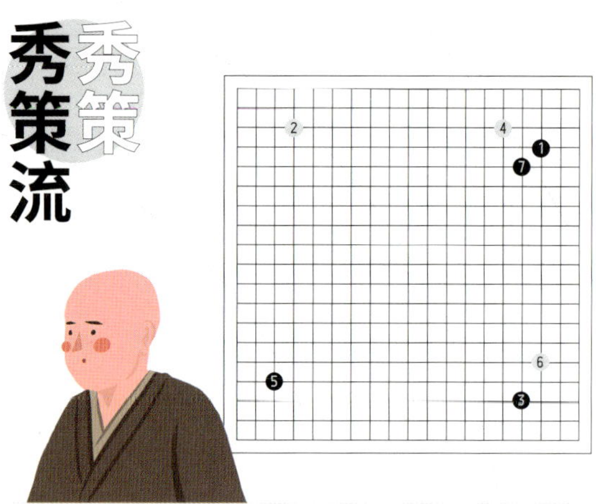

秀策流布局也称“一三五”布局。如图，黑 1、3、5 占据三个不同方向的小目位置，如同循环形，黑 7 是“秀策的小尖”。

“无论今后围棋的技术如何进步，只要是 19 路的棋盘，这个尖儿就不会是败笔。”本因坊秀策曾做出过这样不无得意的论断。随着时代的变迁，特别是由于黑棋需要大贴目，秀策流布局在今天并不常见。但“黑 7 小尖”这手棋具有千古不灭的价值，在当代顶尖职业棋手们的对局中，以守为攻的“黑 7 小尖”这一着还是屡见不鲜。

秀策流的理论体系确立于日本江户时代末期。在此之前，以元丈（十一世本因坊）、知得（八世安井）对局谱为代表的对角小目布局（即“本法”布局）为主流。“本法”布局，也有从角到边的定式以及相应战法，但还没有形成立足于全局的系统理论。

秀策并不是“秀策流”布局的发明者，最早下出秀策流以及著名的第 7 手“小尖”的也不是秀策（此前被认为是秀策的独创）。不过秀策却是最早对此布局进行系统研究并在实战中大量应用的第一人，因此将此布局称作“秀策流”，也算实至名归。

秀策是第一个认识到全局利益重于局部利益的棋手。他的棋着非常平和，只要是不影响全局，他也会在别人看来不能忍受的位置落子，并且不喜采用过于强硬的手段。秀策的棋讲究以理服人，看重全局的平衡和谐，在棋局进行过程中反复进行形势判断。他的棋给人一种高人一等的华丽感觉。秀策能着着领先对手，以不战屈人的方式战胜对手，就是源于全局平衡的感觉。他的棋法有一种顺水推舟的味道，从这个角度讲，他的棋法最符合围棋的本质。这也是他在当代日本棋手中最被推崇的原因。

## 小林流

小林光一

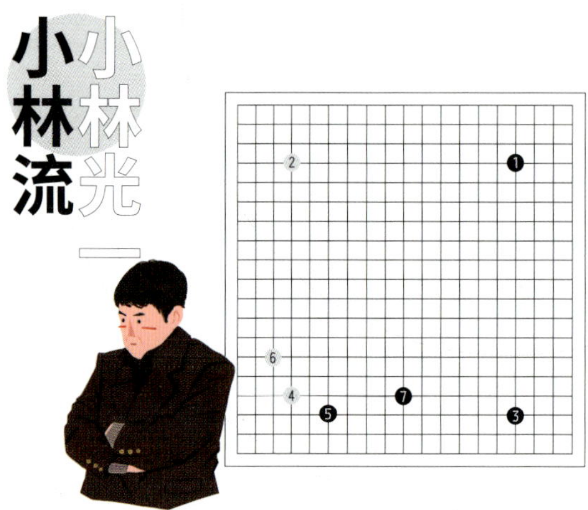

小林流是星和小目结合而成的布局。因 20 世纪 80 年代中期，日本著名棋手小林光一九段执黑频繁使用此布局，并取得了不错的成绩而得名。其实，此前中国棋手已经用过这种类型的布局，70 年代处在上升时期的聂卫平九段执黑时就经常这样开局，不过这种布局在当时并未流行开来。

小林光一是日本职业围棋棋手，日本棋院职业九段。他 9 岁开始学习围棋，由父亲启蒙，13 岁入木谷实门下，是七大弟子之一，以进攻犀利、形势判断准确著称，经常使用的折扇上有“飞翔”二字。小林流的基本思路是：实地第一，不管棋型是否有优势，只求达到目的。在领先的时候迅速定型缩小棋盘，冒险的棋不走，保证胜利。

## 宇宙流 武宫正树

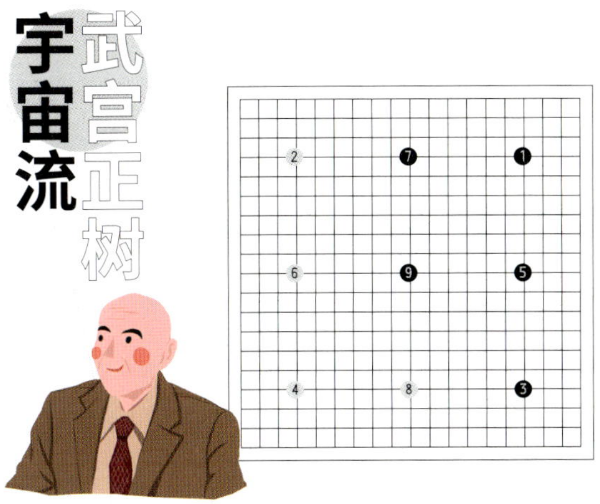


宇宙流在20世纪70年代由日本围棋手武宫正树开创并发展。武宫正树早在60年代的时候，就跟加藤正夫和石田芳夫一起被人合称为“木谷门下青年三羽乌”。但宇宙流初露锋芒是在1976年的第31期本因坊战上，武宫正树以4:1的成绩把已经5次蝉联的石田芳夫拉下马，称霸三大棋战。

“宇宙流”真正在棋坛爆发，是在20世纪80年代末至90年代初。1985年至1988年，棋艺炉火纯青的武宫正树获得本因坊四连霸，并于1988、1989年连续两年夺得富士通杯世界围棋锦标赛冠军，连续四届称霸亚洲杯电视围棋快棋赛。甚至于当时已经夺得应氏杯世界职业围棋锦标赛冠军、正如日中天无人能挡的曹薰铉，都对武宫正树的宇宙流束手无策。世界棋坛一时谈宇宙流“色变”。宇宙流也成为众多年轻棋手追慕的布局，使宇宙流的相关书籍畅销中日韩三国。但因把握中腹的难度极大，能够驾驭宇宙流者，仍然只有武宫正树一人。

1990年以后，宇宙流因为武宫正树年龄增长、棋力下降，以及后继乏人而逐渐衰落，但其中所包含的外势运用、对第四线的重视以及在中央作战的思维，已经成为新一代棋手重要参考的一部分了。

另外，吴清源在《中的精神：吴清源自传》书中写道，编制出贞享历的江户时代的天文学家涩川春海，也是棋力很高的棋手，他的棋士名字叫安井算哲，他曾经把第一手下在天元，可以说那才是最原始的宇宙流。

## 星配单关角布局 李昌镐

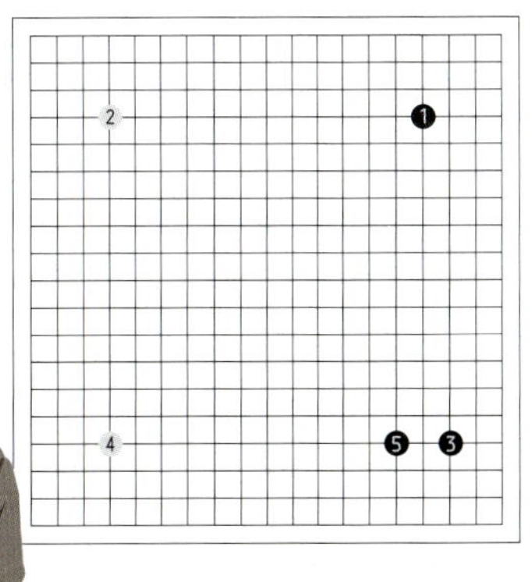


星配单关角布局的特点是方便右边连片，限制对方分投，李昌镐擅长此局。这种布局出现在2005年第6届农心杯世界围棋团体锦标赛第14局李昌镐对王檄的对局中。李昌镐与曹薰铉、徐奉洙、刘昌赫被称为韩国围棋的“四大天王”，与李世石、朴永训、崔哲瀚被称为“新四大天王”。在20世纪90年代中期到21世纪初期曾经多次拿下世界大赛冠军，统治国际棋赛长达十多年，为当时棋界公认的霸主。

24

# Yun Zi : Special Weiqi Pieces Manufactured over 500 Years

# 传承五百余年的云子制造

文 + 采：元美 编：陆沉 绘：柴小熊
text & interview: Yuan Mei edit: Yuki illustrate: Chai Xiaoxiong

**1985 年 8 月 27 日，**

**第 1 届中日围棋擂台赛第 13 局的比赛开始了。**

**聂卫平拈子凝神，持黑子先行，**

**一场光荣之战伴随着手中那一颗云子清脆悦耳的落盘声，正式开局。**

20 世纪 80 年代的中日围棋擂台赛上，聂卫平取得 11 连胜，一度扭转了中国围棋在世界棋坛的弱势地位，同时也唤醒了许多国人的“黑白梦想”。擂台赛的胜利不仅在全国掀起了一股学习围棋的热潮，也带动了作为指定棋具生产厂家——云南围棋厂生产的云子走出国门，实现迈向世界的飞跃。

云子受到了来自世界各地围棋爱好者的喜爱，其受欢迎程度远远超过日本的蛤贝棋子（蛤碁石）。1986 年，它还被作为“国礼”赠给日本首相中曾根康弘和英国女王伊丽莎白二世等外国贵宾。此后，更是远销包括日韩、东南亚、欧洲、美洲等多个国家和地区。据云南围棋厂厂长罗玲介绍，2017 年 5 月份在中国乌镇举办的“人机大战”使用的便是云子，除此之外，2017 年 7 月 21 日至 8 月 6 日在德国奥伯霍夫市举行的第 61 届欧洲围棋大会，也同样选了云子作为指定棋具。云子已成为世界各地围棋爱好者以及围棋赛事青睐的棋具。

云子，因其外形扁平手感平滑，因此还有“云扁”的古称。《南中杂说》中记载：“滇南皆作棋子，而以永昌为第一。”因永昌生产的棋子为上品，故又称其为“永子”。据考证，云子距今已有 500 年以上的历史。相传明代某次宫廷失火，负责保管珠宝玉器的永昌人李德章无意间发现熔化了的珠玉具有独特的色泽质感，回到家乡后便用当地盛产的玛瑙石、琥珀等原料反复试验，终于在正德七年（1512）成功制成了围棋珍品“永子”，深受文人们的喜爱。嘉靖十八年（1539），永子被朝廷敕令为贡品，并获赐“棋中圣品”的美誉，堪称国宝。

作为一种古老的传统工艺品，云子流传至今可谓历经坎坷。传统云子制作工艺曾在清末民初战乱中濒临失传。中华人民共和国成立后，陈毅元帅和周恩来总理都曾询问过永子生产的恢复情况，表现了对传统工艺以及围棋文化发展的特别关注，但永子的制作工艺一直没有取得什么实效性进展。直至 20 世纪 70 年代中期，云南省体委从民间收集到了几颗古法制作的老永子。负责研究云子配方及制作工艺的昆明第十二中学的化学教师王启宇和其他几位老师以此为参照，结合历史资料中关于云子的记载——“以玛瑙石合紫瑛石研为粉，加以铅、硝，投以药料，合而煅之，用长铁蘸其汁，滴以成棋”，经历无数次实验，终于在 1974 年还原出了老云子的配方，并研发出了新云子，将云子从绝境中拯救并传承了下来。新云子继承了传统的古法工艺特点，配方略有不同，在色泽、硬度等形和质上都有所改进和创新。

1980 年，昆明第十二中学校办工厂正式改名为“云南围棋厂”，生产“云”字牌围棋子。1986 年，云南省轻工厅资助 7 万元人民币兴建了围棋厂的第一座生产车间，随即，1987 年中日围棋擂台赛的举行掀起了一股“围棋热”，直接成就了围棋厂当年 3100 副云子的产量。工艺独特、品质卓越的“云”字牌围棋一时间名声大噪，市场供不应求。罗玲厂长告诉我们，现在，云南围棋厂的年产量已达 15 万副以上，棋子产品已形成老云子和新云子两大配方工艺，以及每种工艺下的 4 种不同大小规格的单、双面凸棋子。除此之外，还有国礼级、国手级、弈手级以及实用型等满足中高低端不同人群需求的共计五大产品系列、近 40 多种产品。云子围棋占据全

## 云子制作过程

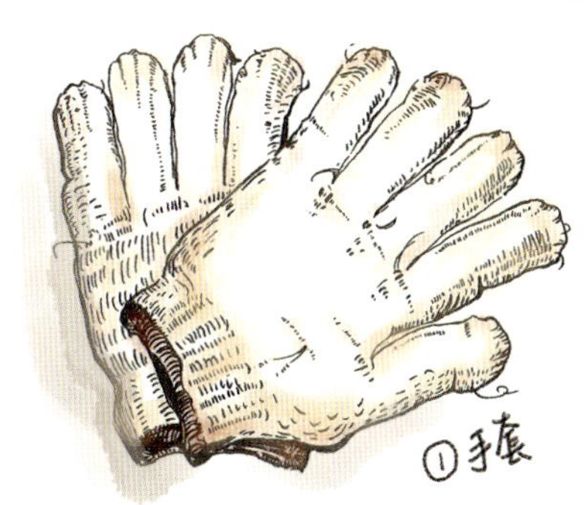

①手套

③墨镜

①②③④⑤准备工作

一天的工作开始前，师傅们会换上干净的工作服，用清水将用于滴子的铁板冲刷干净，并用毛巾擦干。

滴子时，佩戴墨镜是为了防止长期对着火光对眼睛造成伤害。

②毛巾

④铁板

⑦矿石

⑥⑦ 云子采用的是国家级保密配方，选用云南特产的玛瑙石、紫英石等十多种天然矿石原料，再加上红丹粉、硼砂等原料研磨为粉。

⑧研磨成粉

⑤滴棒

⑧、⑨ 将配好的粉末状原料，放入1200°的高温炉子里加热，熔为液体。接下来就可以开始滴子了。

温度计

1200 ℃

⑥滴子模具

⑨控温表

# 云子制作过程

⑪滴子

⑩⑪ 滴子过程

刘廷崇师傅生在炉前，热浪扑面而来，身后的风扇呼呼地吹着，师傅脸上满是细汗。滴子是一道需要心手眼相配合的工序。状态好的时候，刘师傅一天可以滴6000多个棋子。

⑩电风扇

⑬出炉冷却，自然退火。

⑫用圆头铁棒轻轻蘸上经高温熔化的原料，快速向下翻转滴棒，将熔料滴在细长的铁棒上，一蘸，一滴，待熔料形成大小如棋子时，快速向上翻转滴棒收料，"云子"的雏形就形成了！

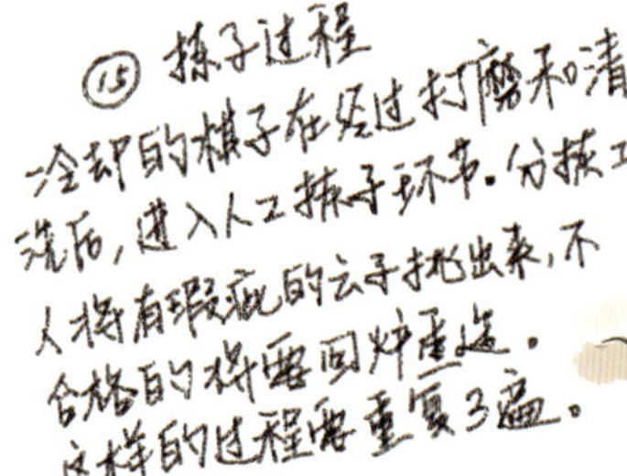

⑮ 拣子过程

冷却的棋子在经过打磨和清洗后，进入人工拣子环节。分拣工人将有瑕疵的云子挑出来，不合格的将要回炉重造。这样的过程要重复3遍。

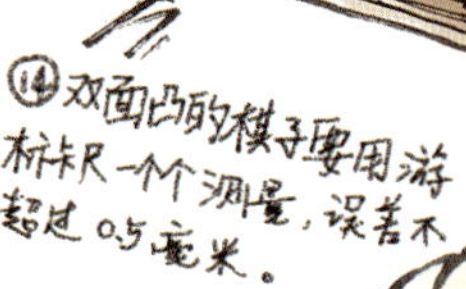

⑭双面凸的棋子要用游标卡尺一个个测量，误差不超过0.5毫米。

⑮拣子

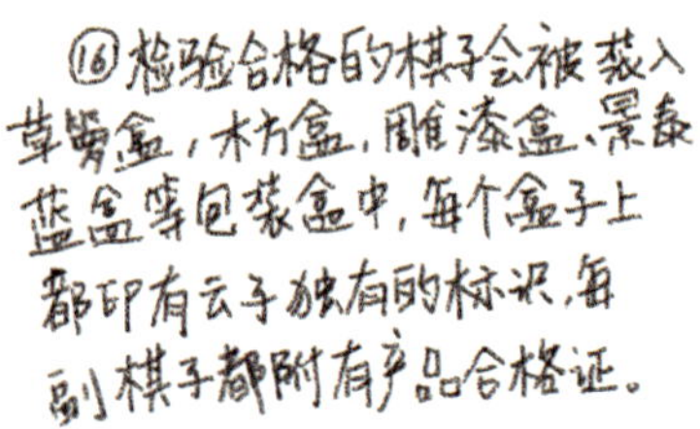

⑯检验合格的棋子会被装入草箩盒，木方盒，雕漆盒、景泰蓝盒等包装盒中，每个盒子上都印有云子独有的标识，每副棋子都附有产品合格证。

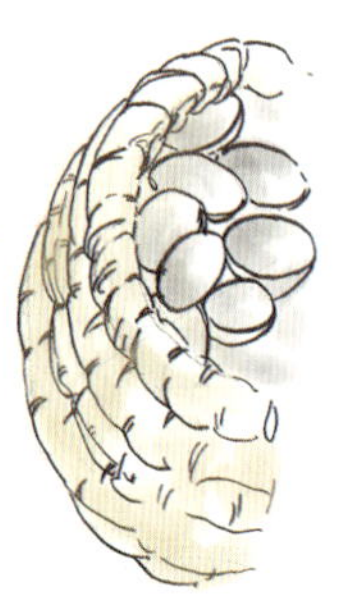

国围棋市场份额的 30%，同时出口到世界多个国家和地区。

2017 年 5 月的“人机大战”中，中国棋手柯洁使用的棋子即为云南围棋厂生产的单面凸棋子。“赛后很多媒体报道称，柯洁在对弈中使用的是我厂生产的双面凸棋子，事实上不是的。开赛之前，我们准备了双面凸和单面凸两种棋子。由于双面凸棋子的弧度比单面凸的更优美，出于视觉效果的考虑，主办方最初决定用双面凸棋子。后来更换为单面凸棋子，应该是考虑到国内棋手大部分都习惯用单面棋子，单面棋子的质感会更稳一些，更有助于棋手的发挥，于是临时做了替换。单面凸棋子是我国棋手最常用的棋子，由厂里的老师傅纯手工滴制，未使用任何模具，自然成型。其弧度自然、质地坚硬、落子清脆，无论是手感还是置盘，都非常完美。尽管国际围棋现在通常用的是双面凸棋子，不过随着近年来中国围棋影响力的提升，单面凸棋子也正在被越来越多的外国棋手所接受。”罗厂长说道。与常见的塑料围棋、玻璃围棋和陶瓷围棋相比，云子的大小规格、视觉感受、落盘声音和手感明显不同。云子色泽温润，白子洁白如玉，微有淡黄或翠绿之色；黑子乌黑雅致，对光仰看，还能看到棋子周边有一环碧绿的光晕，犹如玉石，令人赞叹。在长期的对弈中，色泽柔和的云子能起到不炫目不刺眼的保护作用，加之质地细腻耐摩挲，且如玉石般冬暖夏凉，因此成为国内外重大比赛的首选用棋。

云子为何会有如此绝妙的特点？谈及这门古老工艺，罗厂长说：“云子选用云南特有的玛瑙石、紫英石等十多种天然原矿石原料熔炼而成，其奥秘就藏在这‘十多种’材料中，这是国家级保密配方。在生产过程中，每个师傅只知道自己负责的这一环节的配料，因此能够有效地避免配方外泄，杜绝了市场上的造假和仿制行为。”

罗玲是云南围棋厂的第 6 任厂长，也是最年轻的一位。交谈间，罗厂长声音柔和思路清晰，谈到云子的未来发展时，这位 80 后厂长不时透露出对传承这门工艺的自信和坚定。

在担任云南围棋厂总经理之前，罗玲有着近 10 年的项目管理经验。她在接手围棋厂的工作之后，从内部管理、年轻师傅的培训机制、文创产品开发等方面都做了相应的调整和革新。“围棋厂的前身是 20 世纪 60 年代昆明十二中的校办工厂，由学校承包给老师管理经营，主要目的是用收入来扶持教育。跟现在的国有企业相比，校办工厂的体系与市场发展已不相适应。后来为了围棋厂的更好发展，2012 年，官渡区政府把围棋厂从校办工厂中分离出来，并对工厂做了一系列改革。相比以前的内部管理，我们所做的，只是在原有基础上进行了一些规范和调整，更多的还是本着以人为本的理念来传承工艺。围棋厂已经有 40 多年的历史了，在这个过程中，很多工人从小徒弟变成了老师傅，他们陪伴着围棋厂走过了各个不同的艰难阶段。有的人经历过最开始生产条件和环境都相对落后的小作坊式生产、有的人曾参与云子配方的还原以及产品的研发……很多很多。由于过去的条件没那么好，工厂对师傅的待遇、教育、培训以及各方面的关注都比较少。现在国家大力提倡‘工匠精神’，实际就是提倡坚持不懈地做好一件事情。我们做棋子，其实就是一件非常简单的事情。相比以前，我们做了些制度的建设，让工人对每个生产环节、生产工艺都有一个基础的了解，帮助工人学习企业文化和围棋工业，并在此基础上鼓励大家进行创新。为此，我们现在每个月都会组织一些技能比拼活动，并会定期做一些技能方面的培训，同时还会为工人的技能评定工艺等级。现在工厂里的年轻人也逐渐多了起来，光生产环节就有 30 多位。年轻人愿意从事传统手工艺是一件令人欣慰的事儿，相应地，我们也会从待遇方面给予他们足够的回报，例如工资福利待遇、家庭安置以及子女的就学等情况企业都会帮他们考虑。除此之外，我们也会给予工人足够大的成长和发展空间。工厂的几位技艺传承人例如刘廷举和刘文富，以及 3 个工艺美术大师都会定期参与到培养工人的机制中来，为工人做出清晰的职业规划。每过一个阶段还会为他们做公司内部技能评定并鼓励他们参与国家的技能评定，从而激发他们的工作热情，打造一批工艺大师团队。只有基本生活、基本福利待遇有所保障，工人才会有精力为围棋技艺的传承和创新创造更多的价值。”

2009 年，云子围棋制作技艺被评为云南省非物质文化遗产项目。2015 年，云南围棋厂除了恢复传统老云子配方外，还研发了 3 个保密配方，申请了 10 项专利，并全部得到 100% 的实施和应用。坐落在昆明东南郊官渡古镇的这座仿古庭院，每天除了迎来为忙活云子生产而进进出出的师傅外，还会有来自世界各地的围棋爱好者来此参观，了解围棋文化。创立 40 多年的云南围棋厂，从十几人的小作坊发展成年产值 1500 万的民族企业，让有着 500 多年历史的云子工艺得以恢复、传承与发扬，并且还会不断地向前探索古法窑造制棋工艺与现代美学的结合。小小云子在工匠和棋手的手指间传递，变成连接东方与西方、古老与现代的有力载体，也让围棋成为世界认识中国的新途径。

# The Game of Weiqi in Chinese Paintings

# 古画中的围棋：松阴满地，惟闻棋声

文：刘小荻 编：陆沉
text：Liu Xiaodi edit：Yuki

**在我国古代，**

**围棋可以说是已经深深融入上至帝王将相、下至山野村夫的生活之中。**

**历代绘画作品中，也都能够看到围棋的身影。**

唐代时，玄宗很爱下围棋，为此，他还特地设置了“棋待诏”这一九品官职。五代时周文矩绘制的《明皇会棋图》和唐代绘画作品《明皇杨妃弈棋图卷》都算是对玄宗爱好围棋的例证。

《酉阳杂俎 · 忠志》里载：

> 上夏日尝与亲王棋，令贺怀智独弹琵琶，贵妃立于局前观之。上数子将输，贵妃放康国猧子于坐侧。猧子乃上局，局子乱，上大悦。

故事说的是玄宗和亲王下棋，杨贵妃在一旁观棋。杨贵妃也懂围棋，眼见玄宗棋差一着，就要输了，于是她灵机一动，让怀中的宠物狗跳上棋盘，乱了棋局，借此替玄宗解了围，避免了他输棋。

晚唐时，上到王公贵族，下到贩夫走卒，都痴迷于围棋。当时棋风大盛，围棋爱好者的规模空前。五代时，尽管藩镇割据，社会动荡，但受晚唐好棋风气的影响，围棋还是得到了稳步发展。

南唐李家王室也出过不少棋痴，比如周文矩在他传世的画作《重屏会棋图》里，就曾描述了唐中主李璟与其弟景遂下棋的场景。中主李璟的第 9 个儿子李从谦更是自幼就对围棋表现出浓厚兴趣，常常津津有味地看自己的哥哥李煜和侍臣下棋。李煜也很喜欢这个幼弟，还曾让李从谦作了首《观棋》诗：

> 竹林二君子，尽日竟沉吟。
> 相对终无语，争先各有心。
> 恃强斯有失，守分固无侵。
> 若算机筹处，沧沧海未深。

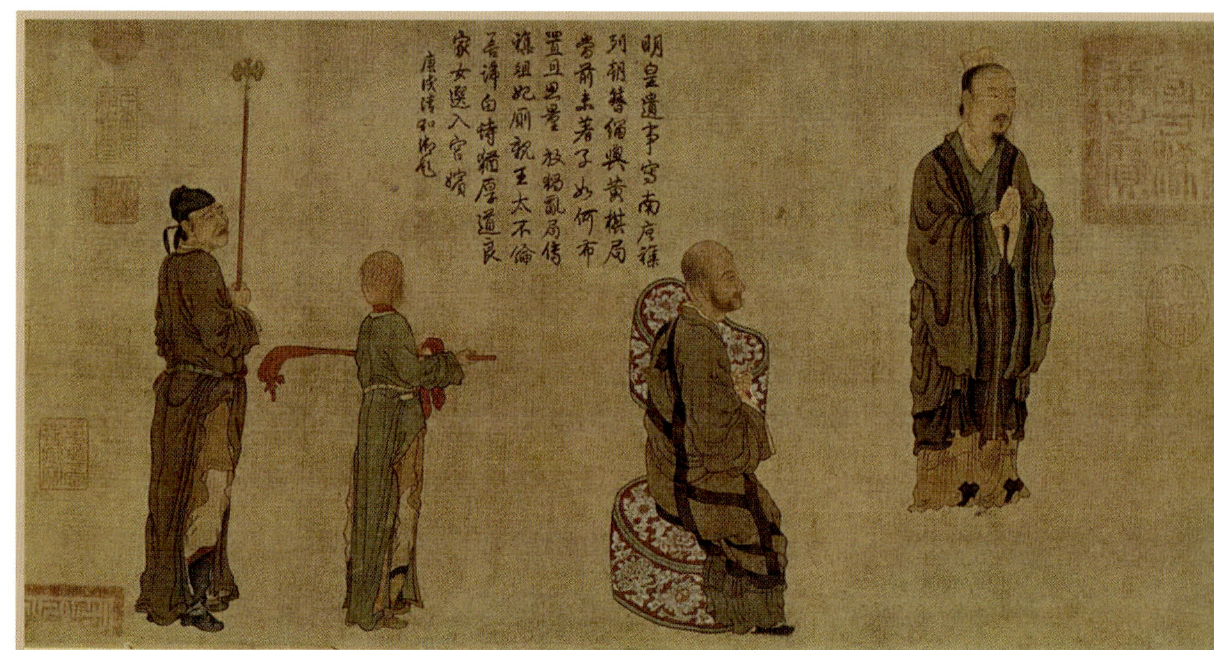

南宋刘松年有幅《十八学士图》传世，画的是唐太宗所建“文学馆”中的 18 个大儒。画上描绘了一场文人聚会，众人游园、赋诗、品茗、赏景，当然也少不了对弈。这幅画上描绘的虽是唐代文人，不过尚棋之风在宋代文人身上，更是有过之而无不及。

宋代时，宋太宗赵光义就嗜好围棋。宋代的文莹在《湘山野录》卷中说：

太宗喜弈棋。谏臣有乞编窜棋待诏贾玄于南州者，且言：“玄每进新图妙势，悦惑明主。而万机听断，大致壅遏。复恐坐驰睿襟，神气郁滞。”上谓言者曰：“朕非不知，聊避六宫之惑耳。卿等不须上言。”

以弈棋来避六宫之惑，言语间即可知宋太宗对围棋的痴迷。宋代文官治国，士人的雅好不能缺棋，朱熹的《三朝名臣言行录》中记载了宋代士大夫以棋酒自娱的社会风潮：

仁宗在位久，天下无事，一时英俊，多聚于文馆，日食秘阁下者常数十人。是时风俗淳厚，士大夫不喜道短长为风波，朝夕讲论文艺，赓唱诗什，或设棋酒以相娱。

到了元代，尽管围棋的普及度不及南宋，不过历史的传承仍旧未断，围棋的文化内涵同样得到了很好的延续，围棋在人们的生活中仍旧占据很重要的地位。元代绘画作品《荷亭对弈图》中，便表现了人们在夏日时的对弈情景，画中闲云野鹤的文人情致比起宋人依然分毫未减。

明初的统治者下达了禁棋的命令，即便如此，民间的尚棋之风仍未被斩绝。围棋经过千年的发展，已然融入了人们的文化基因里。平常市井中，对弈之人依然常见。文徵明绘有一幅《松下对弈图》——荒村里有一处小院，院中养了闲鹤，柴门微掩，一小童去为来人开门，屋外空地上有松树亭亭如盖，松下坐着的两个褒衣博带的文人停下手中棋局，听面前立着的童子禀告有人来访。

老松、闲鹤、对弈、柴门，这一切意象无不带着一种闲适的文人趣味。《苕溪渔隐丛话前集 · 杜少陵》云：

吾尝独游五老峰，入白鹤观，松阴满地，不见一人，古松流水间，惟闻棋声，然后知此句之工也。

松阴满地，惟闻棋声，无论是宋代的苏轼也好，明代的文徵明也罢，围棋浸在文化血骨里的意蕴，让人们即使相隔时空，依旧能够品察到“棋声花院闭”的妙处。

**明皇会棋图 ◎五代南唐 ◎周文矩绘**
画面上有八个人物，官员一人、和尚二人、道士二人、优人一人、侍从内官一人，明皇座位前置一棋局。是唐代围棋文化的广泛传播最有说服力的实物证据。画无名款，旧传周文矩画，并有南宋高宗藏印。

对弈图 ◎明代 ◎尤求绘

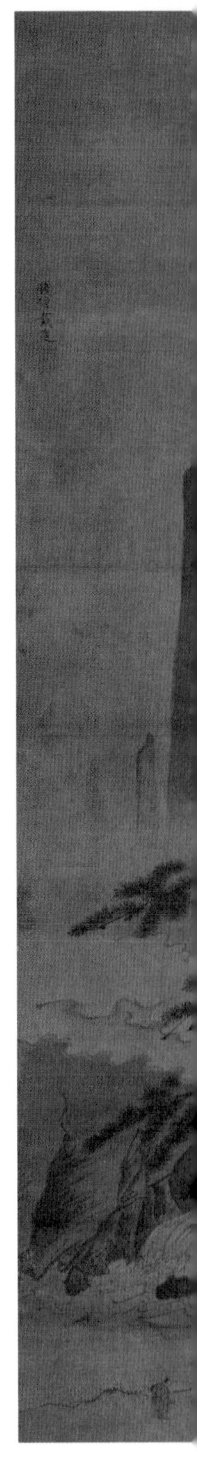

溪亭对弈图 ◎明代 ◎唐寅绘

深山对弈图 ◎明代 ◎戴进绘

**对弈图 ◎明代 ◎仇英绘**

此图以晋代大书法家王羲之和谢安于建康庭院手谈为题材，格调很高。画面布局精巧，作画笔法转折游动自然，施以淡彩，更显清雅气象。二位高士席地坐于豹皮，泰然自若。在明代画家中只有仇英画过坐于豹皮之上的高士。

**松下对弈图 ◎明代**
**◎文徵明绘**
此图以淡墨摹写，二人松下对弈，闲坐山野中一清幽小院，有闲鹤，有老松，有小童微启柴门迎接来人，一派世外高逸之感，款识：嘉靖甲寅春二月既望西窗得之也。徵明笔。

**香山九老图 ◎宋代 ◎佚名**

唐代诗人白居易在故居香山（今河南洛阳龙门山之东）与八位耆老集会、燕乐。当时白居易为了纪念这样的集会，曾请画师将九老及当时的活动描绘下来，这就是《香山九老图》的由来。

**荷亭对弈图 ◎元代 ◎佚名**

图中描绘池塘边敞轩水榭，绿柳掩映，塘中莲花片片，碧水微波。水榭中二高士对坐博弈，全神贯注，另有一人侧卧床榻，一手支颐，不知是弈后的疲惫小憩还是战前的养精蓄神；又有三仕女，一执扇，一伏案，一取水，整幅画意境悠闲雅淡。

**明皇杨妃弈棋图卷 ◎唐代 ◎佚名**

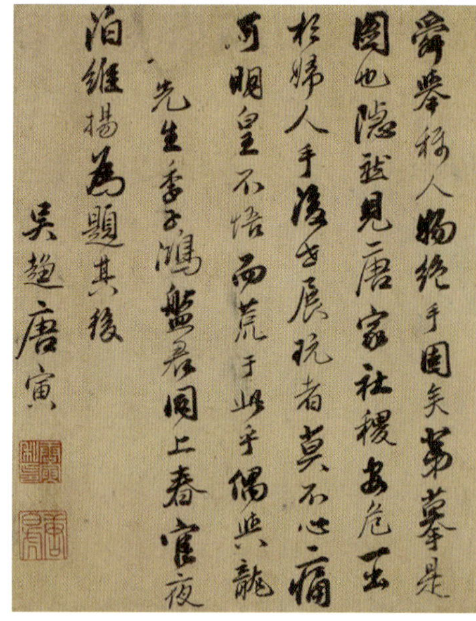

**竹亭对棋图 ◎明代 ◎钱穀绘 ◎辽宁省博物馆藏**

翠波渺渺中的一茅亭，亭内二老者围桌对弈，二书童一旁侍候，桥上一童子双手捧物而来。整幅画以墨缘点钩树叶，浅绛施染树石，笔法细密秀美，深得文氏之风范。画家对于画中的松针、竹叶、细草都一一刻画交代，毫发不爽，但却细而不碎，感染力强，整体感强。另外，茅亭中画有四个人物，着墨虽不多，但却情态各具。左上角题诗："小诗拙画问讯凤洲先生。经时不见王青州，养疴高卧林堂幽。竹寒松翠波渺渺，四檐天籁声飕飕。围棋招客赌胜负，劝酬交错挥金瓯。有时弄笔染缃素，句新调古人争收。城居六月如坐甑，思欲对面销烦忧。美人迢递不可即，东江目断沧波流，丙寅中秋四日，钱穀。"

26

# Weiqi in Western Countries: Why Is the Game of Weiqi in English Called "Go"?

# 西方围棋小史：围棋为什么叫作"Go"？

文：元美 编：陆沉
text: Yuan Mei edit: Yuki

2017 年 5 月，

谷歌旗下的 DeepMind 公司发明的人工智能围棋软件 AlphaGo，

以三局全胜的战绩击败围棋排名世界第一的中国围棋九段选手柯洁的事件，

成为人工智能发展史上的里程碑。

此役更是引发了全世界人民对围棋这项源自中国的古老游戏的广泛关注。

人们在记住人工智能 AlphaGo 的同时，

也不禁发出疑问——起源于中国的围棋为什么在英语中被称作"Go"，

而不是"Weiqi"呢？围棋又是如何传入西方的呢?

《酒田公时·碓井贞光·源次网与妖怪》◎歌川国芳 ◎ 1861 年

人工智能围棋手 AlphaGo 俗称“阿尔法狗”,名字中的“Alpha”是希腊语的首字母,有起源、最初之意,后半部分的“Go”则是围棋的英译名。围棋的英译名“Go”源自日语。在日语中,围棋叫“囲碁”或者“碁”(棋的异体字)读作“いご”(igo)或者“ご”(go),英语正是译自日语中的读音“ご”。从“围棋”到“ご”再到“Go”,围棋在西方的传播与日本有着密不可分的联系。

## 从“围棋”到“ご”

源自我国的围棋在南北朝时进入了一个重要的发展期,它不仅在民间得到广泛普及,更是得到统治者的重视,而这也推进了围棋由我国本土向外国的传播。南朝刘宋明帝时期设立的“围棋州邑”,是一个组织管理围棋活动的专业机构,它主要负责各地围棋人才的举荐、考核,以及棋谱的搜集整理工作。梁武帝设立“棋品制”,即按棋艺的高低将棋手分为 9 个“等级”,也是现代围棋段位制的雏形。

围棋正是在这一时期经由朝鲜传入日本的,并且日本亦遵循古汉字写法将围棋写作“碁”。[1] 据日本天平宝字四年(760)成书的《藤氏家传·大织冠传》记载,日本天武天皇在 685 年曾召公卿上殿博弈,不仅如此,此书还记载了 689 年持统天皇下诏禁止围棋活动和 701 年文武天皇下诏解除这一禁令的史实。而在我国的史书《隋书·倭国传》中也有倭人“好棋博、握槊、樗蒲之戏”的记载,表明在隋代或更早之前的南北朝时期,围棋

1 另有史料称围棋最早是由遣唐使吉备真备(694—775)于 735 年带回日本的,此说法尚存争议。

活动在日本就已较为流行。

围棋传入日本之后，受国情等诸多因素的影响，日本围棋走上了一条与中国围棋截然不同的发展道路。16 世纪末，在京都寂光寺本因坊修行的僧人日海，由于棋艺出众，被织田信长称赞为“名人”，之后丰臣秀吉又为其建立棋所，从此，“名人棋所”成为日本棋界第一人的名号。在此名号的吸引下，棋手们为了争夺名人这个棋界至高无上的名衔，更为了争夺棋所的巨大权力，各围棋家元都倾尽心血钻研围棋技术，培养优秀弟子。政府的重视为日本围棋整体水平的提高提供了良好的氛围和条件。

中国自唐代起，曾在翰林院设立棋待诏一职，不过，它的主要目的是招揽围棋高手陪皇帝下棋，棋手并无具体权力，也未得到政府在资金上或是政策上的大力扶持。至 16 世纪末的明代，翰林院中已不见棋待诏。可以说，围棋在中国始终是作为一项娱乐活动而存在，无论是政府还是民间，都未给予它应有的重视。

16 世纪末，来华传教的意大利天主教耶稣会传教士利玛窦，将其在中国生活的所见所闻记录了下来，其中一篇是迄今为止所发现的欧洲历史上关于围棋的最早记录：“中国人有好几种这类游戏，但他们最认真从事的是玩一种在 300 多个格子的空棋盘上用 200 枚黑白棋子下的棋。玩这种棋的目的是要控制多数的空格。每一方都争取把对方的棋子赶到棋盘的中间，这样可以把空格占过来，占据空格多的人就赢了这局棋。官员们都非常喜欢这种棋，常常一玩就是大半天。有时候玩一盘就要一个小时。精于此道的人总有很多的追随者，他肯定会非常出名，尽管这也许是他唯一的专长。事实上，有些人还请他们做指导，特别优待他们，为的是学习这种复杂游戏的精确知识。”

在此之后的 1694 年，英国东方学家托马斯·海德（Thomas Hyde）在其拉丁语著作《东方局戏》（*De Ludis Orientalibus libri duo*）中，更为详细和精确地为欧洲读者介绍了中国围棋的知识。为了方便读者理解，文中还特意

**利玛窦（Matteo Ricci，1552 — 1610）**
明朝万历年间来到中国传教，是天主教在中国传教的最早开拓者之一，也是第一位阅读中国文学并对中国典籍进行钻研的西方学者，对中西交流做出了重要贡献。

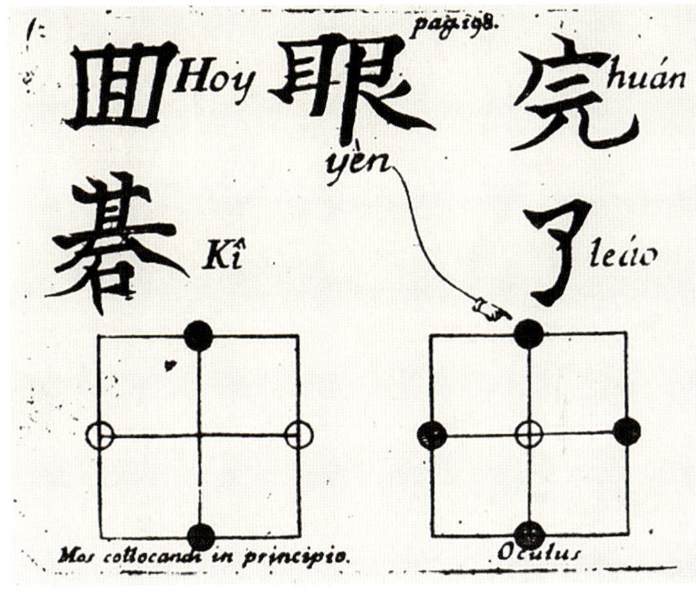


托马斯·海德在《有关中国的环绕式的游戏》的文章中引用的示意图，由当时海德在中国的好友沈福宗提供。图上对应的汉字为“囲碁”或“纬碁”，较好的解释是“包围”（译自英文“encircling”），根据规则，当一个棋子被对方的四个棋子包围时就是被俘虏了。

示意图用一个白子被四个黑子包围的画面来说明捕获棋子的情形，同时介绍了“眼位”（Yen），图上对应的汉字为“眼”的概念。这清楚地说明，游戏者势必构筑这种图形，从而产生眼位——任何想获胜的游戏者都应这样做。

1877 年，驻华英国外交官员、日后成为著名汉学家、剑桥大学第二任汉学教授的翟理斯（Herbert Allen Giles，1845-1935），发表文章《围棋，中国的战争游戏》（*Wei-chi, or the Chinese game of war*），将围棋按照汉语发音称为“Wei-Chi”，向欧洲完整介绍了中国围棋规则。然而，这篇关于中国围棋的引介，并未引起当时西方人的足够重视。

附加了几张有中文标示的示意图。

尽管利玛窦和海德的文章开启了 17 世纪欧洲人对围棋的最初了解，但是，他们并没有为围棋传入西方国家起到实质性的推动作用。真正将围棋从东方带到西方，并使其成为西方世界里大众所熟知的游戏的，是在此后约 260 余年的德国人奥斯卡·科歇尔特（Oscar Korschelt，1853 — 1940），他是欧洲围棋史上最重要的人物之一。

## 从“ご”到“Go”

1853 年，奥斯卡·科歇尔特出生在德国萨克森州的贝尔特尔斯多夫镇。同年，美国以炮舰威逼日本打开国门，为后来的倒幕运动和明治维新埋下了伏笔，日本从此结束了锁国时代，开始走上现代化道路。1875 年，毕业于德累斯顿工业学院和柏林大学、担任过化学工程师的科歇尔特受邀赴东京大学医学院任教，此后在日本生活的近 10 年间，成为受日本明治政府雇用的德国技术专家之一，从事地质调查相关工作。

但是刚到日本不久，奥斯卡·科歇尔特就因生病而不得不暂停工作，进入休养状态中。充裕的休息时间让科歇尔特渐渐萌生了学围棋的想法。后来，他的病情一好转，便开始四处拜师学弈。在朋友的介绍下，科歇尔特先是拜访了当时的“棋院四家”之一、资历最老的十三世井上松本因硕，意欲拜他为师。但井上松本因硕以“毛唐人岂能解此清戏”的傲慢态度当下予以回绝。跟井上松本因硕不同，方圆社首任社长、当时日本最强棋手村濑秀甫（后来的十八世本因坊）思想开明，他曾对人说：“逢此文明开化之世，有机会向世界传播国技围棋，幸莫大焉。”科歇尔特随后跑来拜访秀甫，秀甫欣然收他为徒，并亲自传授他技艺。在村濑秀甫的指导下，科歇尔特的棋艺从零开始逐步提高，棋力按当时方圆社的“级位制”来评定，大致相当于“二级初段”。

在掌握围棋的精髓后，从 1880 年 9 月起，科歇尔特开始详细地向欧洲大众介绍围棋。他首先在德国大型杂志《德国东亚自然与人文学会会刊》（*Mitteilungen der Deutschen Gesellschaft für Natur und Völkerkunde Ostasiens*）上发表围棋系列文章《日本人和中国人的围棋游戏》（*Das Japanisch-*

**东京银座要路砖石造真图 ©歌川国辉 ©明治六年（1873）**
银座砖瓦街，日本最早的欧美式街道，因其建材中使用了烧制砖瓦（炼瓦）而得名。这座市街被视作日本明治维新时期的现代化代表及文明开化的象征建设。

*Chinesische Spiele Go*），系统地介绍围棋的历史和基础知识。科歇尔特在介绍围棋的文章里写道："我深信，想要使围棋在欧洲得到重视，只需要做一件事，那就是编写一本阐明围棋战略的完整清晰的教程。我们的国际象棋界将认识到，围棋技巧的独特和深度完全能与国际象棋媲美，围棋会很快和国际象棋一样得到人们的热爱。"1881 年，这些文章被整理为单行本《日本人和中国人的围棋游戏：国际象棋的竞争对手》（*Das Japanisch-Chinesische Spiele Go，Ein Konkurrent des Schach*）在日本横滨印刷发行，这是历史上第一本用西方语言（德文）写成的围棋书籍。

1884 年，科歇尔特重返德国，在此之后从事着与围棋并不相关的工作。晚年的科歇尔特棋力衰退，与到访棋手的对弈，均以失败告终。1965 年，美国塔托出版公司将前述的单行本整理翻译为英文本《围棋的理论与实践》（*The Theory and Practice of GO*）出版，全书共分为 7 个章节，涵盖围棋历史（主要为日本围棋历史）、围棋规则、实战范例、收官技巧以及村濑秀甫的围棋理论等，由此获得了更为广泛的英语受众。该书出版后加印数次，至今在欧美的书店仍可以购买到。

受科歇尔特著作的影响，欧美出现了一批围棋团体组织和媒体刊物。1909 年，专门介绍围棋的刊物《德国围棋》（*Deutsche Go-Zeitung*）以双月刊的形式开始发行。1949 年，以美国国内围棋赛事报道为主，辅以日本围棋信息和全球围棋新闻及赛事报道的《美国围棋杂志》（*The American Go Journal*）正式问世。此外，日本棋院在 1961 年至 1977 年间针对欧美受众发行英文刊物《围棋评论》（*GO Review*）共计 164 期，为围棋在欧美推广发挥了巨大作用。

令人遗憾的是，由于科歇尔特完全是在日本了解和学习的围棋，因此他对围棋的称呼直接来自日语"碁"的罗马字读音"go"。除此之外，他在写作的时候，大量的围棋术语也都直接采取了日语词汇，因此在英文体系中，也都采用了日语的读法，例如"Byo-Yomi"（读秒）、"Kyu"（级）、"Joseki"（定式）等。

时至今日，世界围棋界呈现出多元化的趋势。中国围棋自 20 世纪 80 年代重新崛起后，势头再次盖过日韩围棋，中、日、韩围棋呈现出势均力敌之态，西方也不再视围棋为日本的专属"国技"。而在西方语言中，"Weiqi"的译名也开始越来越多地出现在学术专著中，例如南卡罗来纳大学人类学副教授马克·莫斯科维茨编写的《中国男子气概与中国围棋游戏》（*Go Nation: Chinese Masculinities and the Game of Weiqi in China*）一书便使用了"Weiqi"。

日本棋手中山典之五段在 20 世纪 80 年代撰写的《围棋世界》一书中写过这样一段话："在过去的一个世纪，围棋运动在日本棋界前辈的努力下开始进入欧洲并得以逐渐普及。然而，目睹今天中韩两国对海外围棋普及活动的热情，我担忧总有一天，西方语言中围棋的说法'Go'将被中文的'Weiqi'或是韩语中的'Baduk'所替代。"

**《德国围棋》封面**

自 1909 年创立，以双月刊的形式发行至今。

# 围棋术语中英文对照表

除了"GO"这个来自日语的译名外，还有大量英文围棋术语也都源于日语，并有一些日语的音译在里面。

| | |
|---|---|
| 段位 | dan (grading) |
| 级 | kyu |
| 读秒 | byo-yomi |
| 欺着 | hamete (trick play) |
| 厚 | thickness |
| 气 | liberty |
| 轻 | karui (light) |
| 失着 | slip |
| 本手 | honte (proper move) |
| 对杀 | semeai |
| 好手 | tesuji |
| 后手 | gote |
| 劫 | ko (calamity, a damage) |
| 缓气劫 | yose-ko (approach-move-ko) |
| 筋 | suji (muscle) |
| 双活 | seki (impasse) |
| 脱先 | kenuki |
| 无忧劫 | hanami-ko |
| 交换 | furikawari (exchange) |
| 味道 | aji (potential) |
| 先手得利 | kikashi |
| 眼 | eye |
| 星小目布局 | hoshi-komoku fuseki |
| 一间夹 | ikken bsasme |
| 手筋 | tesuji |
| 见合 | miai |
| 大模样作战 | big moyo， large moyo |
| 生死劫 | tsume-ko |
| 劫材 | kozai |
| 先手 | sente |
| 定式 | formalized series of moves (the formalized, dForm) |
| 围 | contain |
| 拆 | extend |
| 立 | sagari |
| 叫吃 | atari (check) |
| 打入 | uehikomi (invade) |
| 挂角 | kakari |
| 逼 | tsume (checking extension) |
| 夹 | hasami (pincer) |
| 枷 | geta |
| 尖 | diagonal move |
| 空 | chi， territory |
| 长 | nobi |
| 切断 | cut-in |
| 腾挪 | sabaki |
| 提通 | ponnuki |
| 挖 | warikom (wedge) |
| 压 | kake (pressing move)， oshi (push) |
| 挤去眼 | sashikomi (squeeze) |
| 断点 | cutting point |
| 空提 | ponnuki |
| 断 | cut |
| 靠 | tsuke (touch) |
| 跳 | jump |
| 挡 | osae (block) |
| 打 | atari |
| 提子 | take |
| 托角 | touke (corner) |

27

# The Astronomy in the Game of Weiqi

# 棋盘上的天文：围棋即宇宙

文：杨涛　编：陆沉
text: Yang Tao　edit: Yuki

**东汉班固曾在《弈旨》中写道："局必方正，象地则也；道必正直，神明德也；棋有白黑，阴阳分也；骈罗列布，效天文也。"**
**其中的"骈罗列布，效天文也"即是说，围棋排列的规律是效法天文所得。**
**由此看来，围棋与天文有着紧密联系。**

关于棋局，《棋经十三篇》有载："夫万物之数，从一而起，局之路，三百六十有一。一者，生数之主，据其极而运四方也。三百六十，以象周天之数。分而为四，以象四时。隅各九十路，以象其日。外周七二路，以象其候。枯棋三百六十，白黑相半，以法阴阳。局之线道，谓之枰，线道之间，谓之罫。局方而静，棋圆而动。自古及今，弈者无同局。"

围棋棋盘有四角，恰好代表天地四隅；360 颗棋子，黑白各半，对应阴阳；方形棋盘与圆形棋子的形制，代表了"天圆地方"。棋盘上有纵横各 19 条线，相交形成 72 条棋路与 361 个交点。这 72 条棋路对应的正是中国古代历法中的 72 候[1]；而这 361 个交点则正对应周天数。这些交点中，有 9 个比较特殊，即棋盘上的小黑点，被称为"星"。星的分布为四角各一，四边各一，一个居中，居中的星也被称作"天元"。天元所处的纵横两线，将棋盘均匀分成 4 个区域，代表春夏秋冬四季。4 个区域又将 360 个交点平分，使得每个区域内都有 90 个交点，这与古代历法中每个季度有 90 天相吻合。这 4 个区域不仅代表着四季，还与古代天文中的星宿有着密切的关系。

1 中国古代以五日为候，三候为气，六气为时，四时为岁，一年二十四节气共七十二候。

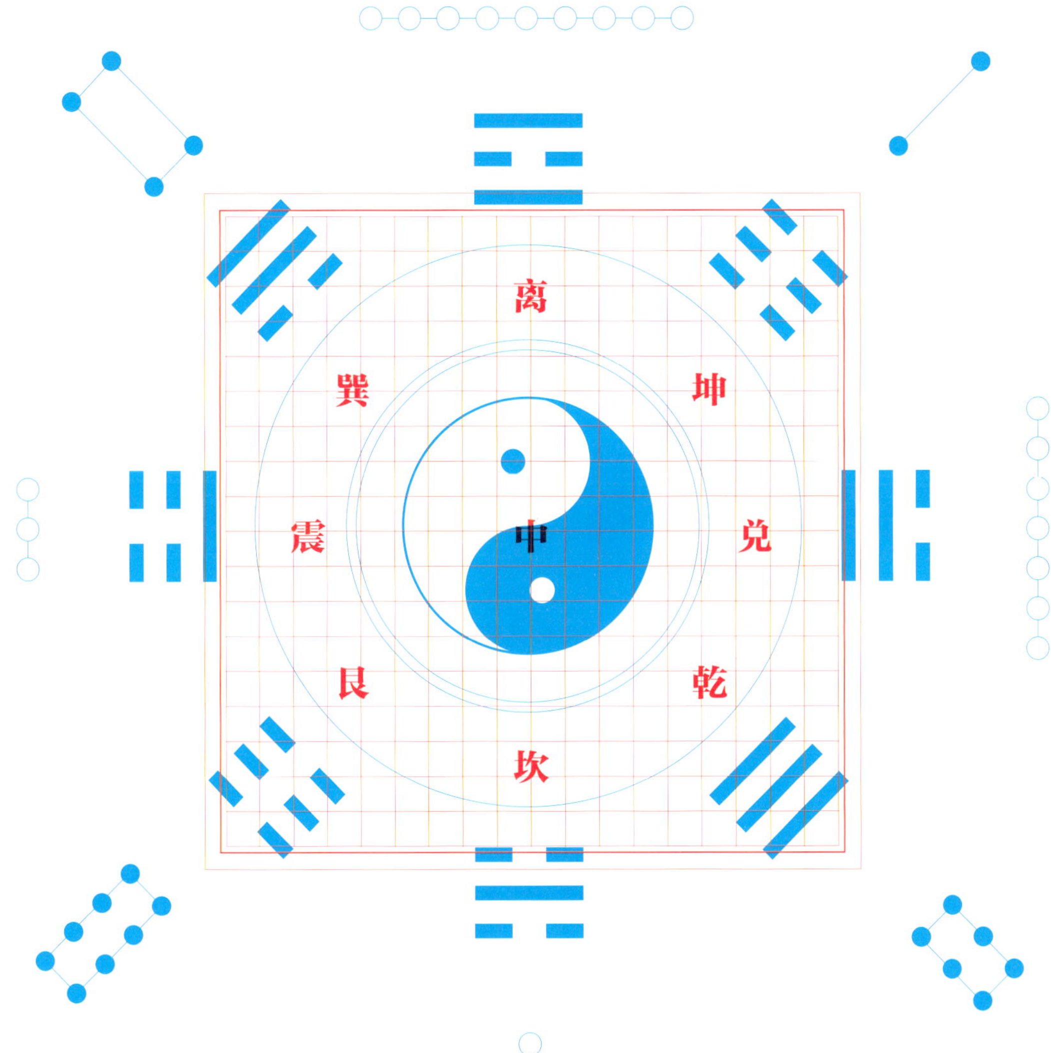


星宿为我国古代天文学术语，古代天文学家在对天上的星星进行观测后，把若干恒星分为一组，即一个星宿。古人一共划分出 28 个星宿，又可分为东西南北 4 宫，并按照每宫星宿的形状分别将其命名为东宫青龙、北宫玄武、西宫白虎和南宫朱雀，这便是星宿四象。汉代以后，人们又将易经四象[2]与星宿四象合二为一，青龙表少阳，白虎表少阴，玄武表老阴，朱雀表老阳，统称为“四象”。

棋盘上的 4 个区域在与星宿四象一一对应后，就成为一个星盘。古人便是在棋盘上进行天文推演，研究星球的运行规律的。关于这点，吴清源先生曾在自传中说：“围棋发祥之初，并不是为争夺胜负，而是为了观测天文。在尚无文字的时代，棋盘与棋石是观测天体运行、占卜阴阳的工具。”[3]

对于此，我们可以把围棋的棋盘划分成 9 个区域来解读。以 9 个星位为中心，棋盘可以分成 9 个大小相同的 7×7 区域。并且以天元所在的区域为中心，其余 8 个区域围绕四周，这种排列方式与当时中国人以北极星为宇宙中心的自然观相符。“天元”在古代中国正是北极星的象征。棋盘上的天元被另外的 8 个星位所包围，正如星空中的北极星被众星所环绕一样。

这 9 个区域的划分蕴含着八卦与天文的联系。棋盘上的 9 个区域与古代的九天和九宫相对应，九天即东天、西天、南天、北天、中天、东南天、西南天、东北天及西北天。九宫则是禹根

2“四象”一词是道教用语，最早却是出现在《易经》中，分别为：老阴、老阳、少阴、少阳。
3 出自《天外有天：一代棋圣吴清源传》。

据《洛书》而总结出的[4]。相传大禹时期洛水出现了一只神龟，其甲壳上有奇怪的图像："戴九履一，左三右七，二四为肩，六八为足，以五居中。"五方白圈皆阳数，四隅黑点为阴数。这些圈的排列也是有规律的，将每一行每一列对角上3个图案的圈数相加，所得均是15。九宫中各宫的名称不一，最普遍叫法有以下两种。一是将九宫分为乾宫、坎宫、艮宫、震宫、中宫、巽宫、离宫、坤宫及兑宫，另一种是将九宫分为正宫、中吕宫、南吕宫、仙吕宫、黄钟宫、大面调、双调、商调及越调。虽叫法不同，但实质是相同的。将九宫与前文提到的九天二者合一，就形成了一个后天八卦[5]。太极八卦不仅和天文学有联系，还与围棋盘面相对应。明代林应龙的《适情录》，是中国围棋古棋谱的合集，他在棋局内外便标注有与古代律历、阴阳、五行、术数、九宫等有关的符号。古代的人们认为，宇宙中的元素，根据其不同的特征，可分五类，即"金、木、水、火、土"，它们是构成宇宙中各种事物的五种属性，也就是五行。五行之间又有相生相克的关系，体现同一事物中的矛盾和统一，也就是阴阳两面。阴阳相合，万物生长；五行必合阴阳，阴阳也必兼五行。宇宙万象，皆可用阴阳描述。汉代李尤便说"棋法阴阳，道为经纬"，清代施襄夏的《弈理指归》中也称棋是"按五行而布局，循八卦以分门"。

在将围棋棋盘分割解读后，我们再把围棋棋盘组合成一个整体来看。围棋棋盘不似象棋棋盘那样分成两方，也不同于国际象棋将棋盘分为两色。围棋棋盘上的每一线、每一点均相同，兼具了对称性、整体性与均匀性。在今天看来，这与宇宙空间的特性十分契合。现代宇宙学证实，在广袤的宇宙空间中，物质的分布并非杂乱无章，而是有着高度的对称性与均衡性，与此同时，宇宙又在以均衡和对称的方式不断膨胀。

围棋对弈时，棋盘就是整个宇宙，棋子就是宇宙中的星球。即使棋子看起来杂乱无章，但其中却存在着一定的布局规律——每个棋子都有自己的使命。而这种布局规律，别人不易猜到，只有下棋者本人才最为了解；这就像宇宙中的星球分布，看似杂乱分布的每个星球之间却又存在着内在联系，只是这种内在联系以人类现在的科技水平恐怕还无法被完全破译与理解。

4 原文为："神龟负之而出，列于背，有数至于九，禹遂因而第之，以成九类。"
5 八卦分作先天八卦和后天八卦，先天八卦源自《河图》，后天八卦源自《洛书》。

28

# The Seven Types of Board Games in the World

# 世界七大棋类游戏

文：杨涛 编：陆沉 绘：勃勃
text: Yang Tao edit: Yuki illustrate: Bobo

“棋”是棋类游戏的统称。
在一代又一代人的实践下，新的棋类游戏被不断创造出来，
旧的棋类游戏则在不断更新或是被淘汰。
如今世界上的棋种类已经难以计数，
但按照取胜的方式来划分，可以简单把棋分为七类，
即到达类棋、占地类棋、成型类棋、灭子类棋、
取子类棋、争子类棋和得分类棋。

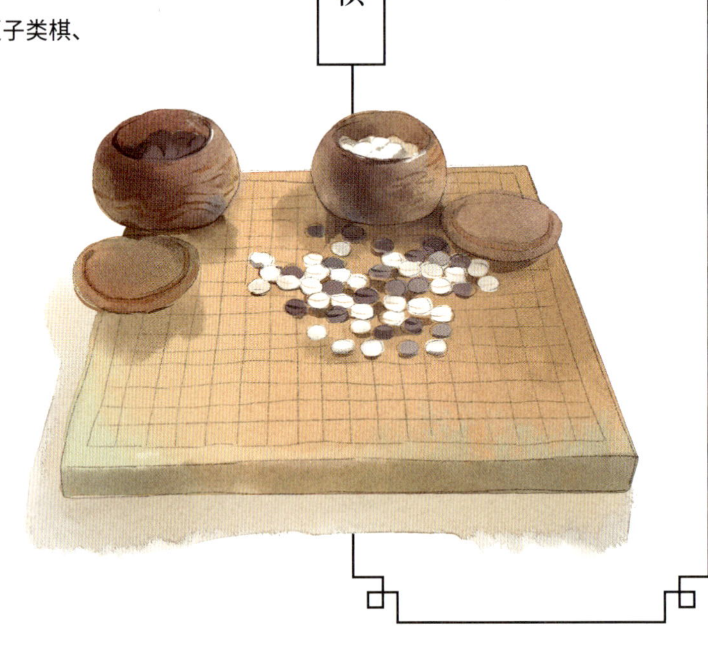


## 到达类棋：速度为王

到达类棋的取胜关键在于，让己方的棋子尽快到达目的地。常见的到达类棋有:印度斗兽棋、双陆棋、飞行棋等，其中最具代表性的是中国跳棋。与国际跳棋不同，中国跳棋不存在“吃子”，走法也只有平移和跳跃两种。棋子只能落在未被占据的位置。只要将己方棋子全都移到对角且用时最短，就能获得对局的胜利。有趣的是，中国跳棋的参与人数可为两人到六人不等，这在众多棋类游戏中比较少见。

虽被称为“中国跳棋”，但它并非源于中国。中国跳棋的前身是正方跳棋（Halma），它于 1884 年左右被美国人乔治 · 霍华德 · 蒙克斯设计并推出。这种棋传到欧洲后，又经德国的奥 · 罗 · 麦尔公司改良，成为星盘跳棋，于 1892 年推出。1909 年，星盘跳棋传到英国，杰克帕斯曼公司为了提高销量，将星盘跳棋命名为“Chinese Checkers”，以吸引顾客。这个营销方式在当时很奏效，还在英国引发了一阵下中国跳棋的热潮。传入中国之后，中国跳棋便被简称为“跳棋”，粤语中也称它为“波子棋”。

## 占地类棋：占山圈地

占地类棋的获胜关键是己方棋子占领的空间面积——谁的棋子占领空间大，谁就能获得胜利。常见的占地类棋有：棍棋、方格棋、积分棋等，其中最具代表性的是围棋。两人在对弈时，交替在棋盘网格的交叉点上放置棋子。落子完毕后，棋子不能移动。

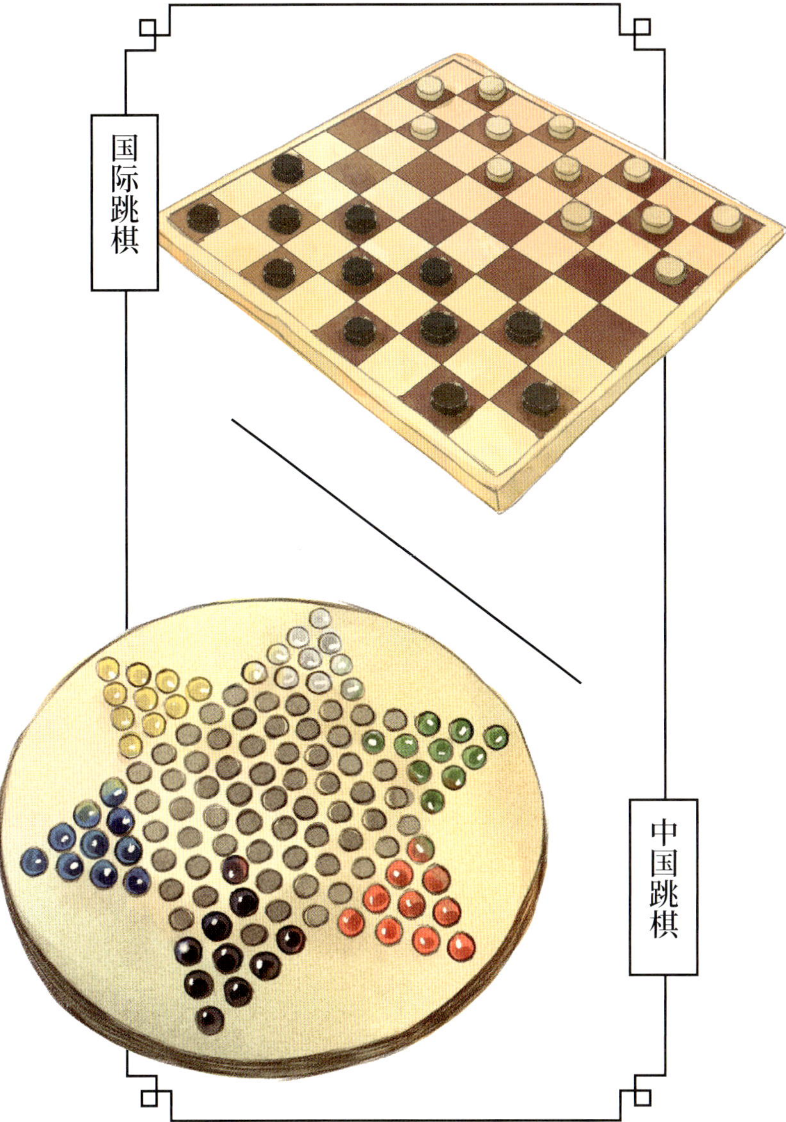


对弈过程中双方“围地吃子”，最终以所围“地”的多少来决定胜负。

围棋的发源地是中国，相传尧帝为了教育儿子丹朱才发明了围棋。已知最早记载围棋的文献是《左传》，可见围棋在春秋战国时期就已经相当普及。现代全球围棋爱好者大多集中在东亚地区，其中以中日韩三国最多。围棋规则简洁而内涵优雅，玩法千变万化，被认为是世界上最复杂的棋盘游戏之一。[1]想要精通围棋，需要花费大量的时间练习与钻研。

## 成型类棋：强迫症终结者

成型类棋想要取胜，必须使棋子排列成一定数量的特定形状。下棋时双方交替落子，谁先摆好规定的形状，谁就获胜。常见的成型类棋有：拼六棋、连珠、新西兰围棋等。在种类繁多的成型类棋中，拼六棋称得上是“异类”，它由德国人斯特凡·穆豪瑟尔于1995年推出，不需棋盘便可玩。拼六棋的棋子为六角型棋片，对弈双方各执21枚棋子，以两色区分敌我。对弈过程分为放子[2]和移子[3]两个阶段；阶段不同，获胜的条件也不同。

与拼六棋相比，五子棋的普及度要更高。五子棋初看与围棋类似，民间玩法多直接借用围棋19×19的棋盘，而正规比赛则采用15×15的棋盘。五子棋获胜的条件为五子连成一线。相传，五子棋是由轩辕黄帝无意之中创造的，但也有“女娲造人，伏羲做棋”的说法[4]。五子棋传入日本后很受欢迎，并在1899年被日本棋士黑岩泪香证明：原始规则的五子棋先下必胜。于是五子棋便开始了长达数十年的改革，最终发展出加入禁手[5]的五子棋。

## 灭子类棋：一将功成万骨枯

灭子类棋的取胜条件是吃光对方的棋子，谁先吃完，谁就获得胜利。常见的灭子类棋有：五子飞棋、暗棋、暗兽棋等，其中最具代表性的是两人参与游戏的国际跳棋。玩家的棋子都是沿斜角走的，棋子可跳过敌方的棋子并吃掉它；当一位玩家没法行走或所有棋子均被吃掉时便算输。

1 其复杂度已于1978年被Robertson与Munro证明为PSPACE-hard。
2 轮流放一棋子，放时邻边必须与场上的至少一枚棋子接触，但先手方第一手不能接触到己方棋子。放完后进入下一阶段。
3 轮流移除一枚己棋。若使棋群因此分为两群，则把数量小的一群全移除；若数量相等，则任选一群移除。
4《山海经》中记载：“苦山之首曰休与之山。其上有石焉，名曰帝台之棋，五色而文，其状如鹑卵。”
5 禁手：五子棋术语，是对局中对先行一方（黑方）禁止使用的战术和被判为负的棋着。具体是指黑方一子落下时同时形成两个或两个以上的活三、双四、长连等棋形。禁手只对黑方有效，白方无禁手，黑方禁手的位置称为禁手点。

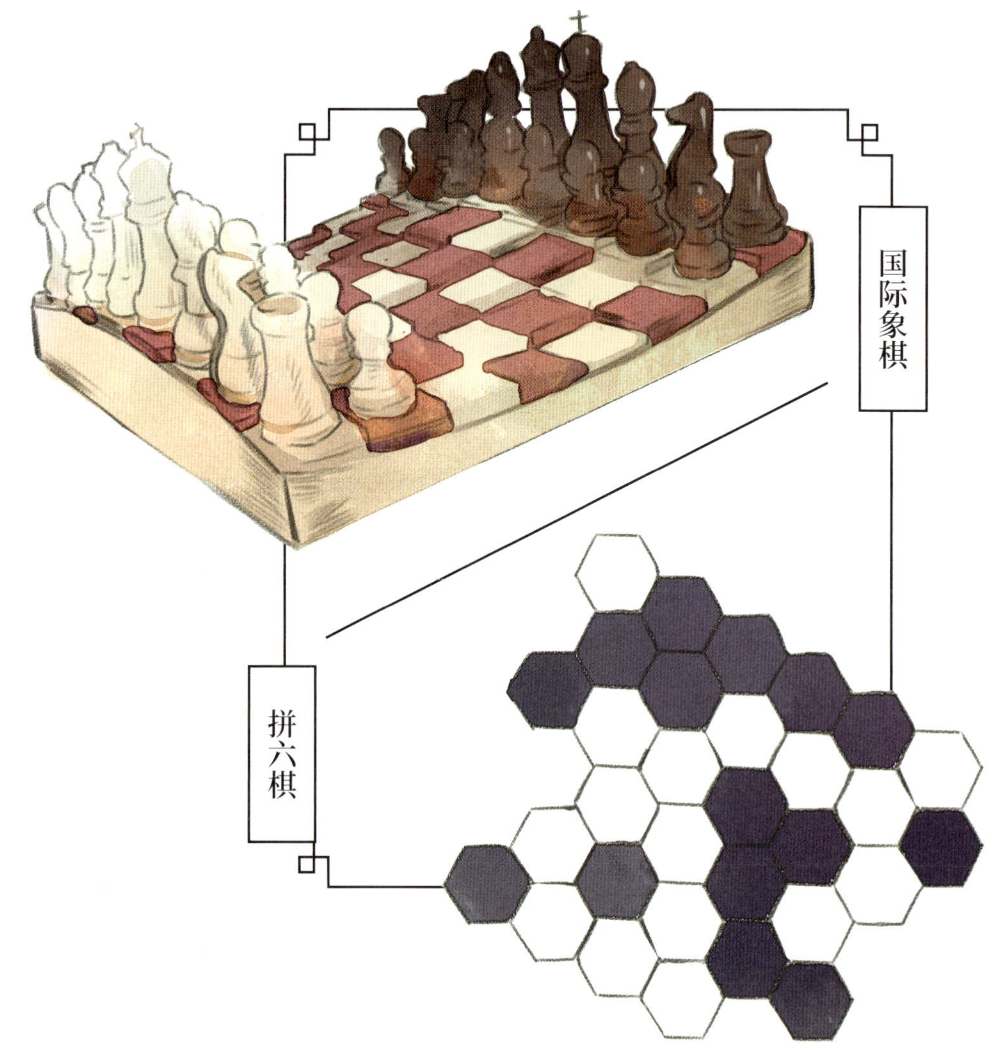


国际跳棋的历史悠久，早在古埃及法老时期就已存在。[6] 现代国际跳棋是在 12 世纪定型的。当前最流行的国际跳棋形式有两种：波兰跳棋和英国跳棋。二者的区别在于，波兰跳棋的棋盘是 10×10 的，每方有 20 枚棋子，有飞王[7]（flying king）的规则；而英国跳棋的棋盘是 8×8 的，每方有 12 枚棋子，无飞王。国际跳棋由于变化繁多、内容丰富而吸引了大批爱好者。马克思、达尔文、拿破仑、卢梭、列夫·托尔斯泰和富兰克林等人都是国际跳棋爱好者。

## 取子类棋：擒贼先擒王

取子类棋要想取胜，需吃掉一个或一部分特定的棋子；谁先吃掉对方的特定棋子，谁就获胜。取子类棋的棋子大多有自己的棋面符号，符号不同，棋子的功能也就不同。常见的取子类棋有：中国象棋、国际象棋、朝鲜象棋、日本将棋、军棋等，其中，中国象棋和国际象棋流传范围最广。

中国象棋主要流行于中国、越南、日本等东亚国家。宋代时象棋在我国已经相当普及，不少文人雅士都很爱下，甚至有人以此为职业。古时候的象棋棋盘是没有楚河汉界的，直到 20 世纪 20 年代到 30 年代时才出现[8]。中国象棋看似简单，但其整体复杂度仅低于围棋和日本将棋，为世界第三[9]，它也与国际象棋及围棋同属世界三大棋类之一。

国际象棋则更加国际化。国际象棋的起源众说纷纭，但多认为其原型

6 考古学家已经从古埃及的坟墓里找到下跳棋的画。在英国的博物馆里也珍藏着古埃及的狮子跟羚羊下跳棋的篆刻画。法国卢瓦尔存放着两个从金字塔附近挖掘出的大理石跳棋棋盘。
7 当棋子到底线停下时，它就“成王”，以后可以向后移动。在某些规则下，成王的棋子可以吃右上角和左下角的棋子，并不限格数地移动。这个规则被称为“飞王”。
8 刘国斌考证古书与古棋具。
9 象棋的状态空间复杂度为 10 的 48 次方，游戏树复杂度为 10 的 150 次方 。

是印度的恰图兰卡[10]，并在 7 世纪时经阿拉伯传至波斯，后经不断改进成为波斯象棋。直到 15 世纪末，现代国际象棋的规则才逐渐成形。

### 争子类棋：你的就是我的

争子类棋一般是比较控制的棋子数量的多少。当对弈双方均不能下子时，棋盘上谁拥有的棋子数量多，谁就为胜者。争子类棋的主要目标是获得棋子的所有权，所以对弈时棋子所有权的归属常会改变。常见的争子类棋有同化棋、播棋等，最广为人知的是黑白棋。

黑白棋的前身是翻转棋（Reversi），是英国人在 19 世纪末发明的，最终成形却是在 20 世纪 70 年代。日本人长谷川五郎在翻转棋的基础上加以改进，并借用莎士比亚名剧《奥赛罗》（*Othello*）为这个游戏重新命名。

黑白棋的棋盘有 8 行 8 列共 64 格。开局时，在棋盘正中央的 4 格相隔放置 2 黑 2 白 4 枚棋子。执黑先行，双方轮流落子；当所下棋子和棋盘上任一枚己方的棋子在一条线上且夹住对方棋子时，就能将对方的这些棋子转变为己方棋子；当没有一处落子可夹住对方棋子时，需放弃落子，让对手下子；当双方皆不能下子时，游戏即结束，子多的一方胜。

### 得分类棋：胜败只在一分之间

得分类棋的胜负标准是：得分高者获胜。对弈双方根据规则中的得分条件，在终盘时计算己方的得分，从而分出胜负，常见的得分类棋有拱桥棋、企鹅棋、蛙棋等。其中最具代表性的是具有悠久历史的古西亚连棋。古西亚连棋的历史至少可以追溯到公元前 1800 年，这种棋在古时的两河流域非常流行，并对后来的很多棋类游戏都产生了深远的影响。

古西亚连棋的棋盘为 7×7，对弈双方各有 24 枚棋子。对弈开始前，先随机将数个棋格划上 X，表示洞口[11]，洞口处不能放棋子。当棋盘上没有可以下棋子的棋格时，游戏结束，并开始计分。玩家分别计算各条纵横直线上相连的己方棋子数目，多条交叉线上的棋子可以重复计算[12]，总分数最多者胜，游戏中也允许出现分数相同和棋的结果。

10 英国人威廉·琼斯 1790 年在《亚洲研究》上发表《印度象棋》一文，认为国际象棋起源于印度。
11 洞口数量通常是 3、5、7、9 等奇数。
12 计分规则：3 枚棋子相连得 3 分，4 枚棋子相连得 10 分，5 枚棋子相连得 25 分，6 枚棋子相连得 56 分，7 枚棋子相连得 119 分。

# Interview with Liu Zhiqing : Computer Weiqi Research Is Not Only for Defeating Humans

# 刘知青：研究计算机围棋不仅是为了战胜人类

采 + 文：刘小荻 编：陆沉
interview & text：Liu Xiaodi edit: Yuki

**人类和机器的对垒，万人瞩目的拼杀，为什么选择围棋作为战场？**
**被无数双眼睛注视的这方小小棋盘上上演的，是对人类智慧的挑衅，还是对人工智能的围剿？**
**人们对这场人机大战胜负的关注，是出于对科学边界的好奇，还是对人类智能占领高地的担忧？**
**在科幻小说家阿西莫夫的《机器人之梦》的文章结尾，**
**那把指向机器人艾弗克斯的手枪，扳机最终还是被扣动了。**

知中：为什么围棋会成为人工智能的检验平台甚至是突破口？

**刘知青：**围棋是我们推进人工智能技术发展的一条途径，也是我们衡量人工智能技术水平的一个标杆。我们之所以开发围棋软件，是因为围棋更类似于广泛的智能问题，也更接近于人类智能的本质。所以，在计算机围棋博弈上开发的智能计算技术，将有助于扩大智能计算方法的适用范围，解决一大类优化、决策和规划智能问题，从而进一步扩展人工智能的疆域。

围棋不好评估，围棋的死活不是绝对的，而是相对的，所以围棋的形势判断很复杂。下围棋时两边大脑都在思考，既需要逻辑思维，也需要具有处理图像功能的形象思维，而且右脑（主管形象思维）的作用要更突出一些。形象思维存在于人的思维中，是传统计算机处理较薄弱的地方，比如如何识别人脸、如何识别人的口音、如何识别自然语言、如何利用围棋形状的潜在弱点，这些问题在很大程度上都由逻辑思维之外的东西来处理。在围棋中，逻辑思维和形象思维结合得非常紧密。另外，围棋的空间复杂度很高，数量级大约在 10 的 170 次方以上，解决围棋的问题，对人工智能的发展意义巨大。

知中：为什么说计算机围棋是当代人工智能领域的巨大挑战？用计算机技术掌握围棋思维时的最大难题是什么？

**刘知青：**从人工智能的角度来看，围棋其实是个复杂的系统问题，其中对棋子形状的识别、对空点形状（即眼位）的识别，都是重点。棋手思维中的局部与全局焦点、目标的转换，也是计算机围棋研究的重要课题。

形状的识别与判断是围棋的核心之一。围棋棋谱库是个海量的数据库，每张棋谱都包含几百个全盘围棋形状。棋谱库中又包含几十万张棋谱，即包含上亿个全盘围棋形状，以及难以计数的局部围棋形状，所以对盘面的理解依靠的是信息量。不过围棋的信息并不完全在对弈本身。棋盘之外的信息也有重要的意义。将来也会是研究的重要组成部分。

目前，对计算机而言，准确计算围棋中的每一着也几乎是不可能完成的任务。"比较优劣"也就是在判断形势时，通过对形状的比较鉴别黑白之间的优劣。使用"比较优劣"的方法，既可以避免这个不可能完成的任务，同时仍然可以找出应对的最优着法。

每局围棋都有一个"盘面最优值"，即对弈双方都采用完美走法的情况下，该局棋的最终盘面。实际上，因为数据庞大，计算机目前仍无法得到最优值。而对整个可能性空间进行某种采样，然后通过统计估值的方法逼近这个最优值，不失为一种可行的方法。

*profile*

刘知青，北京邮电大学九鼎计算机围棋研究所所长。1989 年毕业于清华大学计算机系，1994 年 12 月毕业于美国纽约大学计算机科学系，获得博士学位。曾参与美国 DRAPA、NIH 的研究项目，主持开发计算机围棋软件"本手围棋"，多次获得国内计算机围棋锦标赛冠军。主要研究方向：函数化程序语言、操作系统。部分采访内容参考刘知青、胡廷楣合著《对面千里：人工智能和围棋文化》。

计算机围棋是否能有所突破，取决于围棋知识的储备和搜索技术。计算机需要通过机器学习方法，从他人以及自己的对局过程中，获取等量甚至是更多、更准确的围棋知识，包括落子的策略、如何判断形势的价值。要使计算机能够达到人类棋手的顶级水平，需要将围棋知识和搜索技术紧密结合。

知中：你以前说过“围棋不仅是逻辑，很大方面是形象思维过程”，具体可以怎么理解？

**刘知青：**以高水平的棋手为例，他们的计算能力都是差不多的，没有什么本质区别，区别就在于对形状的识别能力，这是通过时间积累，通过老师的点拨才能获得的。

中国科技大学生命学院张达人教授所领导的研究团队，协同美国明尼苏达大学的研究人员，研究对比了人在下围棋与下国际象棋时的大脑活动。他们的研究成果表明，人在下围棋时右脑活动占优势。研究发现，人们下围棋时，位于大脑额叶、顶叶、枕叶、后颞叶的多个脑区会被激活，且右侧顶叶的激活程度高于左侧，显示出右脑的优势。这提示，围棋可能涉及更多我们尚不理解的、人类特有的脑机制——全局性的信息统筹与加工能力。右脑与形象思维有关联，更善于识别与处理形状。

知中：你之前提到过，计算机围棋引入了“神经网络”，能通过学习高水平棋手的棋谱，获得盘面落子的直觉，即通常说的“棋感”。霍金也曾说“生物大脑与电脑所能达到的成就并没有本质的差异”，这方面具体应该怎么理解呢？

**刘知青：**对弈就是学习的过程，对弈多了，就会有进步。不仅人如此，计算机也是这样。而且计算机还有特殊的网络，它能方便大量计算机进行沟通和协作计算，也可以模拟人构建人工神经网络。这些对人工智能与计算机围棋，都是十分重要的。

我们在做人工智能时，有一个名词叫作“神经网络”。人脑里面的神经单元是通过某种网络形式构建的，神经单元通过触角互相连接，从而形成了一种网络。在计算机科学里，计算机可模拟人的神经，它有一些单元，还有一些触角，它们之间的联系，被做成了一个类似人脑的网络，即人工智能网络。用这个网络来模拟人的认知方式，能够达到很好的效果。如果通过网络来构建更大的神经网络，很有可能能够模拟人脑的功能，把各个计算单元组织起来，构成一种更强大的、本质上原不可想象的生态，我们把这种智能叫作“聚类”。

人的进化、人的思维都是一种科学过程。换句话说，生物大脑并没有超自然的能力，也可以通过科学过程进行复制。计算机科学与人工智能就是在研究生物大脑思维过程复制。从这个角度出发，我们也就可以理解霍金所说的“生物大脑与电脑所能达到的成就并没有本质的差异”了。

知中：你曾说“AlphaGo 就是经过训练的人工神经网络，它通过向人工神经网络输入像素点，实现对围棋图像的理解”，你也认为 AlphaGo 对围棋的掌握，恰恰体现了“学习”这件事的精髓，对此，我们想听你谈谈人工智能的学习能力。

**刘知青：**计算机有它的强项，有它的弱项。计算机的强项是它的计算能力以及它自己的逻辑，如果让它按人的方法去思考，那么它就很弱。

逻辑思维是人类特有的一种能力。计算机所做的自动逻辑推理，其前提是有一个完备的逻辑体系。但是，很多逻辑体系内部存在矛盾性与不一致性。从实际来看，计算机可以使用一个不完备的逻辑体系进行可推导的逻辑推理。但是使用这样的逻辑体系进行推理，需要列举所有可能使用到的事实与规则。在处理围棋这么复杂的系统时，我们也无法一一列举所有的规则，以让它适用于所有的围棋盘面。因此计算机在下围棋时，没有直接使用人类棋手常用的逻辑推理，而是用了机器学习和概率统计的方法。

我们在做计算机围棋软件的时候，也试图让它识别各种形状。通过数千万个围棋盘面，我们教会了它形状识别，并教会它认识什么是“眼”等概念。我们只把围棋中最核心的知识教给了它，其他的那些方法完全是它演算的结果。

此外，我们还希望让它能预测将来。比如说下完一着以后，它还要能够预测到对手会怎样下。未知领域的采样是学习的起点，我们的起点必须能提供一个历史参照，给出这个参照后我们再去分析。

人学习围棋的过程就是经验的积累。经验的运用，可以避免在每一个细节都做周密的推理和计算。当代计算机围棋也是通过机器学习等技术来积累围棋经验知识，并在对弈过程中尽量使用这些经验知识，最终表现为人工智能。这可能就反映了人类智能的本质。

知中：人们现在高度关注人机大战，胜负成了最大的焦点，你怎么看待人机大战的成败和高下？

**刘知青：**计算机在下棋的时候有一个基本目标，就是赢棋，它是一个理性的计算结果。计算机非常理性，任何落子点它都可能使用，甚至人想象不到的地方它都会使用。因为它有一个非常理性的目的，就是“赢得这盘棋”。任何棋子它都可以放弃，以达到它的目标，它把胜负看得最重要，胜负之外它没有任何“感情的牵挂”。

解决“围棋秘密”的最终手段，是给出纳什早已证明存在的“最佳策略”，极大极小算法理论上也能计算出“最佳策略”，但是由于计算的复杂性限制，计算出围棋的“最佳策略”几乎是不可能的。即使计算机战胜了最好的选手，我们离给出围棋的“最佳策略”也还有很长的路要走，计算机围棋的生命周期还很长。

围棋远不只是个博弈游戏，研究计算机围棋也不仅仅是为了战胜人。在人工智能框架内进行的计算机围棋研究，其直接目的是认识计算机智能的界限与找到实现它的途径。对人工智能的研究，最终还是为了帮助人类认识自己，认识人脑的认知机制、思维方式，以及智力界限。

如果研究围棋文化的目的是帮助我们从文化上认知自己，认知孕育了我们的中华文明，那么人工智能的研究目的就是帮助我们从科学上认知自己。二者互补，殊途同归。认识了自己，知道了我们是谁，我们的生活就可以从容自信、心安理得。

知中：所以人和机器的关系可以从多重维度来理解，计算机也可以反过来教会人类很多，是吗？

**刘知青：**人做一件事情很可能是下意识的，而计算机告诉我们下一步该做什么时，可能会更理性化一些，或许会是我们没有考虑到的可能。从这个方面看，它或许能够帮助人更清楚地认识自己。通过发展计算机技术，人类可以突破自身的局限，对智能产生更深刻的认识。

从历史的发展来看，人的潜能还没有被充分挖掘，这个观点在生命科学研究专家那里也得到了认同。人类可以借助机器更清晰更准确地认识自己，认识自己的发展历程。同时，人类可以借助机器的力量把自己的潜能更好地发掘出来，从而更充分地实现并超越自我。

知中：围棋有竞技性。两人对弈，没有人是为了输棋而下棋，不过，就像周俊勋所说的那样——“顶尖高手，最后较量的是心理素质”，围棋对局其实也是人心和人心的抗争。人类跟机器对弈，背后是大数据和胜率，会不会失去了围棋在竞技这一层面上的比较核心的东西？

**刘知青：**前博弈时代的围棋，古人想获得的结果，其实是非常简单的。如果能接受“围棋起源于对天体运行的观测和阴阳的占卜”这一观点，我们就不难理解为什么围棋的原始意义本与博弈的胜负无关了。正如吴清源说过的，占卜者并不在意胜负。

举一个例子，吴清源的围棋成就很高，但他的弟子不是很多。他有一个弟子叫林海峰，是个天才，很小的时候就开始下围棋，后来从台湾去到日本，师从吴清源。林海峰 23 岁时，与坂田荣男争夺名人头衔，第一局败下阵来。怀着焦灼心情的林海峰便赶到小田原请教老师，希望他能指点自己。吴清源并未说具体的对策，只说了一些典故，并教给他三个字——平常心。

平常心是现在很多围棋手都在追求的境界。该如何来认识它呢？我觉得可以从前博弈时代的围棋思想来进行思考。即不要去争胜负，因为如果回到前博弈时代，两个人下棋，你在下黑棋我在下白棋，那么，我们只不过是在试图反映这个世界的规律，结果已经被上天定了。我们只是通过我们的这个过程，把上天选定的这个结果反映出来。具体的结果，不是我们两个人能够控制的，我们只是作为工具，只是实现占卜这个目的的一种手段。下棋只是反映了这个过程，其实结果已经由第三方的力量定下了。

这就是所谓的“平常心”，就是前博弈时代的基本围棋思想。

知中：人类制造了机器，再去挑战机器，这里面当然有积极的部分。但人工智能的发展会是一种隐患吗？霍金在 2014 年接受 BBC 采访时说：“人工智能的全面发展将宣告人类的灭亡。”科幻小说家阿莫西夫在他 1986 年的科幻小说《机器人之梦》中，塑造了获得了潜意识、能够做梦的机器人，不过阿莫西夫最终选择了将这个机器人杀死。你怎么看待霍金所认为的人工智能将超越人类智能，以及“简而言之，成功创造人工智能将成为人类文明史上最重大的事件”？

**刘知青：**霍金的论断，即“人工智能将超越人类智能”是完全正确的，但人工智能是否会如霍金所预测的那样，完全控制或灭绝人类，还需要进一步讨论。虽然计算机将会拥有更高的智慧，但现在还无法确定计算机将来是否会拥有类似于人的动机而主动去做事——动机是人与计算机最大的区别。人的动机来自人类的繁衍方式与生命周期，与机器的生命过程仍有本质差别。在具有独立、完整的动机之前，人工智能虽有能力，但没有主动意愿去完全控制或灭绝人类。相反地，人工智能可能需要人来维持自身的发展。

霍金对人工智能的论断，事关“人的尊严”，他的表述清晰说明，他自身的尊严并不是来自他瘫痪的身体，而是来自他的思考以及对社会的贡献。如果没有思考，没有贡献，人就如同行尸走肉，无论身体是否瘫痪。

霍金的尊严其实就是现代文明社会中，每个有自由意志的人的尊严。

# AI Weiqi Players
# 人工智能棋手

文：王亮　编：陆沉
text: Wang Liang　edit: Yuki

**AlphaGo 对职业棋手的两次挑战均取得了胜利。**
**而这也让我们不禁思考，计算机是不是终究会超越人类的大脑？**
**人类对电脑程序在棋类游戏中的应用探索已久，**
**早在 20 世纪末，超级国际象棋电脑“深蓝”就曾战胜过专业象棋棋手。**
**围棋的获胜算法跟国际象棋相比，要复杂一些，**
**目前 AlphaGo、绝艺和 DeepZenGo 被认为是世界上最优秀的三大围棋人工智能。**

## 深蓝

1996 年 2 月和 1997 年 5 月，美国 IBM 公司用超级国际象棋电脑深蓝两次挑战国际象棋世界冠军卡斯帕罗夫，第一次以 2：4 落败，之后研究小组将深蓝加以改良，终以 3.5：2.5 获胜。

比赛结束后，美国 IBM 公司宣布深蓝完成了历史性任务，正式退役。不过，负责深蓝项目研制开发的华裔科学家谭崇仁在当时就指出，深蓝并不属于人工智能，它不会学习，只会推理，会学习的“第五代”计算机还没有研究出来。深蓝的胜利靠的是不知疲倦的蛮力，研究人员把近 100 年来能够收集到的 60 万局高手对弈棋谱全部储存在了它的“外脑”——大型快速阵列硬盘系统中，因此它能够通过自己强大的计算能力穷举所有路数来选择最佳策略。正如，深蓝研究员华裔科学家许峰雄所说的那样，深蓝通过运算可以预判到后 12 步，而卡斯帕罗夫只能够预判后 10 步。这就是为什么深蓝能够打败卡斯帕罗夫。

## 手谈

手谈（HandTalk）是 20 世纪 90 年代诞生于中国的一个围棋程序，由中山大学化学系的教授陈志行开发。在 1992 年的第一届全国电脑围棋赛上，手谈获得冠军，在同年的东京国际电脑围棋赛获得亚军。1995 年到 1997 年，手谈参加了 3 次应氏杯国际电脑围棋赛，全都获得冠军。

## AlphaGo

AlphaGo 是 2014 年 Google 收购的人工智能公司 DeepMind 开发的围棋人工智能程序，它的团队成员包括创始人杰米斯·哈萨比斯、大卫·席尔瓦和黄士杰。AlphaGo 跟深蓝不同，深蓝是一台超级计算机，而 AlphaGo 的背后却是一套神经网络系统。

这个系统的基础名叫卷积神经网络 (Convolutional Neural Network, CNN)，这是一种过去在大型图像处理上有着优秀表现的神经网络，经常被用于人工智能图像识别。它采用蒙特卡洛树搜索（一种用于某些决策过程的启发式算法）与两个深度神经网络相结合的方法来运行，这两个深度神经网络一个评估大量的选点，另一个选择落子。在这种情况下，研究者们结合参考人类职业对局的监督式学习，以及 AlphaGo 大量积累自对弈实现的深度学习两种学习方式，来训练和提高 AlphaGo 的围棋实力。

2015 年 10 月，AlphaGo 以 5：0 的成绩击败了欧洲围棋冠军、职业二段棋手樊麾。这是电脑围棋程序第一次在 19 路棋盘且分先的情况下击败职业围棋棋手。这条新闻被推迟到 2016 年 1 月 27 日才发布。同时，描述 AlphaGo 算法的论文也被发表在了《自然》杂志上。文中写道，AlphaGo 在没有任何让子的情况下以 5：0 完胜曾获欧洲冠军的职业围棋二段棋手樊麾。这是有史以来围棋软件第一次在公平比赛中战胜职业棋手，被视为人工智能的里程碑。AlphaGo 的核心是两种深度神经网络——策略网络和价值网络。

之后，谷歌决定出资 100 万美元，向韩国顶尖职业九段棋手李世石挑战，不少人不看好这次挑战，认为樊麾的棋力与李世石九段相距甚远，AlphaGo 不具备击败顶尖选手的实力。但最终的结果却是，在 2016 年的比赛上，AlphaGo 以 4：1 战胜了李世石，这引发了人们对围棋人工智能这一话题的热烈讨论。

2016 年 12 月 29 日，弈城围棋网出现了一名围棋高手，帐号名为 Magister，之后改为 Master。2017 年 1 月 1 日晚，Master 又转战至野狐围棋网，3 天进行了 30 战，战胜了包括柯洁、古力、范廷钰、聂卫平等在内的世界职业顶尖棋手。

其间，所有人都在猜测，Master 是不是就是 AlphaGo。直到第 59 战连胜后，Master 发声，“我是 AlphaGo 的黄博士”，表明 Master 就是 AlphaGo，代为落子的是 DeepMind 工程师黄士杰。

2017 年 5 月，在中国乌镇围棋峰会上，AlphaGo 与以柯洁为首的中国棋手对弈。这次 AlphaGo 取得了 3：0 全胜的战绩，被中国围棋协会授予职业围棋九段称号。聂卫平甚至说，AlphaGo 的水平至少 20 段。赛后，DeepMind 宣布 AlphaGo 将“退役”，不再参加任何围棋比赛，但将公开 AlphaGo 自己与自己互弈的棋谱。

## 绝艺

绝艺是腾讯公司人工智能实验室开发的围棋人工智能，名字来自杜牧的诗“绝艺如君天下少，闲人似我世间无”。它的第一个版本在 2016 年 3 月 4 日完成，6 月下旬突破业余 6 段，达到业余高手水平，随后在 8 月 23 日，绝艺首次战胜职业棋手。

2016 年 11 月，绝艺在野狐围棋网战胜世界冠军江维杰。随后在与柯洁的交手中，取得 1 胜 1 负的成绩；11 月 28 日，绝艺对战韩国第一人朴廷桓，5 胜 1 负。截至 2017 年 5 月，绝艺的总战绩为 590 战 454 胜 136 负，胜率大概为 77%。它的学习方式有两种，一种来自围棋史上的已有棋谱，另一种来自对弈棋谱。

## DeepZenGo

DeepZenGo 的前身是 Zen，是由日本程序员尾岛阳儿、加藤英树等开发的电脑围棋程序，早在 AlphaGo 面世之前，Zen 就已经享誉棋界多年，也是最强人工智能围棋之一，诞生之时 Zen 就拥有业余五段的水平。早在 2012 年，Zen 就曾与武宫正树进行过两场人机对决，并全部获胜，这是围棋程序首次在让四子的情况下战胜第一流职业选手。2016 年，Zen 的研发团队在旧版本的基础上加入深度学习技术，开发出新版本 DeepZenGo，由日本 DWANGO 公司、东京大学、日本棋院提供支持，还借鉴、学习了 AlphaGo 的算法。2017 年 3 月在世界最强棋手决定战上以一胜二负的成绩名列第 3 名，这是世界上首次有人工智能参加的世界围棋大赛。

## 参考文献
## REFERENCES


### 中文

01 马诤 . 中国历代围棋国手 [M]. 北京：人民体育出版社，2000.

02 国学网 . 围棋史话 [M]. 香港：中国国学出版社，2010.

03 钱穆 . 先秦诸子系年 [M]. 北京：商务印书馆，2005.

04 张如安 . 中国围棋史 [M]. 北京：团结出版社，1998.

05 赵之云、许宛云 . 围棋词典 [M]. 上海：上海辞书出版社，1989.

06 孙静华、周蕴珑 . 围棋古今妙手精选 . 北京：北京出版社，1990.

07 过惕生 . 古今围棋名局鉴赏 . 北京：人民体育出版社，1982.

08 何云波 . 围棋与中国文化 [M]. 北京：人民出版社，2001.

09 胡廷楣 . 黑白之境：围棋文化思考 [M]. 上海：上海文化出版社，2009.

10 江声久，江铸久 . 围棋：东方智慧的结晶 [M]. 北京：北京体育大学出版社，2007.

11 杨晓国 . 围棋溯源 [M]. 太原：山西经济出版社，2007.

12 杜维新 . 围棋布局基础 [M]. 成都：蜀蓉棋艺出版社，1986.

13 成恩元 . 敦煌碁经笺证 [M]. 成都：蜀蓉棋艺出版社，1990.

14 陈祖源 . 围棋规则新论 [M]. 成都：蜀蓉棋艺出版社，2000.

15 吴清源 . 中的精神：吴清源自传 [M]. 北京：中信出版社，2010.

16 吴清源 . 天外有天：一代棋圣吴清源传 [M]. 北京：北京燕山出版社，2007.

17 聂卫平 . 聂卫平围棋道场 [M]. 北京：北京体育大学出版社，2004.

18 安永一 . 日本围棋历代名手名局史话 [M]. 刘涌，李茂森，译 . 北京：人民体育出版社，1988.

19 利玛窦，金尼阁 . 利玛窦中国札记 [M]. 北京：中华书局，2010.

20 徐星友 . 围棋经典古谱 [M]. 上海：上海书店出版社，2013.

21 曹熏铉，金钟书 . 战神曹熏铉：我对围棋的畅想 [M]. 北京：东方出版社，2007.

22 方哲洙 . 围棋天神李昌镐 [M]. 海口：海南出版社，1997.

23 李世石，赵家强 . 逆战：李世石自传 [M]. 北京：中信出版社，2012.

24 藤泽秀行 . 围棋基本定式 [M]. 北京：北京体育大学出版社，2003.

25 赵余宏 . 围棋序盘构思 [M]. 北京：北京体育大学出版社，2000.

26 韩凤仑，张凤荣 . 围棋名局自解 [M]. 北京：北京体育大学出版社，1996.

27 胡廷楣，刘知青 . 对面千里：人工智能和围棋文化 [M]. 上海：上海文化出版社，2016.

28 殷伟 . 中国围棋史演义 [M]. 昆明：云南人民出版社，2001.

29 武宫正树 . 围棋的宏大构思 [M]. 北京：国际文化出版公司，1988.

30 吴清源 .21 世纪的围棋 [M]. 北京：中信出版社，2014.

31 李志敏 . 棋道：棋局的处世哲学 [M]. 中国：中国电影出版社，2006.

32 吕顺长，沈国权 . 日本的棋道 [M]. 上海：上海辞书出版社，2007.

33 刘棣怀 . 围棋官子常识 [M]. 上海：上海文艺出版社，1962.

34 唐永干，王正伦 . 围棋的起源与发展蠡测 [J]. 山东体育学院学报，2004(5).

35 何云波 . 功利的围棋观 儒家与围棋 [J]. 体育文化导刊，2002(1).

36 何云波 . 如何坐隐：道家与围棋 [J]. 体育文化导刊，2002(2).

37 杜维超 . 从围棋文化看中国传统伦理中的儒道分野 [J]. 长治学院学报，2011(3).

38 何云波 . 围棋东渐与中日文化互动 [J]. 外国问题研究，2002(1).

39 宁稼雨 . 从《世说新语》看围棋的文化内涵变异 [J]. 大连大学学报，2007(2).

40 陈伟华 .《清稗类钞》中所载的清代围棋史略 [J]. 体育文化导刊，1994(1).

41 王沂，纪烈维，李尚滨等 . 古代围棋运动的历史进程及其文化价值 [J]. 体育科学研究，2007(2).

42 陈祖德 . 围棋的东方文化意味 [J]. 传承，2008(15).

43 武振平 . 试论围棋文化 [J]. 体育科学，1993(1).

44 章必功 . 围棋的哲学内涵 [J]. 围棋天地，2000(5).

45 师军 . 围棋与人工智能 [J]. 中国体育科技，2005(6).

### 外文

01 Kageyama, Toshiro. Lessons in the Fundamentals of Go [M]. California: Kiseido Publishing Co., 1996.

02 Smith, Arthur. The Game of Go [M]. BookRix, 2014.

03 Alexander Beheim, Bret. Thigpen, Calvin. Mcelreath, Richard. Strategic Social Learning and the Population Dynamics of Human Behavior: the Game of Go [J]. Evolution and Human Behavior(2014): 35(5), 351-357.

04 Benson, David B. Life in the Game of Go [J]. Information Sciences (1976): 10(2), 17-29.

05 Lee, Byung-Doo. Comparison of LDA and PCA for Korean Pro Go Player`s Opening Recognition [J]. Journal of Korea Game Society(2013): 13(4), 15-24.

06 Schraudolph, Nicol N. Dayan, Peter. Sejnowski, Terrence J. Temporal Difference Learning of Position Evaluation in the Game of Go [J]. Advances in Neural Information Processing 6, 1994.

07 Silver, David. Sutton, Richard. Muller, Martin. Reinforcement Learning of Local Shape in the Game of Go (J). IJCAI-07: 1053-1058.

08 Stoutamire, David. Machine Learning, Game Play, and Go [J]. PhD thesis, Case Western Reserve University, 1991.

09 Van der Werf, Erik C.D. Winands, Mark H.M. van den Herik, H. Jaap. Uiterwijk, Jos W.H.M. Learning to Predict Life and Death from Go Game Records [J]. Information Sciences(2005): 175(4), 258-272.

10 Chen, Ken. Chen, Zhixing. Static Analysis of Life and Death in the Game of Go [J]. Information Sciences(1999): 121(1-2): 113-134.

# 知中 ZHICHINA 零售名录

知中"ZHICHINA"特集，每月出版，可前往以下零售书店购买，也欢迎书店来信洽谈合作。

工作邮箱：ZHICHINA@foxmail.com

## 网站

亚马逊
当当网
京东
文轩网
博库网

## 天猫

中信出版社官方旗舰店
博文书集图书专营店
墨轩文阁图书专营店
唐人图书专营店
新经典一力图书专营店
新视角图书专营店
新华文轩网络书店

## 北京

三联书店
Page One 书店
单向空间
时尚廊
字里行间
中信书店
万圣书园
王府井书店
西单图书大厦
中关村图书大厦
亚运村图书大厦

## 上海

上海书城福州路店
上海书城五角场店
上海书城东方店
上海书城长宁店
上海新华连锁书店港汇店
季风书园上海图书馆店
上海古籍书店
"物心"K11店（新天地店）

## 广州

广州方所书店
广东联合书店
广州购书中心
广东学而优书店
新华书店北京路店

## 深圳

深圳西西弗书店
深圳中心书城
深圳罗湖书城
深圳南山书城

## 江苏

苏州诚品书店
南京大众书局
南京先锋书店
南京市新华书店
凤凰国际书城
常州半山书局

## 浙江

杭州晓风书屋
杭州庆春路购书中心
杭州解放路购书中心
宁波市新华书店

## 河南

三联书店郑州分销店
郑州市新华书店
郑州市图书城五环书店
郑州市英典文化书社

## 广西

南宁西西弗书店
南宁书城新华大厦
南宁新华书店五象书城

## 福建

厦门外图书城
福州安泰书城

## 山东

青岛方所书店
青岛书城
济南泉城新华书店

## 山西

山西尔雅书店
山西新华现代连锁有限公司
图书大厦

## 湖北

武汉光谷书城
文华书城汉街店

## 湖南

长沙弘道书店

## 天津

天津图书大厦

## 安徽

安徽图书城

## 江西

南昌青苑书店

## 陕西

西安曲江书城

## 香港

香港绿野仙踪书店

## 云贵川渝

重庆方所书店
成都方所书店
贵州西西弗书店
重庆西西弗书店
成都西西弗书店
文轩成都购书中心
文轩西南书城
重庆书城
重庆精典书店
云南新华大厦
云南昆明书城
云南昆明新知图书百汇店

## 东北地区

大连市新华购书中心
沈阳市新华购书中心
长春市联合图书城
新华书店北方图书城
长春市学人书店
长春市新华书店
哈尔滨学府书店
哈尔滨中央书店
黑龙江省新华书城

## 西北地区

甘肃兰州新华书店西北书城
甘肃兰州纸中城邦书城
宁夏银川市新华书店
新疆乌鲁木齐新华书店
新疆新华书店国际图书城

## 机场书店

北京首都国际机场 T3 航站楼
中信书店
杭州萧山国际机场中信书店
福州长乐国际机场
中信书店
西安咸阳国际机场 T1 航站楼
中信书店
福建厦门高崎国际机场
中信书店

微博账号
@知中 ZHICHINA

微信账号
ZHICHINA2017